经济大变局，中国怎么办？

首席国家智囊把脉中国经济，预测"十三五"大趋势

吴敬琏 等著 胡舒立 主编

CHINA'S
Megatrends

中国文史出版社

图书在版编目（CIP）数据

经济大变局，中国怎么办？/ 吴敬琏等著；胡舒立主编.—北京：
中国文史出版社，2015.11
ISBN 978-7-5034-6919-0

Ⅰ.①经… Ⅱ.①吴… ②胡… Ⅲ.①中国经济—研究 Ⅳ.①F12

中国版本图书馆CIP数据核字（2015）第248033号

经济大变局，中国怎么办？

责任编辑：蔡晓欧

封面设计：仙　境

出版发行：中国文史出版社

网　　址：www.wenshipress.com

社　　址：北京市西城区太平桥大街23号　邮编：100811

电　　话：010-66173572　66168268　66192736（发行部）

传　　真：010-66192703

印　　制：北京鹏润伟业印刷有限公司

经　　销：全国新华书店

开　　本：700毫米×1000毫米　1/16

印　　张：18.5

字　　数：260千字

版　　次：2015年11月北京第1版

印　　次：2015年11月第1次印刷

定　　价：45.00元

中国经济最根本的出路在哪里？

著名经济学家、国务院发展研究中心研究员　吴敬琏

中国的经济问题很复杂，怎样才能用20分钟把它讲得比较清楚呢？这是有一定难度的，我就按照"危机、转型、动力、创新、改革"的顺序来讲这五个问题。

危机：避免系统性危机的两种方法

全球金融危机发生以后，2009年中国政府采取了强力的刺激政策，把增长速度顶上去了，但是不久以后就出现了增速下降的现象。当然，还有一些其他的问题，于是引发了一个大讨论——中国会不会发生经济危机或者系统性危机？怎样避免发生系统性危机的问题？这是最近两三年讨论的重心。

对于怎么避免危机，基本上有两种不同的方略，这两种方略所依据的理论模型或者分析框架是不一样的。根据今年（2015年）在中国金融四十人论坛上的一次讨论，可以把它归结为两种分析思路：一种是从需求侧进行分析，另一种是从供给侧进行分析。

从需求侧进行分析的思路，通俗的说法叫"三驾马车"——总需求是由三驾马车组成的，其实按照凯恩斯主义的经济学来说是"四驾马车"，我们这里一般说"三驾马车"，就是消费、投资、进出口。

出现增速下降的现象是因为三驾马车的动力不够，我和钱颖一教授都认为三驾马车的分析框架有很多缺点，它实际上是从凯恩斯主义的短期分析框架中脱胎出来的，因为按照凯恩斯主义，是总需求决定了总供给的增长速度。当时就发生了一场争论，我和钱颖一教授都认为，用这样的办法分析，存在理论上的问题。当然，凯恩斯主义这一套理论是不是正确的，现在国内经济学家分歧也很大，但我假定它是对的，在理论上用它来分析中国长期经济发展也是无用的，因为这是一个短期分析。

可是我们这种意见好像没有多大用处，政府很重要的咨询机构的分析都是依据三驾马车得出的，而由这个分析得出的政策结论很明显就是增加投资。你可以一个一个去分析，能够增加消费吗？不能。能够增加进出口吗？不能。最后就落实到一点——增加投资。

但是这个分析方法现在有了很大的限制，因为超高速的投资增长、投资率的提高，没有足够的资源支持，其结果就使得我们国民资产负债表的杠杆率不断提高，按照各种各样的分析，大概有三个方面的负债——政府负债、企业负债和居民负债，已经到了GDP的250%—300%之间，这是一个很高的比例，而且正是由此引出了会不会发生系统性风险的问题，因为到了这么高的杠杆率，出现个别的偿债困难是不可避免的，而且出现系统性风险的可能性就大大增加。

这是一种分析方法，直到现在，从政府、投资银行或者证券公司的经济分析，还是从这里着手的。而在实际工作中，好像主管这方面的部门都在不亦乐乎地批项目、找钱，过去批了项目，地方就上，但是现在有问题。我们的金融改革还是有进步，不但要批项目，而且要找钱，所以这个路子还是有相当大的影响。

另外一种路子，是从供给侧的各种因素进行分析。以前用生产函数来表达这个分析框架，生产函数无非三个主要因素：劳动、资本和效率提高。

今年（2015年）4月，在北京的中国金融四十人论坛上，青木昌彦教授和余永定教授认为要用另外一个方法从供给侧去分析，从提高供给的各种因素、各种动力去分析。在现在存在的问题上，我们三个人的分析几乎是一样的。资本继续提高投资率有两个问题：一是投资回报递减，这个非常明显，从2009年到现在，刺激的强度并没有削弱，但效果急剧下降，现在增加投资对增长几乎没有什么作用；二是杠杆率不断提高，所以可能会造成危险。

转型：提高全要素生产力

在过去改革开放的30年中，人口红利正不断减少，农村资源转向城市的结构性变化使得效率有提高，但这个过程已经接近于结束。剩下能够解决当前问题的根本，就是要提高效率，提高生产函数中间的索洛余值。

什么是索洛余值？按照索洛的说法，就是技术进步，实际就是全要素生产力的提高——主要依靠提高全要素生产力来实现增长，也就是我们最近20年来一直努力想要实现的转变经济发展方式。

这里就要提出一个问题了：按照这种分析，解决问题的关键就是转型，也就是我们题目的第二项。问题是怎么能够实现经济发展方式的转型呢？

我们提出经济发展方式转型，后来改成经济发展方式转型，从1995年到现在（2015年），整整20年了，这是第九个五年计划规定的，但是至今没有实现。它的核心就是要转变增长动力或者实现增长的源泉因素。

动力：提高效率，推进改革

这个源泉因素是什么？刚才已经说了，过去以投资为动力，现在正转变为依靠创新提高效率为动力，但是为什么提出了20年都没有实现呢？其实在制定第十一个五年规划的时候，已经做过全面的分析。当时就用了中共十六届三中全会决议里的一句话——"存在体制性障碍"，"九五"计划有进步，"十五"计划在经济发展方式上是有倒退的。

所以"十一五"规划就规定实现经济发展方式的转型，把经济发展方式转型作为"十一五"规划的主线，那么就要改革。按照中共十六届三中全会决议的说法，就是"完善社会主义市场经济体制"。附带说一句，其实中共十四届三中全会提出的改革目标跟中共十八届三中全会讲的是一样的东西，中共十六届三中全会说改革的目标是社会主义市场经济，这是一种什么样的经济体系呢？统一、开放、竞争、有序的市场体系。中共十八届三中全会提出来要建立统一、开放、竞争、有序的市场体系。

中共十四届三中全会提出的目标，到了中共十六届三中全会召开时，并没有完全实现，所以中共十六届三中全会就做了一个决定，要完善这个体系，要实现中共十四届三中全会讲的统一、开放、竞争、有序的市场体系。但是当时的经济状况非常好，改革这件事又是自我革命，所以很多人都认为不必改。2003年的时候经济情况很好，所以，实际上中共十六届三中全会的决定没有能够得到很好的执行。

要推动转型和寻找新的动力，以创新为动力，以提高效率为动力，这个关键问题就在于推进改革。因此就要在保证不出现系统性风险的前提下，把主要精力放在切实推进改革上，这是采用两种不同的分析方法所得出的不同结论。

创新：货币政策作用很少，财政政策还有余地

我们分别说一说怎样保证不出现系统性风险、避免危机，大概有两个方面：一方面要控制好和化解现有的风险，为推进改革赢得时间；另

一方面，辅之以适当的财政和货币政策的短期调节。

控制化解风险我已经说过很多次了，比如：妥善处理各级政府的债务；停止回报过低和没有回报的无效投资；停止对僵尸企业输血；动用国有资本偿还政府的或有负债；对资不抵债的企业实施破产和重组，释放风险；停止刚性兑付；盘活由于粗放发展方式造成的死资产存量。有一些在做，有一些做得很慢，比如偿还社会保障基金欠账，上海做了一个小的，就是把家化卖了；山东正在拨付地方国有资产的30%用于社会保障基金。中共十八届三中全会做了明确规定，但是两年过去了，从中央层面来说，到现在没有动作，据说正在拟方案。

另外，辅之以财政政策和货币政策。当然，这里需要注意的是，按照野村研究院的首席经济学家的研究，在资产负债表出问题的时候，货币政策的作用很少，因为人们都要提高手中资产的流动性，由于现金为王，所以即使放松银根，资金大概也不会跑到实体经济里去，因为那个地方流动性很差，要抽出来很难。

中国尤其是这样，资金最终会跑到资本市场上去，导致股市泡沫，比如说最近发生股灾的根本原因就在这里。国内的流动性一直比较宽松，除了今年（2015年）外汇占款降低了，货币发行的主要渠道上出了一些问题，有些季度的流动性很紧，但是从2009年以来，货币的流动性一直比较宽松，资金并没有跑到实体经济里去，因为要从股市上抽走很容易，所以就会造成这样的问题。

财政政策还有一点余地，但是对于这个钱怎么给，现在还存在不同的想法。有些政府部门希望靠增加支出来增强扩张性的财政政策力度，比如在铁路、公路、基础设施的投资上；另外有些政府官员认为由政府来使用财政收入是最好的，比如说对高新技术产业给予补贴，等等。实际上，从过去的经验来看，这个效果是不怎么样的。这个有争论，比如为了支持第三代无线通信，为了支持TD-SCDMA（时分同步码分多址，中国提出的第三代移动通信标准（简称3G）），据说花了2000亿元，但效果并不一定好，当然有些支出是要增加的。还有另外一个办法来提高扩张性财政政策的力度，就是要减少收入。所以，我一直建议着重在普惠性的减税上来想办法，毕竟我们的税收还是太高。

改革：成败的关键

最后，根本的一条是推进改革。成败的关键在于能否按照中共十八届三中全会、中共十八届四中全会的决定推进改革。这两年来，我们的改革还是有进步的，但是需要进一步推进，比如说简政放权、审批制改革。在21世纪初，我们做过一次，但这个东西很容易走回头路，所以应该把它制度化。

制度化主要有两方面：一方面是制定负面清单，本来这件事是中美投资谈判里提出来的问题，中共十八届三中全会把它推广到国内的改革上，负面清单在具体工作中，因为行政部门往往不愿意放权，所以到现在为止，自贸区的负面清单仍然太长，总体国内市场进入的负面清单正在制定，还没有制定出来。

另一方面，按照国务院李克强总理的说法，对于政府来说，它是跟企业不一样的，正好相反，法无授权就不可行，所以对于政府授权要做正面清单。而且现在部分政府官员不作为的情况很严重，当然，有各种原因，其中一个原因就是他们的职权不清楚，所以审批有风险。

金融改革和财政改革都有比较大的推进，特别是金融改革中间两项：一个是利率市场化，一个是汇率市场化。改革比原来预计的快一点。有些方面的改革似乎进展太慢，如果不对《证券法》进行修订，注册制的改革大概就不行了。像这些方面，想什么办法才能做得快一点？价格改革，深改小组已经讨论通过了，当然这是讲的商品和服务价格，看来今年有望在第四季度展开。

我觉得很关键但进行得最慢的就是国企改革，国企改革"1+N"文件一个一个地公布了，看来就要启动，我觉得有几个争论性的问题还不是太清楚，需要进一步明确。最后一个是自贸区，对于自贸区的问题，有不同的看法，现在自贸区已经有四个，很多地方官员把建立自贸区看成取得优惠政策的一种制度安排，这和中国政府所宣布的建立自贸区的目的是有差距的。

习近平总书记在深改小组讨论自贸区讲话时说，建立自贸区的目的是要适应贸易和投资便利化的大趋势，营造市场化、国际化、法治化的营商环境，开始的时候比较快，最近好像步子有点放慢，我觉得还是应该加快。这不是上海地方问题，我们作为首席经济学家也好，作为一般的经济学家也好，特别是在上海这个地方，应该推进。如果按照习近平总书记的说法，最近提出的TPP协议（跨太平洋伙伴关系协议）达成，对于我们来说就不光是一个挑战，而且是机遇。

自贸区的建设可以使得我们的对外开放打开一个新的局面，在世界贸易和投资规则的变化中，能够实现以开放促改革，中共十八届三中全会和中共十八届四中全会要求的经济体制和法治建设，都会取得更大的进步。

目录
CONTENTS

第一篇

看懂经济大趋势

"野蛮生长、赚快钱"的日子一去不复返了

吴敬琏
著名经济学家、国务院发展研究中心研究员

"新常态"是一个现在最热门的词，特别是在最近这次中央经济工作会议上，党政领导对新常态的内容、党和政府所提出的方针和如何引领新常态做了阐述。主流报刊上发表了不少阐述性的文章，但是我总觉得这个问题还值得更深入、更具体地研究。我想说四点意见：

一、旧常态已经不能延续，不再存在，这是一个摆在我们面前的客观事实

旧常态是改革开放30年来长时期保持着的一种经济发展态势。这种经济发展的态势大致可以这样来概括：高投资、高增长。也就是说，在海量资源投入支撑之下实现10%左右的年平均增长率。这在世界范围内当然不

是独一无二的，但是对于我们这样一个拥有这么多人口、这么大国土面积、长期处于停滞落后状态下有一两百年的国家来说，应该说是一种奇迹。

但这种旧常态到了21世纪初期，就开始出现了颓象。到了2010年第三季度以后，增长速度就一个台阶一个台阶地下了。特别是最近三年，增长率已经到了7%—8%的水平，从10%以上的增长率下降到了7%的水平。在这期间，政府也不断地采取了一些刺激政策来拉动经济增长，但2014—2015年经济形势就变得非常明显，显示出这种旧的招数越来越不灵，拉动经济增长的时效越来越短。

如果说2008年的4万亿元投资和贷款，使经济增长保持了两年多8%以上的增长率，2014年第二季度的刺激力度并不是很差，但只比第一季度的增长率拉升了0.1个百分点，到第三季度又跌落到了7.3%。2014年10月、11月，发改委批出去的项目价值达到1万亿元。当然，是不是有那么多钱能够实际地投入？在增长率上没有见响动，可能没有那么多。这说明一个什么问题呢？就是增长的速度下降了，它是一些客观的、决定性的因素所决定的，不是以人们的愿望为转移的。

增长率下降的原因在于支持经济增长的驱动力量或者叫动力发生了变化。过去旧常态驱动经济高速度增长的动力，是些什么动力呢？

驱动经济增长的动力不外乎三个：第一，劳动力投入；第二，资本投入；第三，生产率的提高。

在旧常态下，这三个动力是非常有力量的。在劳动力方面，就像中国社科院蔡昉教授说的，我们拿到了很大的人口红利；另外一个就是改革的红利：改革开放使生产率提高。这一方面表现为改革使得城乡市场被打通，所以原来低效利用的劳动力资源和土地资源就能够流入城市得到较高效率的利用。另一方面表现为开放使得我们能够在我们本国技术水平和发达国家有很大差距的情况之下，用简单引进外国设备和学习外国技术的办法，使中国加工制造业的一般技术水平提高到了与发达国家相似的水平上，生产率提高了。

还有第三个因素，就是投资。这是一个在计划经济时代就采取了的老办法。但在改革开放以后，我们动员了一些新的资源，使之能够进入我们的经济活动中，所以投资的规模是我们改革开放之前不能比拟的。比如说土地，土地从一种不能流动的资源投入到经济活动之中，带来的资源总量是几十万亿元的规模，所以我们就能在相当大的程度上用海量投资去支撑高增长。当然了，还有一种老的办法，就是发钞票，由政府主导经营投资。

经济增长这些基本的驱动力量到21世纪初期都发生了变化。蔡昉教授早在2006年就提出，刘易斯拐点即将出现，人口红利正在缩减甚至消失。开放带来的效率提高，由于这个结构变化的过程进入后期，也因为中国的一般技术水平和发达国家相接近，要靠简单的学习外国技术、引进外国设备的办法，大幅提高技术水平的空间就很小了。

支持高速增长的最主要因素海量投资搞了这么多年以后，在各方面造成的后遗症就积累得越来越多了。其中最突出的表现就是我们国家的资产负债表中的债务积累，使得我们的负债率杠杆变得很高。资产负债表的负债率太高了以后，就会发生某些环节上资金链的中断。这有很大的危险，因为现在包括政府资产负债表、企业的资产负债表在内的国家资产负债表中债务总额达到GDP的250%左右。

在这么高的杠杆率的情况下，某些环节必然会出现偿债困难和"跑路"现象。但是，如果这种情况发生连锁反应，偿债困难扩散开来，就会造成整个经济系统的危机。世界上发生过很多次系统性的危机，像日本1990年出现的系统性危机，一直延续到了现在。我们必须避免这种情况发生，因此不能再用海量投资去支持高速度增长了。

总之，由于驱动要素发生了变化，旧常态不能继续下去了。这是一个无可置辩的事实，不管你有多么强烈的愿望，都不可能让它再继续下去。

二、要加深对新常态的认识

2014—2015年，党政领导一再说中国的经济发展进入了一个新常态。特别是2015年中央经济工作会议以后，主流传媒上发表的阐释文章很多，但我总觉得媒体上的那些文章对这个问题并没有研究得很深透。

中央经济工作会议对新常态的特征进行阐述时，说了这么一段话：我国经济发展进入新常态，正从高速增长转向中高速增长，经济发展方式正从规模速度型的粗放增长转向质量效率型的集约增长，经济结构正从增量扩能为主转向调节存量、做优增量并存的深度调整，经济发展动力正从传统增长点转向新的增长点。

总之，中央经济工作会议从速度、发展方式、经济结构和发展动力四个方面，对新常态的内容和特征做了这样一个定义。

在我看来，以上四方面的特征可以归结为两个基本方面：第一，经济的增长速度从高速增长转向中高速增长（也许未来还会继续向中速变化）。第二，后面三点都可以包含在经济发展方式的转变上。经济发展方式从规模速度型的粗放增长转向质量效率型的集约增长。

如果仔细观察这两个转向，就可以发现两个转向的进度状况是有区别的：前一个增长速度转向已经是一个实现了的事实，后一个经济发展方式说得最好的，也只是已经进入了这个转向，说得不好听点，也许还只是我们的愿望。于是问题就来了：我们的着力点在哪里？我认为，着力点应当是在承认增长速度下降是一个客观存在的趋势的同时，争取这种不管中高速还是中速的增长速度，是由比较高的、必须高的生产率支撑的。如果陷入了低效率的中速增长或更低速度的增长，过去各种被高速增长掩盖的经济社会矛盾都会暴露出来，我们就会遇到很大的麻烦。

总之，低效率的中速增长是我们所不希望见到的一个发展态势，我们希望见到的一种常态，合乎我们愿望的常态，是一种比较高效率支撑的中高速增长或中速的增长。而这一点是要我们做出努力去争取才能实现的，而不是说无所作为就可能出现的。前一个转变是已经摆在那里的，我们只能承认，只能适应。第二个转变则需要我们努力去争取实现。

三、只有通过全面深化改革建立有利于创新和创业的体制，才能实现第二个转变

必须实现从粗放型发展到集约型发展的转变，这不是一个现在才提出的新问题，这个问题少说已经提了将近20年，往多了说，刚开始改革时就提出了，但是一直没有实现。为什么没有实现？因为体制没有转变，经济发展方式的转变就很难实现。从改革开放开始时期的1981年，全国人民代表大会批准的国务院提出的经济建设十大方针就明确指出，十大方针都是环绕着提高经济效益这个中心提出的。

到1995年制定第九个五年计划的时候，国家计委就指出我们经济发展的一个主要问题，就是主要靠投资拉动的粗放增长。为了实现国民经济的持续稳定发展，要实现经济发展方式从粗放型到集约型的转变。党中央讨论"'九五'计划建议"和后来全国人民代表大会讨论"九五"计划的时候转变经济发展方式这个提法，是苏联人在20世纪60年代就提出来了的，不过苏联的计划经济体制被认为是社会主义的天经地义，不可改变，以致一直到苏联崩溃时都没有实现经济发展方式的转变。中国总结了苏联的教训，提出要实现两个基本转变：一个是实现经济发展方式从粗放增长到集约增长转变，一个是实现经济体制从计划经济到市场经济的转变，而且明确第二个根本转变是第一个根本转变的基础。

"九五"计划因为在中共十四届三中全会"50条决定"指引下市场

取向改革进展比较好，所以"九五"计划时期经济发展方式的转变也取得了一定的成就。但是，"十五"计划期间情况发生了逆转。"十五"计划期间因为政府在资源配置中的主导作用变得越来越大，所以经济发展方式就变得越来越不好，用海量投资建设"政绩工程"和"形象工程"，到了2005年制定"十一五"规划时造成了很大的隐患。所以，"十一五"规划的制定过程中发生了一场很大的争论，就是继续用政府主导的大投资来拉动经济增长，还是要实现经济增长方式的转变？争论的结果：后一种意见占了上风。所以，"十一五"规划规定要把转变经济发展方式作为经济工作的主线，为此还规定了很多具体的措施。

"十一五"规划制定得很好，但是用一位在2010年为"十二五"规划预研究提供意见的美国经济学家的话来说，"你们制定了一个很好的'十一五'规划，但是我看好像什么事都没有发生"。这种很不理想的状态使中共中央在"十一五"规划的最后一年，也就是2010年，提出了口号，叫"加快经济发展方式的转变刻不容缓"。

上面讲的这段经历告诉我们：经济发展方式的转变对于中国来说是命运攸关的，可是能不能实现这个转变取决于改革，取决于我们能不能通过改革把现有的体制改造成一个有利于创业和创新的体制。这个体制是一个什么样的体制呢？在我看来，它就是中共十八届三中全会决定，建立能够使市场起决定性作用的、统一、开放、竞争、有序的市场体系。只有我们实现了中共十八届三中全会规划的这个全面深化改革的总体方案和路线蓝图，才有可能实现经济发展方式的转变；只有实现了经济发展方式的转变，才能确立我们所期望的那种新常态。

四、企业家应该怎样面对新常态

为了确立我们所期望的新常态，或者说有较高效率支撑的中高速或中速增长，我们作为研究人员、教学人员，当然应该尽自己的努力来实现这一目标。我也希望我们的企业家作为社会的中坚力量和大家包括我们有改革思想的官员们一起，来推进这个伟大的事业，使它取得应有的进展。

首先需要确立一个思想，就是那种靠政府放水、海量投资、野蛮式的增长赚"快钱"的日子肯定要一去不复返了。有一些人老想回到过去的日子，这样的思想是不对的。我最近不管在北京还是在云南，往往碰到一些人似乎总是希望重现过去的"幸福日子"。他们提出的问题往往是："央行什么时候会放水？"或者："'一带一路'的'三大战略'会给我们些什么项目？"当然国家的政策应当随着情况的变化有所调整，做得更加理性和有效，但是在政府主导下靠政府放水让企业成长壮大的这种日子，我们不应希望它重新到来，因为它带来的问题太多了。

关于对总体形势的判断，我觉得2014年党中央说的三句话值得我们认真地考虑和领会，就是经济增长速度的"换挡期"、经济结构调整的"阵痛期"和前期刺激政策的"消化期""三期叠加"。所谓经济增长速度的"换挡期"，就是指经济增长进入了降速时期，经济结构调整要把过去的发展方式造成的结构缺陷纠正过来。这个调整是有痛苦的，对此必须有思想上、行动上的充分准备。

我同意周其仁教授在前些时候一个讲话中提出的观点，要开辟经济结构新局面，要投资，就必须要有有效率的、有增长潜力的投资。这是很对的。过去我们有大量的无效投资，你不去压缩这部分投资就不可能生出新的资源去做有效的投资。为了有缩有赢，就必须有一个好的资本市场。过去我们的资本市场功能定位有很大的毛病。人们常常说资本市场的功能就是帮助企业融资。这种提法是不对的，或者说，是差之毫厘，谬以千里的。资本市场的功能是帮助那些好的企业融资，与此同时，还要剥夺那些不好的企业浪费社会资本的能力。这里有一个资本从低效和无效的企业流向有效和高效的企业的问题，而这个结构的转变是一件很痛苦的事情。

"三期叠加"，还有第三个"期"，叫前期刺激政策的"消化期"。这要消化什么呢？其实这个话虽然说得比较委婉，但它的指向还是十分清楚的，就是要消化刺激政策所造成的大量债务，或者说，治疗这种政策的后遗症。这个大量的积累债务是我们国家为效率低下的高速增长不得不付出的代价，现在我们正在吃这个苦果。所以，希望政府再度大量放水，我认为不但是一种没有根据的希望，而且也不利于我们国家和我们每一家企业的健康发展。我们应该从提高自己企业的竞争力找出路，做企业家应该做的事情。这不外是学会发现和抓住商机，不外是善于发现人才和让人才发挥作用，不外是咬定创新不放松，不外是努力学习适应全球市场和国内市场上新的贸易和投资规则革新。我自己不是做企业的，但我相信，我们每个企业家都有能力去做好自己的企业。

我要补充的一点是，我们的企业家要帮助和督促政府建立能够让企业家大显身手的舞台、平台。这就是要建立起一个好的体制。建设好的体制、实现制度的变革离不开政府起主导作用，但是我们的企业家和我们这些教书的、做研究的人并不是看客。我们是这个国家的主人，有责任推进这个体制向一个有利于创新和创业的体制转化。

现在的部分中国市场，应该说是激流涌动、生机勃勃的，但这并不是全部。最近我们接触到的一些事情说明，没有一个好的体制，我们企业家的创新和创业才能是无法充分发挥出来的。

我曾去过本地一家企业，这家企业是一个混合所有制的上市公司，他们碰到一个问题，就是这个公司不是按照《公司法》运行的。在现行体制下，国有资产的主管部门管人、管事、管资产，所有高层经理人的任免和薪酬都不是按照《公司法》由董事会决定，而是由国有股东决定，不管它是100%的股东还是控股股东、参股股东。这样，非国有股股东的权益就受到了损害，而且所有者和经营者貌似分开了，实际上没有分开，这就导致经营者的才能得不到充分的发挥。

怎么办呢？十八届三中全会《决定》要求国有资产管理的办法要向以管资本为主转变。实现这项改革就是解决问题的途径。一位做网上医疗保健的朋友对我说，他们这个行业其实牵涉到一个问题，就是医疗体制改革、公立医院的改革。

但是，当前医疗改革是改革的一个大难题，所以我们的企业家应该参与和推进医疗等改革走上正轨，使其能够实现改革，才能实现效率的提高和我们需要的新常态的确立。关于医疗改革的具体问题，周其仁教授写了一本非常好的书，值得关心这个问题的朋友一读。

当前经济形势的六大前沿问题

厉以宁
北京大学光华管理学院名誉院长、教授

第一个问题：怎么理解"新常态"

在中国报纸上经常可以看到一个词，就是"新常态"。怎么理解"新常态"呢？这是相对于我国前一段时间超常的经济高速增长而言的，意指经济应逐步转入常态。

要知道，经济的超高速增长是"非常态"的，不能持久，不符合经济发展规律。所以，我们今天讲经济要进入"新常态"，可以从两个方面来分析。第一，做我们力所能及的事情，盲目追求超高速增长对中国长期经济增长是不利的。第二，过高的增长率带来哪些不利呢？主要有五个方面：一是资源消耗过快；二是环境受到影响，生态恶化；三是带来低效率；四是出现一些行业的产能过剩；五是错过结构调整的最佳时期。最后一点也是最重要的，这里展开谈一下。

错过结构调整的最佳时期，会留下很多后遗症。现在，我们不得不把调整经济结构放到重要位置上。结构调整很重要，比单纯追求经济总量更重要。

举个例子。1840年鸦片战争时，中国GDP（国内生产总值）是世界第一的，要比英国大很多，但是中国的经济结构不行。具体来说，英国在1770年左右开始进行第一次工业革命，到鸦片战争时进行了70年。经过这70年的发展，此时的英国GDP构成中，主要为蒸汽机、机器设备以及铁轨、铁路机车、车厢等工业品，纺织业中使用的也是机器。而当时中国的GDP完全是由农产品和手工业品构成的。同时，英国的交通工具已经是轮船和火车了，而中国当时仍然是帆船和马车。从出口来看，中国主要出口茶叶、瓷器、丝绸等农产品和手工业品，而英国则出口蒸汽机和机器设备。所以，英国在经济结构方面远远超过了中国。

此外，在人力资源结构方面，英国也超过中国。当时英国有1000多万人，而中国据说有4亿人。但是，英国已经进行工业革命70年了，已经普及了小学教育，并开办了大量中学，还兴建了很多大学，每年培养出大量科学家、技术人员、经济管理人员、金融专家等人才。而此时中国的绝大多数农民是文盲，妇女也多是文盲，只有少数人能读书，而且为了考科举，读的都是些四书五经，没有实际用处。所以，中国的人力资源结构也不如英国。

虽然现在中国GDP总量已跃居世界第二位，但从结构上来说，中国还落后于一些发达国家，因为中国的高新技术产业所占GDP的比重还比较低，没有发达国家那么高。同时，虽然中国人力资源结构比过去改善了很多，但是大学毕业生占总人口的比重也比较低，中国的熟练技工队伍正在形成过程中。在这种情况下，如果中国错过了结构调整时机，就是最大的损失。所以现在提出"新常态"，就有避免超高速增长，尽早使经济结构合理化的意图。

目前"十二五"规划时期即将结束，要开展"十三五"规划。对于"十三五"规划，很多专家（包括我在内）都提出，要保持适度增速，不能再追求超高速增长了。中国GDP能增长7%就不错了，即使能保持在6.5%—7%也属正常，因为要重在经济质量的提升和结构的完善，而不是单纯追求经济增速。

第二个问题：硬性的增长指标与弹性的预测值哪个更好

这个问题我以前曾经谈过。多年以来，我们一直靠下死命令实现经济增长目标，全国各地拼命干，力求最终达到目标。这样下去，就会产生问题：无论对地方政府还是对中央政府，都会形成压力，因为地方的发展规划是由地方人民代表大会通过的，全国的发展规划是由全国人民代表大会通过的。一旦通过这些硬指标，就意味着要严格执行。于是，各地政府为了完成任务或者赶超别人，有时就不顾经济增长的质量和结构的调整，政府就会很容易陷入被动。

为什么很被动呢？主要原因在于：硬指标意味着一定要完成，为了完成指标，只顾增长，就把产能过剩、高成本、低效率等都放在次要地位了。过去我们总干这种得不偿失的事，今后要力争改变这种状况。可喜的是，关于把增长率从硬指标改为有弹性的预测值的做法，现在已经在一些地方进行试点，先试验一段时间，如果试行成功，再推广，这对中国经济增长和调整结构是非常有好处的。

第三个问题：怎么看待当前经济增速的下降

经济增速下降有很多原因，比如出口下降、过剩的产品销不出去等。但同时，应该看到另一个非常重要的事实，即中国实际的GDP要比国家统计局公布的数字要高，而且年年如此。举几个例子：

1. 农民盖房子在西方发达国家是计入GDP的，而中国农民盖房子，包括自己盖房子、邻居亲戚互助盖房子等，统统不计入GDP。这个量是很大的，而且现在建设新农村和推行城镇化，数据会越来越大。

2. 中国的家庭保姆有几千万人，在西方发达国家，这些人的收入是被计入GDP的，但由于中国GDP计算中没有家庭保姆工资这一档，因此几千万家庭保姆的收入就没有被计入GDP里去。加之近年来当保姆的人数逐年增加，她们的工资逐年在涨。这种情况不能不引起经济学界的注意。

3. 中国个体户的实际营业额有多少？在中国，个体工商户一年的营业额是通过包税制倒推出来的，他们的实际营业额会高于包税制下推算出来的营业额。也就是说，大量个体工商户少报了营业额。中国的GDP统计也就少算了。最近还规定，月营业额不足3万元的小微企业免税。免税之后，就更不好统计它们的实际营业额了。

4. 据前几年数据统计，在中国GDP的构成中，国有企业不到35%，外资企业大约在10%或略多一些，而民营企业则超过55%。近年来，有外国专家认为中国的GDP掺水了，存在虚报的可能。实际上，这恰恰说明他们不了解中国，因为民营经济通常选择能少报营业额就少报，上面不查就不报，报多了就吃亏了，因为要多缴税。同时，有些国有企业为了表现业绩或为了提拔，可能虚报营业额，但它们的虚报是有限的，因为一审计就审计出来了，多报就露馅儿了。总体上看，由于民营企业占了55%，它们少报的要比国企虚报的多。两者抵销后统计出来的GDP就比实际上变少了。

以上四点说明了什么问题呢？说明单纯从GDP的变动看不出大的变化，实际上，GDP的总量却在逐年增加，我们要承认中国实际的GDP比国家统计局公布的多。所以，不要怕GDP减速了，下降0.2或0.1个百分点没什么问题，对中国经济增长要有信心。

第四个问题：如何看待投资与就业的关系

这是经济学中的一个老问题，但也是当前要着重研究的问题，因为经济学从来都是这么认为的：新的工作岗位是在经济增长过程中作为投资的结果而显现出来的，也就是说，你要增加就业，就必须大量投资。但目前中国的情况变了。中国正在朝完善的市场经济方向走，在大力推进技术创新或不断更换成套设备的时候，在投资于高新技术产业的时候，就业人数往往反而减少了，因为机器人、自动化使得人力减少，新技术下不需要那么多人就业。这成为高新技术发展过程中一个必然出现、必须面对的问题。

另外，还应该看到，中国正在加强环保建设，推动低碳化。低碳化必然要求关、停一些企业，在环保治理的同时就会有一部分人失去工作岗位。

那么，中国增加就业靠什么呢？如何保持就业的可持续性？

当前的政策是，要靠发展民营企业，发展小微企业，鼓励创业。现在创办小微企业，可以先营业后办证，可以省掉很多手续。同时，政府对小微企业还有贷款支持。

第二个办法：搞农业。中央文件中已正式提出要发展家庭农场。这是个新提法。过去家庭农场主要出现于美国、加拿大、西欧等地，现在中国正在进行土地确权，也相应地提出这个概念。确权是什么意思？过去农民的土地是集体所有制，但是没有确权，农民事实上是被架空的所有制承担者，现在不同了。2012年，全国政协经济组在浙江嘉兴考察，我们进了一个村子，农民放鞭炮庆祝确权。确权主要是"三权三证"：土地的承包经营权发证，宅基地的使用权发证，农民在宅基地盖的房子房产权发证。嘉兴市的土地确权之前，城市人均收入和农村人均收入比是3.1∶1，确权以后，变为1.9∶1，收入差距大大缩小了。我们问农民，收入怎么一下子多出那么多呢？这都是土地确权的好处。过去农民权利得不到保护，因为是集体所有制，要圈地就圈地，要拆房子就拆房子。确权以后，农民能够依法依证保护自己的权利了，积极性提高了，养殖业发展了，种植业也发展了。同时，农民想外出打工就打工去了，土地转包给别人，收地租，因为确权了，就不担心回来后人家不认账了。

这就是中国农村发生的变化，中国的现代农业正在兴起，这就为就业开辟了新的道路。

第五个问题：如何看待"钱荒"问题

很多人对中国现在发生的"钱荒"感到很奇怪，因为中国的货币流通量并不少，从广义货币M1、M2来看，流通的货币量是很大的，但老百姓特别是民营企业却到处借不到钱，闹"钱荒"。为什么会发生"钱荒"？有两个原因：

一方面，中国正处于双重转型阶段：第一个转型是发展转型，从农业社会变成工业社会；第二个转型是体制转型，从计划经济转到市场经济。在这两个转型过程中，农村对货币需求量大增。现在农民自己经营土地甚至开办小工厂，需要大量资金。同时，中国的货币需求量是很大的，不是光靠经济增长率、人口增长率就能够计算出合理的货币需求量的。通常，实际货币需求量比计算出来的货币需求量要大一些。

另一方面，"钱荒"的根源是大量的国家投资以及贷款不配套。银行将大部分贷款给了国有企业，民营企业尤其是小微企业很少能够获得贷款。贷不来款，民营企业就慌了，因为手上没有资金，万一有好的投资机会，就丢失了；还有，如果资金链断了，到哪里借钱呢？连企业的日常运行都会感到困难。我们在广东调查发现，很多企业都有"超正常的货币储备"，用当地企业家的话说叫"现金为王"。几乎家家都有"超正常的货币储备"，自然货币流通量就不够了。

第六个问题: 当前金融改革的目标是什么

主要有三个目标: 一个是宏观目标, 一个是微观目标, 一个是结构性目标。

从宏观来看, 中国金融业、银行业应该走向市场化。利率市场化是其中很重要的一个方面, 但利率市场化不等于对利率自由放任, 因为自由放任对经济是有害的。所以, 从宏观上来讲, 利率的市场化, 也就是中共十八届三中全会所讲的"让市场在资源配置中起决定性作用"。

从微观上看, 就是银行作为金融机构和微观单位, 应该既有经济效益又有社会效益, 两个效益并重, 这是微观目标。

从结构性来看, 金融改革应该把重点从虚拟经济转到实体经济中来, 因为实体经济是最重要的。中国的产品要打入世界, 必须有一个自主创新的过程, 要帮助实体经济实现技术升级、产业升级。

同时, 在结构方面, 大、中、小银行分别以大、中、小企业作为服务对象, 就是大银行对大企业, 中等银行对中等企业, 小银行对小企业, 在此基础上, 所有的大中银行都应该为最底层的小微企业提供贷款服务, 这是支持"草根金融"。

此外, 政策性银行目前还比较弱小, 所以还应该大力发展政策性银行。比如支持教育发展, 可以成立教育银行, 这就是使政策性银行为教育事业的发展提供金融服务。又如, 开发西部地区, 有很多工作可以由政策性银行来做, 所以, 政策性银行应该进一步扩大。

2015中国经济政策基调

刘世锦　余斌　陈昌盛
国务院发展研究中心

在"三期叠加"的背景下，2011年以来经济运行总体呈持续下行态势。2014年，受房地产转折性变化影响，经济下行压力进一步加大。党中央、国务院坚持底线思维，对短期经济波动表现出足够定力，对以改革促转型展现出较大决心，采取一系列宏观调控和体制改革举措，经济运行基本平稳，全年经济增长处于预期目标区间。根据近年来经济结构调整的趋势和节奏，新阶段均衡增长点有望逐步确立，2015年增长率预期目标确定为7%左右比较适宜。宏观政策应顺势而为，坚守底线，坚持速度服从质量，注重改革释放活力，为中国经济平稳转入新常态和"十三五"规划顺利开局奠定良好的基础。

经济运行基本平稳，结构调整取得新进展

1. 短期经济下行压力有所增加

（1）主要经济指标短期出现整体下滑。2014年以来，经济运行呈下行态势。进入三季度特别是8月后，下行压力有所加大，主要经济指标出现整体下滑。从需求侧看，除了消费基本稳定、受价格因素影响实际增速略有提高外，投资、出口增速降幅较大。从供给侧看，工业增加值增速月降幅达2.1个百分点，创2008年国际金融危机以来新低；工程机械、发电量、化肥、原煤等工业产品产量负增长，汽车、集成电路、钢铁、水泥等增幅出现明显下降。同时，受风险控制和市场预期影响，银行惜贷与部分企业贷款需求收缩并存，新增贷款规模和贷款余额增速均出现回落。实体经济与货币信贷都呈下降态势，供给侧降幅超过需求侧。

（2）房地产转折性变化是下行压力加大的重要原因。根据国际经验，户均住房达到1.0套左右，房地产新开工面积往往达到峰值。2013年中国城镇户均住房已达到1.0套，住房市场格局已从供不应求转向供求基本平衡和局部供给过剩。根据国务院发展研究中心测算，在2013年中国房地产新开工面积达到峰值后，从2014年开始逐步下降。2014年以来，房地产主要指标全面回落，其中新开工面积、销售面积、新建商品住宅销售均价等指标同比出现负增长。房地产投资增速持续下降，相对于2014年同期和年初降幅均达到6.1个百分点。仅此一项就直接拉低固定资产投资和GDP增速约1.4和0.3个百分点。如果考虑其间接效应，对整体经济的冲击将更加明显，成为短期经济下行压力加大的重要因素。

（3）产能过剩与价格下降放大了供给波动。供给侧调整幅度偏大、供需变动不匹配的主要原因包括：第一，房地产投资快速回落，并向中、上游传导，带动制造业、采掘业等部门的供给增长明显放缓。第二，产成品库存被动增加，市场预期恶化，进一步降低产能利用率。8月底工业产成品库存达到3.7万亿元，创历史新高，同比增长15.6%，比2013年同期高10个百分点。第三，严重的产能过剩压制PPI（工业品出

厂价格指数）长期负增长，使其对短期需求波动的敏感度下降。PPI作为工业部门最关键的价格信号，其作用减弱后，企业原本优先调整价格的策略改为被动调整产能，进一步放大供给侧的波动。另外，银行相对收紧了信贷，企业降杠杆力度有所加大，资产负债收缩会导致供给侧加快调整。如果需求不出现进一步恶化，短期供给侧的超调在随后几个月可能会有所缓和，但对市场预期的影响仍需要高度关注。

2. 经济下行中结构调整取得新进展

与以往不同，在经济持续下行中整体效益并没有加速恶化，而且经济结构发生积极变化。

（1）经济下行对就业冲击不明显。随着中国人口结构的变化，新增劳动力总量压力已经明显减弱。2014年1—9月全国城镇新增就业达到1082万人。从全国就业供求分析看，求人倍率稳定在1.1左右，总体上维持求大于供的格局。1—8月，31个大中城市的调查失业率为5 %左右，较年初有所下降，并未随经济下行而走高。根据国研中心近期调查显示，2015年预计增加招工的企业占30.3%，持平的占57.3%，减少的占12.4%。

（2）主要效益指标基本稳定。以往效益指标总体呈高弹性特征，即增长速度越高，效益越好；增速回落，效益指标往往降幅更大。2014年以来，在工业生产明显放缓的同时，效益指标基本稳定。1—8月，全国规模以上工业企业利润总额同比增长10%，比1—7月回落1.7个百分点，但企业主营业务利润率维持在5.5%左右；年初以来亏损额累计同比增速呈下降趋势；财政收入和税收累计增速分别为8.3%和8%。效益指标由强弹性变为弱弹性，表明市场主体逐步适应宏观环境的变化，盈利模式开始发生转变。

（3）风险累积但总体仍可控。中国债务余额占GDP比例达到251%左右。在增长放缓的大背景下，综合偿债压力会明显加大。当前，因房地产调整带来的部分中小开发商资金链断裂，采掘、钢铁等重化工业深度调整，以及中小企业经营困难加大等，导致一些金融产品出现违约，小贷公司破产，加上联保互保等因素，金融风险进一步暴露。商业银行不良贷款率呈上升趋势，而且拨备覆盖率总体有所下降。但自2013年以来，中国明显加大了对金融、财政风险的监管和处置力度。对影子银行、非标资产的监管和地方债务管理加强，银行风险有所释放，不良资产的核销处置加快。风险虽在累积，但尚在可控范围之内。

（4）经济结构发生积极变化。2013年中国第三产业增加值占GDP比重首次超过第二产业，2014年上半年占比继续提高，达到46.6%，服务业成为经济增长的最大来源。消费对经济增长的贡献稳步上升，超过投资成为经济增长第一动力。上半年消费拉动GDP增长4个百分点，比2014年同期提高0.6个百分点。近两年呈现出重化工业去产能、房地产挤泡沫、融资平台去杠杆、消费领域挤浪费等态势，总体有利于加快结构调整。

3. 增长阶段转化进程总体平稳

向中高速过渡的过程中，在增长新均衡点确认之前，经济运行将持续承压。得益于中央"稳中求进"总基调下一系列宏观政策和结构改革的作用，迄今为止这一进程总体平稳。自2012年以来，经济运行在一个相对狭窄的范围内波动。在连续十个季度中，GDP当季增速最高值（7.9%）与最低值（7.4%）仅差0.5个百分点。回望2014全年，经济增长率为7.4%左右。在下行趋势中避免了大起大落，为各类市场主体有序转型创造了较好的宏观环境。

更为重要的是，伴随着这一调整过程，经济效益没有大幅滑坡。目前工业增长值增速仅略高于金融危机时的水平，而企业效益、财政收入、就业状况则明显好于当时，这是判定当前中国经济调整总体健康、方向需要坚持的关键依据。转型难免阵痛，但必须做出取舍。正如近期房地产调整幅度虽较大，加大经济下行的压力，但必须看到这种调整是必经的阶段，总体上是利大于弊的，是以"短痛"代替"长痛"的现实选择。

经济增长速度高一点低一点，本身并不重要，关键看经济运行的质量。从国际经验看，经历较长时期高速增长的国家，在转型期往往容易犯速度依赖症，不愿接受增速下降的事实，从而进行强力刺激，往往导致矛盾进一步积累和拖延，甚至最终引发危机。在转型过程中，利用相关调控手段，平抑经济波动、防止短期过快下滑是必要的，但应坚持速度服从质量的原则，只要守住企业可盈利、就业总体稳定、不发生系统性风险的底线，经济增速低一点并不会引发严重的社会冲击，反而有利于借助市场力量推动资产重组、结构调整和培育新增长动力。

新增长均衡点逐步临近，合理设定经济预期目标

确定2015年经济增长的预期目标，很大程度要看中高速增长期经济会在什么水平和什么时间上企稳。根据近年来支撑经济增长因素的变化和调整的节奏，预计新增长阶段的均衡增长点比目前仍低1个百分点左右，时间窗口在2016年前后。

1. 新增长均衡点有望在6%—6.5%之间

增长阶段转换的实质是增长动力的转换。中国中高速增长阶段的动力结构，既不同于原来快速释放后发优势阶段的挤压式发展模式，也不同于欧美经济体主要依靠创新驱动和消费主导的模式；而会呈现出规模经济和结构变动释放的增长效应仍发挥作用但日趋减弱，质量提升和全要素生产率贡献逐步增强的混合特征；是后发优势巨大潜力继续释放，同时创新前沿不断前推，模仿追赶与自主创新并重的阶段。中国增长潜力仍会高于世界其他主要经济体。

（1）潜在增速下降，未来五年平均为6.4%左右。中长期潜在增长率主要由劳动力、资本积累和技术进步等供给因素决定。首先，资本回报率已出现较大下降。中国资本回报率2009年以后出现了重大变化，由以前的平均17%左右下滑至12%左右，目前这种下滑态势还在继续，单位增量资本对增长的贡献明显降低。其次，人口结构和劳动力供给发生转折性变化，劳动力峰值已过，劳动力成本的持续较快上升，储蓄率趋

于下降，传统低成本比较优势明显削弱。最后，技术进步速度明显放缓。1978—2011年中国全要素生产率（TFP）平均增速为3.6%，自2011年以来已经降到1.1%。简单技术模仿空间变小，农业部门向非农部门转化释放的生产率提升效应明显减弱。综合测算，未来五年时间，中国经济潜在增速平均6.4%左右。

（2）需求调整速度决定新阶段企稳的时间。供给因素决定增长的均衡点，但向这个均衡点靠近的节奏和速度，则主要取决于需求侧调整和结构变化的进度。

一是出口调整基本到位。2002—2011年出口年均增长23%，2012年以来出口增速下调至7%左右，但仍高于同期世界贸易增速，国际市场份额持续小幅提高。在近两年经济下调中，出口拉动行业的投资和增加值增速下降幅度相对较小。预计出口增长有望在较长时期维持在5%—10%的水平。

二是投资下调有望在近两年完成，增速在11%左右企稳。房地产市场进入转折期，投资增速有望在近两年内由过去的25%左右快速下调到5%左右，然后相对企稳。钢铁、水泥等产值已到峰值附近，重化工业产能整体过剩，汽车生产和消费进入相对较低的增长期，制造业投资增长速度已由过去的30%左右下降到15%左右，有望在12%左右企稳。中国基建投资高峰期已过，未来仍有一定空间，但受地方财力、项目特点等限制，增速将由过去的25%左右下降到13%左右。另外，服务业特别是生产性服务业等仍将保持快速增长，占整体投资比重会明显上升。

三是消费增长速度还有一定的回落空间。随着经济增长放缓和劳动生产率增长减速，收入增长速度将有所放缓，住房、汽车带动的消费增长效应逐步减弱，信息等新消费形态会继续快速增长。预计最终消费支出和社会消费品零售总额实际增速分别回调到6%和10%左右。

由于需求端受短期因素干扰更明显，据此测算的GDP增速在2016年可能会调整到6%—6.5%的区间，基本与潜在增速的均衡水平持平。逼近均衡点的速度，是快一点还是慢一点，取决于短期扰动、宏观政策取向和经济社会的承受能力。根据需求结构变化和近几年经济调整的节奏，明后两年是关键的窗口期，2016年最有可能调整到位。

2. 2015年GDP预期增长设为7%左右较适宜

（1）全球经济继续分化，外需保持低速增长。世界经济仍处于危机后的大调整阶段，由于内部结构差异明显，各区域发展状况更趋分化，但总体有望维持低增长态势。一是美国经济增长稳定。虽然劳动参与率短期不会明显改善，但失业率已稳步下降到5.9%。受能源成本下降、消费和投资增长企稳、国际资本回流等因素支撑，美国经济有望维持稳定增长态势，预计2015年达到3%左右。二是欧盟经济降中趋稳。受高失业、低通胀和结构问题牵制，欧盟经济复苏乏力。宽松货币政策和欧元贬值，以及西班牙等南欧经济企稳，明年欧盟经济有望止跌回稳。三是日本经济低位增长。消费税率提升引发经济增长大幅波动的效应减弱，再次提高消费税率的可能性不能排除。预计2015年GDP增长1.2%左右，略高于2014年。四是新兴市场国家增长小幅回升。受发达经济体需求带动，新兴市场经济增速将略有回升，但由于自身潜在增长率和大宗商品价格下降，以及资金外流等影响，回升势头依然脆弱。另外，美国明年上半年加息对国际资本流动的影响、欧元区量化宽松的实际规模和效应，以及乌克兰等地缘政治危机的演变等，都是需要高度关注的外部不确定因素。预计2015年中国出口增速7%左右。

（2）投资继续下行，消费稳中略降。新执行的信贷政策，对2014年四季度和2015年房地产销售增长，特别是一、二线城市会有积极作用，也有利于改善房地产开发企业的资金状况。但受转折性调整和高企的库存决定，房地产投资下行态势不会逆转，预计2015年房地产投资增速为7%左右。考虑加速折旧、税收优惠等政策，以及设备更新、新兴产业带动和出口趋稳等因素，制造业投资降幅不大，预计增长13%左右。若中央财政不扩大支持力度，基础设施投资增速将有所回落，公私合作（PPP）模式短期仍难担当大任。受收入增长小幅放缓、与住房相关的消费收缩，以及大宗商品价格走低等因素影响，2015年消费增长维持稳中略降态势。

2015年是"十二五"规划收官之年，2016年是"十三五"规划开局之年，也是中国经济平稳转入新增长阶段的关键时期。宏观政策需要顺应目前调整的趋势，并对短期意外冲击保持警惕，将经济波动控制在较小范围内。综合内外条件，2015年预期增长目标定在7%左右较为适宜。

以提质增效为中心，主动适应发展新常态

正确认识"三期叠加"的阶段特征，在经济增长向中高速靠近、呈现出新的常态化的关键时期，需要着力处理好速度与质量的关系，力争速度下台阶的同时质量上台阶；着力防控和化解风险，保持宏观政策的连续性、稳定性，在引导风险有序释放的同时，防止风险矛盾激化并引发系统性风险；着力将深化改革与扩大内需有机结合，坚持以开放促改革，把有利于稳增长、促创新的改革举措放在优先位置。2015年的宏观政策总体思路，应继续坚持稳中求进、以进促稳，以提高经济增长质量和效益为中心，以深化改革和结构调整为动力，把防范化解风险放在更加突出的位置，继续实施积极的财政政策和稳健的货币政策，保就业、稳效益、控风险、促创新，推动经济社会平稳健康可持续发展。

1. 继续实施稳健的货币政策和积极的财政政策

明年应继续实施稳健的货币政策，保持社会融资总量的合理增长，在防止局部风险扩散的同时，为实体经济提供相对宽松的资金环境，稳健取向下政策要更加灵活；实施积极的财政政策，适度扩大财政赤字，进一步发挥经济稳定器和促进结构改革的作用，并对投资可能出现的超预期下滑做好相关预案；赤字资金要重点用于综合减税、技改贴息、基础设施建设，并对投资可能出现的超预期下滑做好相关预案。着力盘活财政沉淀资金，优化存量资金结构。

2. 加大企业债务重组支持，避免金融风险扩散

实体经济调整必然表现为金融资产的重新配置和价格重估，要防止由此引发的金融体系连环紧缩。加快银行债务重组，适当放宽商业银行不良贷款冲销的财务规定，允许免除的贷款本金或利息作为不良贷款进行冲销，抵免所得税。尽快将企业担保信息纳入征信系统共享，减少因信息不对称造成的资金错配。对于那些管理较好、产品有市场、有新产品和技术储备，但因债务压力导致经营暂时困难的企业，要给予信贷支持，并加快银行债务重组。

3. 逐步释放改善性需求，促进房地产市场软着陆

房地产投资增速平稳回落是经济顺利迈向新常态的基础。在已经出台的信贷政策基础上，一是清理、调整房地产市场高速增长时期的税费政策，降低交易环节税费，鼓励梯度消费，有序释放居民改善性需求。二是研究建立利率和首付比例反向调节的机制，防范未来因基准利率下调可能引发的泡沫风险。三是适当收紧三、四线城市住房土地供应规模，防止产能过剩问题在房地产领域蔓延。四是进一步完善住房保障方式，对市场供应量过大、库存较高的城市，可探索货币化安置、租金补贴等，也可集中采购普通商品房作为棚改安置房或保障房，促进社会住房资源优化配置。

4. 促进汽车、信息、旅游等消费热点和网络购物等消费模式加快发展

政府消费退出、房地产及其相关消费增速快速下降后，新消费热点的培育需要进一步加强。包括新能源汽车在内的汽车产业正处于较快发展阶段，应该调整税费政策，加大对汽车生产和消费领域的支持。进一步加大信息化基础设施投资，降低信息消费门槛，以信息消费带动传统商业和产业的信息化改造升级。加强旅游、文化、健康等领域的市场建设，促进居民生活服务业加快发展。

5. 加快推动企业兼并重组，积极化解产能过剩

产能过剩是影响当前经济活力、削弱金融体系功能的主要原因之一。过剩产能占用大量新增资金，抬高资金边际利率，提高融资成本，

造成资金错配。要建立以市场机制为主导、市场调节与政府调控相结合的政策体系，通过兼并重组，促进行业内优胜劣汰和制造业的结构升级。巩固结构优化成果，推动企业兼并重组，将需求增速下降的压力转化为供给结构优化升级的动力，通过产业结构调整和企业优胜劣汰，促进部门间、部门内生产效率的提高。

6. 加快推进服务业对内对外开放，促进非贸易部门效率提升

生产性服务领域的创新和发展，可大幅度降低企业运营成本、推动企业转型升级。把服务业作为下一步对外开放的重点，按照准入前国民待遇加负面清单的管理模式，有序推进金融、教育、医疗、文化、体育等领域的对外开放。与此同时，加快服务业的对内开放，凡是允许外资进入的，首先应允许国内各类资本进入，形成平等进入的竞争环境。完善服务业创新体系、标准体系、知识产权服务体系和统计体系建设。

7. 通过深化改革促进扩大内需

改革措施既可能对短期增长带来冲击，也可能通过释放需求潜力，弥补有效需求不足。加快推进基础和垄断性领域改革，放开石油、天然气、电力、铁路、电信等行业的准入限制和门槛，允许民营资本以独资或混合所有制形式进入，形成行业内竞争新局面。在扩大投资需求的同时，提高供给能力、降低产品价格。推动城市基础设施领域建设改革，鼓励各类企业参与垄断行业的竞争性环节，鼓励民营企业投资公共交通、垃圾处理等准公益性项目。

8. 加快科技创新体系建设，破除体制机制障碍，释放创新活力

中国研发投入比重持续提高，在航天、基因技术、ICT、新材料等一系列重要领域拥有较强技术积累；传统产业与新兴产业结合改造升级潜力巨大，新技术的市场需求和产业化优势明显；拥有受教育程度高、成本低的技术人才优势；已经形成多个各具特色的区域性的创新中心。然而，受教育体制、人才体制、科研立项、知识产权保护、行业规制等诸多方面影响，潜在的创新能力尚未得到充分释放。应加快理顺体制障碍，培育创新创业文化，构建新常态动力基础。

中国式"黄金时代"如何炼成

管清友
民生证券研究院副院长、首席宏观研究员

20世纪50—60年代被称为"美国乃至全球资本主义经济的黄金时代"（"Golden Age of Capitalism"），美国股市上涨超过5倍。马歇尔计划是开启美国"黄金时代"最大的催化剂，但"黄金时代"也是多重中长期红利交织、共同作用的结果。第三次科技革命导入期带来的技术红利、婴儿潮以及城镇化大发展带来的人口红利、增长性货币财政政策带来的政策红利，以及马歇尔计划开启的第三次并购浪潮带来的市场红利，铸就了美国的"黄金时代"。

对于中国而言，"一带一路"战略同样将对中国未来经济产生深远的影响——重构中国国家资产负债表、掀起国内第四次投资热潮，同时也标志着新一轮企业并购浪潮拉开序幕。特别是新一轮企业并购浪潮的兴起，将是国有企业与民营企业共同参与的一次全民狂欢，并为中国资本市场带来一波"并购牛"。不过，与美国相比，中国式"黄金时代"的开启可能更多依赖结构化红利，需要在技术、人口、政策、市场等各方面盘活存量、扩大增量。

马歇尔计划——"黄金时代"催化剂

1948—1952年，马歇尔计划的执行对美国乃至世界的经济政治及国际关系都产生了深远的影响。20世纪50—60年代被称为"美国乃至全球资本主义经济的黄金时代"（"Golden Age of Capitalism"），美国股市上涨超过5倍，而马歇尔计划无疑成为那个"黄金时代"的最大催化剂。

第一，双管齐下解决融资难题：财政举债为主，廉价货币为辅。

马歇尔计划是美国在欧洲处于战后困境的情况下提出的援助欧洲经济复兴计划，为援助欧洲，共拨款131.5亿美元。131.5亿美元的援助规模相当于美国一年GDP的4%，以1947年美国政府的财力——赤字率高达29%，政府债务占GDP比重高达75%——难以支撑如此庞大的援助计划。因此，财政大规模举债和央行连续放水，成为当时杜鲁门政府解决马歇尔计划融资问题的必然选择。

大规模国债的发行为马歇尔计划提供了直接资金来源。美国为实现马歇尔计划在4年内新增国债70.33亿美元，占到整个马歇尔计划的53%，其余援助资金通过政府储蓄和后期增长的财政收入获得。同时，宽松的货币政策为马歇尔计划的实施提供了必要条件。当时美联储钉住战前的低利率：三个月期的国库券利率为0.375%，长期财政债券利率为2.4%，只要利率上升到高于上述水平，而且债券价格开始下跌时，美联储就进行公开市场购买，迫使利率下降。

第二，从危机到复苏，打开"黄金时代"大门之匙。

马歇尔计划极大地缓解了欧洲的经济危机，同时对解决美国战后过剩经济亦起到了巨大作用。1950年马歇尔计划促进经济发展的作用开始凸显，一季度美国经济开始回暖，实际GDP同比快速增长，一直持续到1951年三季度。据测算，马歇尔计划直接解决了美国境内80亿美元左右的过剩资产，有效缓解了美国国内产能过剩和需求减少的矛盾。

黄金时代，长牛行情

第一，经济繁荣的三大信号。

马歇尔计划执行后的20世纪50—60年代，支撑美国股市大幅上涨的基础在于经济繁荣——被很多经济学家称为"黄金时代"的大繁荣。尽管这一时期美国经济平均增速低于日本、德国等在"二战"中遭受重创的发达国家，并经历了至少两次衰退（1954年、1958年），但较低的失业率、较高的利润率以及较低的赤字率预示着居民、企业、政府经济三大部门的平稳发展。这为股票牛市提供了宏观经济基础。

信号一：较低的失业率利好居民部门良性发展。20世纪50—60年代美国失业率平均在4.5%左右，明显低于70年代滞胀期的6.2%和80年代里根政府改革期的7.2%，甚至低于90年代新经济繁荣期的5.8%的失业率水平，特别是1961—1968年近90个月里失业率持续走低，为居民收入增长和私人消费打下了坚实的基础。

信号二：较高的利润率利好企业部门良性发展。这一时期美国企业盈利能力获得较大提高，非金融企业的总资产利润率（ROA）平均达到5%左右。20世纪70年代滞胀之后，尽管美国企业盈利能力历经数次经济波动，并受益于互联网科技发展，但至今ROA仍然仅在3%左右震荡。

信号三：较低的政府赤字率利好政府部门良性发展。20世纪50—60年代美国经济繁荣的第三个重要表现是政府部门收支情况良好，20年间公共财政基本实现了收支平衡，赤字率始终控制在3%以下，而国债规模占GDP的比重从1946年最高的118.3%降至34%左右。

第二，美股20年上涨5倍，成长型股票成为投资热门。

股市作为经济的晴雨表，在20世纪五六十年代也迎来了一波长牛行情，道琼斯指数和标普500都上涨了5倍之多；整个股市的交易量持续扩张，屡创新高，成长型股票成为美国股市的投资热门。

1. 股票指数快速上升。1948年4月3日马歇尔计划签署，同年6月道琼斯指数开始上行。到1952年6月30日马歇尔计划结束，道琼斯指数从1949年的200点不断上涨，1954年一年内就上涨百余点，并冲破了25年以来的最高点——381.27点。之后的20世纪60年代，道琼斯指数持续上涨，直到1964年2月28日第一次收在800点之上，而后也多次上探1000点大关并保持在800点之上。而标普500在这个黄金时代的走势基本与道琼斯指数一致。

2. 交易量的极速膨胀在很大程度上也反映了当时股市行情的持续向好。在1954年的一年内，股票交易量达到了1931年以来的最高值，总交易量为5.73亿股，一直到1959年，股票年交易量超过了10亿股。在整个牛市期间，交易量持续放大，并在1968年刷新了1929年创下的最高纪录。

3. 在20世纪50年代至60年代的牛市中，机构投资者迅速发展。1950—1970年，共同基金的数量由98只增加到361只，基金的规模由25亿美元扩展到480亿美元。而另一主要机构投资者——养老金计划在1970年将其覆盖范围扩展到私人部门劳动力的45%。股票市场的资金来源更为广泛也更加长期化，不仅其长期上涨推动力逐渐增强，而且其社会影响力也日益加大。

在这个黄金时代，成长型股票成为美国股市的投资热门，这些成长型股票主要包含以下几类：（1）主营高新电子技术的公司，典型代表有德州仪器和摩托罗拉；（2）完成并购推动EPS（每股收益）上升的公司；（3）植入市场热门新兴概念的企业，典型代表有大众行销概念的"学生营销公司"和老年护理概念的"美国四季护理中心"；（4）稳健成长的行业巨头企业，典型是以通用电气、宝丽来、可口可乐、麦当劳等知名公司构成的"最有吸引力的50种股票"。

铸就"黄金时代"的四大红利

回顾20世纪50—60年代美国经济大繁荣会发现，"黄金时代"是多重中长期红利交织、共同作用的结果，具体来看至少包括四大红利：**技术红利、人口红利、政策红利和市场红利**。其中美国跨国公司在20世纪60年代大发展带来的市场红利，无疑是马歇尔计划留给"黄金时代"的一笔"伟大遗产"。

第一，技术红利：第三次科技革命。

从技术生命周期视角看，一项新技术沿着S曲线生命周期发展的五个时期，即创新期、增长繁荣期Ⅰ、震荡期、增长繁荣期Ⅱ和技术成熟期。其中创新期和增长繁荣期Ⅰ又统称为技术导入期，增长繁荣期Ⅱ和技术成熟期统称为技术展开期（Arry S.Dent所著的《下一个大泡泡》）。

20世纪五六十年代是第三次科技革命的技术导入期，电子计算机、核电等开始由军用市场进入民用市场，并得到了较快的发展。

1. 电子计算机：20世纪40年代后期的电子管计算机为第一代计算机。1959年，出现晶体管计算机，运算速度每秒在100万次以上。20世纪60年代中期，电子元器件集成电路获得重大进展，每秒运算达千万次，适应一般数据处理和工业控制的需要，使用方便。

2. 航空技术：1957年，苏联发射了世界上第一颗人造地球卫星，第二年美国也发射了人造地球卫星。1961年苏联宇航员加加林乘坐飞船率先进入太空，由此刺激了美国，肯尼迪政府开始了20世纪60年代规模庞大的登月计划，历经约翰逊、尼克松两届政府，终于在1969年实现了人类登月的梦想，而登月计划一直持续到70年代初期。

3. 核技术：1945年，美国成功地试制原子弹后，四年后苏联也试爆原子弹成功。1952年，美国又试制成功氢弹。1953—1964年，英国、法国和中国相继试制核武器成功。此后原子能技术逐渐从军事领域逐渐向工业领域扩展。1954年6月，苏联建成第一个原子能电站。到1977年，世界上有22个国家和地区拥有核电站反应堆229座。

第二，人口红利：婴儿潮及城镇化大发展。

影响"二战"后美国经济的人口因素主要有两个——婴儿潮以及城镇化浪潮，两者都带来了劳动力数量及质量的提高。

首先是婴儿潮的影响。 "二战"后的1946—1964年这18年间，美国婴儿潮人口数量高达7600万，这个人群被通称为"婴儿潮一代"。尽管婴儿潮造成了20世纪五六十年代美国人口抚养比的提升，但更多有利的作用抵消了不利影响。一是婴儿潮世代出生在战后，从社会到家庭都把更多的注意力集中到下一代的培养上，因此相对其他世代婴儿潮一代的家庭重视教育程度更高。二是婴儿潮直接刺激了美国居民的消费需求，包括住房需求、与住房相关的耐用消费品需求，以及玩具、卡通等非耐用消费需求。

其次是城镇化的影响。 "二战"后美国的城镇化率为55%左右，到20世纪70年代初已经超过70%。城镇化不仅将大量人口从生产效率相对较低的农业生产中解放出来，为工业化生产提供了廉价劳动力；而且在城镇化推进过程中，大量的基础设施建设也拉动了投资需求，而城市基础设施完善为工业化的崛起提供了各种必要的社会服务。

第三，政策红利：增长性货币财政政策。

马歇尔计划之后，即1950年以后，美国政府宏观调控开始做出调整，放弃战时廉价货币政策，这与1959年以后美越战争期间美国各地相继发生通货膨胀有关。通货膨胀让美国政府认识到货币政策的重要性。美国货币政策开始逆风向操作，即当经济增长时，美联储减少货币供给，提高利息；而当经济下滑时，美联储增加货币供给，降低利息。尽管放弃了廉价货币政策，但20世纪五六十年代美国宏观调控仍然是以经济增长为核心的增长性货币财政政策。

一方面，货币政策的稳增长目标被放在首要位置。1952年美联储为货币政策制定的目标是货币存量长期而合理地增长。在1952年年报中，美联储制定的目标是"满足经济增长的要求，限制银行信贷和货币的扩张，使之与无通胀的高速经济增长保持一致"。这一原则在1954年1月的总统经济报告中被再次强调："货币供给额增长要与产品及贸易的实际经济增长保持一致，这是减轻通货紧缩压力、维持股权价值及保持美元购买力稳定所必需的。"

另一方面，财政政策亦具有强烈的增长性特征（广义）。战后50年代，杜鲁门和艾森豪威尔两届美国政府实行的是一种"补偿性"财政政策，之后60年代肯尼迪和约翰逊政府时期实行的是"增长性"财政政策。两者的区别在于，是以经济周期性衰退还是以实际产出水平低于充分就业产出水平作为执行扩张性财政政策的信号。但无论哪一种，都属于凯恩斯主义在宏观经济政策领域的应用，因此相机抉择保增长的意味强烈。

特别是20世纪60年代初肯尼迪政府的积极财政政策，侧重点不在传统的扩大政府开支而在减税。1963年初，肯尼迪向美国国会递交了减税和改革税制的特别咨文，要求削减个人所得税20％，个人所得税最高税率由91％下降到65％，公司所得税最高税率由52％下降到47％。肯尼迪遇刺后，约翰逊继承了他的政策，这个减税法案于1964年被国会通过并实施。这种增长性财政政策不再是单纯的需求管理，而是"需求+供给"双管齐下，好处是为20世纪60年代美国经济的稳定发展提供了便利，弊端是为美国经济70年代的滞胀埋下了隐患。

第四，市场红利：马歇尔计划开启第三次并购浪潮。

除了有效化解国内过剩产能外，马歇尔计划开启了美国第三次并购浪潮，跨国公司的大发展为20世纪五六十年代美国经济"黄金时代"提供了"国内+国外"双重市场红利。

从19世纪末20世纪初开始，美国经历了三次企业兼并的浪潮。第一次兼并浪潮发生于19世纪与20世纪之交，主要为同一产业部门的大企业吞并小企业。第二次兼并浪潮发生在20世纪20年代，其特点是从控制生产开始，到控制原料的供应和加工，直至最终控制销售市场。第三次兼并浪潮就发生在"二战"后，从20世纪50年代中期至70年代。其特点为混合合并，形成的混合联合公司从一开始就不是仅以争夺美国国内市场为主要目标，而是以世界市场为导向。

现代跨国公司首先在美国飞速发展的原因是：（1）美国在战后凭借其经济、政治和军事上的绝对优势地位，掌握了世界经济的领导权。"二战"结束后，利用美国对西欧各国援助的机会，美国政府与被援助国签署有利于美国对外投资的双边协议，包括美国监督受援国重工业，受援国放弃国有化，并且给予市场充分自由，保障美国对外投资安全，降低关税，给予美国企业免税条款等。（2）美国政府对待企业特别是对待大公司采取十分宽容的态度，国内通过美国进出口银行给海外投资的企业提供廉价的贷款。

这些条件给予了美国对外投资极大的便利。美国对外投资1945年为84亿美元，1950年增长到了118亿美元，1955年为194亿美元，1960年为319亿美元。1950—1960年，美国对外投资规模同比增长一直稳定在12.9%。到1960年，美国对外直接投资占国际直接投资的47.1%。到1965年，美国的跨国公司达3300家，控制大约23000个海外分支机构和全球对外投资的60%。在这些投资中，矿业、石油等产业占比最大，约占40%左右，其次是制造业，占33%左右，并且逐年上升。

中国"黄金时代"之路

随着"一带一路"倡议的不断明晰和相应举措的出台，国内外将"一带一路"倡议与美国战后复兴欧洲的马歇尔计划相提并论的说法也日益增多。

我们认为，"一带一路"战略同样将对中国未来经济产生深远的影响——将重构中国国家资产负债表、掀起国内第四次投资热潮，同时也标志着新一轮企业并购浪潮拉开序幕。特别是新一轮企业并购浪潮的兴起，将是国有企业与民营企业共同参与的一次全民狂欢，并为中国资本市场带来一波"并购牛"。

与美国相比，中国式"黄金时代"的开启可能更多依赖结构化红利，需要在技术、人口、政策、市场等方面盘活存量、扩大增量。譬如人口红利方面，尽管中国绝对人口红利正在消失（人口抚养比上升、老龄化人口增加），但二胎政策的有序放开、对房地产改善型需求的刺激，与美国的"婴儿潮"有异曲同工之妙。又譬如中国目前的整体科技水平与当时的美国不可同日而语，但拥有更多的大学毕业生、更多的科研人员，在"互联网+"引领的新一轮技术革命中，软硬件也已达到一定水平，可以期待信息网络、新能源、新材料、生命科学及先进制造等技术的融合突破将为中国带来一轮新的技术红利。

我为什么对中国充满信心

姜超
海通宏观研究员

　　我写过文章说中国正在进入金融时代，主要有两大逻辑：一个是居民财富正在从房产、存款转移到金融资产，另一个是人口老龄化以后利率出现长期下行趋势，而央行从2014年开始持续降息，这些都对金融资产有利。

　　但有了2008年放水的教训之后，很多人都知道长期放水是无效的。那么，到底这一轮的中国经济故事和2008年之后有什么不同呢？到目前为止，也是充满了争议。悲壮者喊出了"侠之大者，为国接盘"，也就是为了解决各种问题，政府有意发动了这轮牛市，但最终大家各位都是接盘侠，没准什么时候泡沫破灭还是一地鸡毛。乐观的人喊出了"中国有史以来最大的一轮牛市"，认为这轮牛市将改变中国，实现"中国梦"。到底是哪种路径，这也是外国人普遍比较关心的，到底习近平主席会给中国带来什么样的未来呢？

　　我们说，对于研究资产价格而言，短期中最重要的是分析利率的走势，也就是货币理论，因为利率变化会改变资产的相对价格，比如企业利润2013年以来没有太大变化，但是2013年"钱荒"时的货币利率高达10%，现在货币利率只有2%都不到，所以不管股价还是债券价格都涨飞了。未来如果还要讲利率下降的故事，看来也只有讲中国版的零利率了，所以现在问我们为何中国利率也会到零的人越来越多，也是给自己的投资找信心。

但是从长期来看，我们认为决定资产价格变化的最重要的理论是经济增长理论。如果用增长理论的框架来理解中国经济的过去和未来，你会发现其实结论一目了然。

增长理论的核心是寻找增长背后的要素，无非是劳动力、资本和技术三大类，如果从增长理论角度看中国过去的30年发展，我们发现最核心的要素是充裕的劳动力。而与之相对应的有三点结论。首先，产品需求不用担心，因为人越来越多，需求必然越来越多。其次，产品价格不用担心，肯定有竞争力，因为人很多所以工资便宜。最后，银行是主要的融资工具，因为与人多对应的是钱少，资本稀缺，所以资本回报率很高，而银行的特点就是高成本，网点多人工多，基本上银行开张就要加三个点才能赚钱，所以银行是高资本回报率时代的主要融资工具。

将以上三点结论结合来看中国过去的企业，我们可以发现其成功模式无非两点：一是要有生产资格，想当年李书福说有四个轮子的就叫汽车，只要政府给牌照就能做出来；二是要和银行搞好关系，只要银行给你钱，必然能发展起来。

今年（2015年）有一次我有幸和鼎萨投资的彭旭老总同台演讲，听他讲自己的亲身经历深有感触。他以前是中邮创业基金主管投资的副总，现在的基民估计都知道新一哥任泽松，他说任泽松是他的徒弟，在上一轮2007年大牛市的时候彭总带领的中邮基金可是和王亚伟PK得热火朝天。他说当时他选股票特别简单，基本上不看公司，只看行业，而且主要选择五大行业——"钢铁、水泥、煤炭、有色、机械"，这五个行业的公司股票随便买，买了以后回家睡觉，然后一觉醒来到年底就是前十名了，而且这个策略在2007年成功，在2009年又成功复制了一遍。然后到2010年就不灵了，一塌糊涂，他觉得不对劲了，肯定是哪里出了问题。后来2011年就自己出来做了，想明白方向以后，这两年的业绩非常好。

从经济增长理论来看，彭总所说的其实就是一个时代的拐点到了。在人口红利的时代，工业化是主旋律，所以凡是和工业化沾边的行业都是风光无两。想当年，大家买钢铁股的时候好像也没怎么考虑过公司，叫啥钢的都能涨停。但是随着人口红利的结束，这个工业化的故事就讲不太动了。2015年4月的经济数据刚刚公布，大家如果仔细看一下，就可以发现两大龙头之一汽车的销量增速已经降到零了，2014年房地产就变负增长了，而中上游的钢铁、水泥增速几乎清一色的负增长，发电增速勉强零增。所有这些数据都表示中国工业化已经到了尾声，所以和工业化沾边的产业都看不到太大的希望了。

所以习近平主席说中国先进产能要走出去，我们要建设"一带一路"，这个方向绝对是无比正确的。因为以后只有非洲、印度还有人口增长，靠他们我们的过剩产能还能重新找到希望，而当年无论美国的马歇尔计划还是日本的亚洲雁行发展策略都是过剩产能输出，也都为各国工业产业找回了喘息的时间。但是做国际生意毕竟不像以前在国内那么好做，各种国别和政治风险，而且中国这么庞大的产能也是历史上没有过的，钢铁啥的，全球一大半在中国，所以国外能承接多少也是个问号，总之走出去这件事也不太容易。

从增长理论出发，我们发现靠人口红利的那个模式已经基本到头了，所以在这一轮的股市行情里面，大牛股基本上和地产产业链没有太大的关系，核心在于这些行业没有了未来，没有了想象空间。

如果再回到经济增长理论，我们从2013年开始研究新增长理论，发现面向未来我们有三大新增长动力：第一个是人力资本，现在我们每年700多万大学毕业生，2010年以前大概每年新增70万人，虽然劳动力少了，但是劳动力的质量更高了；第二个是创新，也就是美国增长模式；

第三个是改革，改革可以提高生产效率。

从新增长理论出发，我们发现中国资本市场其实是非常聪明、非常有效的。大家说中国创业板涨得让人看不懂，所以改名叫"神创板"。我自己有一个解释：为什么创业板涨得好？因为人家名字起得好啊。人家叫"创业板"，一听就是创新，你看中小板就涨不过人家，就是名字没人家起得好。

不要小看名字，还记得有一次降息的时候，央妈的风头反而被"匹凸匹"的洋（qí）气（pā）改名给抢了，朋友圈里各种调侃，但是不服不行啊，人家改名以后就是直接两个涨停，现在还在停牌。为什么改名有效？因为中国是个散户主导的市场，散户未必看得懂财务报表，但名字肯定是看得懂的，所以名字一改，黄金万两！君不见"某某烟花"改名"某某金控"，也是涨停！某餐饮公司改成"某某云网"，公司发的债券都还不起、公告违约了，但是股票居然还可以再涨停，没办法，名字好听。包括最近市场风头最盛的某某教育、某某信息，其实本质上还是名字起得好，不信你把名字改成某某钢铁、某某水泥试试，保准跌停！所以大家要对上市公司改名保持高度关注，这可都是白花花的银子啊！

所以，在我们看来，创业板的大牛市其实意味着市场对未来赋予了更高的权重，无论创新还是与改革相关的股票都能鸡犬飞升，其实也是缘于大家认为这代表了中国未来的增长动力，代表了中国梦。而主板的上涨步履蹒跚，也在于主板上的大多数公司是依赖人口红利发展的，代表的是中国过去的增长动力，过去再也回不去了，所以能不能做个美梦还是很不一样的！

但是对于我们研究员来讲，不光要研究中国梦，还要研究到底美梦如何变成真，有没有成功的希望，所以我们仔细研究比较了美国和日本模式。从过去30年的经验看，在货币宽松上，两国都走到了极致，将利率从10%以上逐渐降到零，也都做了QE（量化宽松），股市也都到了20000点左右，但是人家美国股市是从1000点涨起来的，涨了20倍，日本股市是从40000点跌下来的，跌掉了50%，这个例子也充分表明，从长期来看，放货币可能是无效的。

那么，美国模式的成功之处到底在哪里？与日本模式的核心区别何在？从经济增长来比较，差别一目了然，美国的经济总量在过去30年翻了三番，但是日本经济过去30年几乎完全没有增长，这也就意味着，从长期来看，光靠降利率提升股市估值是有顶的，股市的长期增长离不开收入和利润的增加。

为什么美国经济有增长，日本却没有增长呢？

如果我们仔细比较一下美国和日本的优势企业，就可以发现，在新经济行业美国是龙头，包括Google（谷歌）、Apple（苹果）等巨无霸都是在美国诞生的，而在旧经济领域日本依然是龙头，汽车领域丰田是当之无愧的全球老大。

那么，问题来了：这些企业又是如何诞生的呢？

美国的企业都是在车库诞生的，其实也就是靠资本市场培育的，也就是PE（私募股权投资）先进入，然后资本市场再上市。而日本的企业都是和银团绑定的，也就是靠银行提供资金来长大的。所以可以发现美国和日本的主流企业在融资结构上存在显著差异，一个是靠资本市场培育的，一个是靠银行培育的，而这其实也是美国和日本金融结构的主要差异，美国一直是以股票、债券等直接融资为主，而日本是以银行信贷等间接融资为主。

那么，问题又来了：为什么融资结构会这么重要呢？其实，主要的差别在于融资成本不一样。股票、债券是直接融资、成本低，而银行信贷是间接融资、成本高。无论股票还是债券，都是信息充分共享的，所以成本肯定是最低的，最极端的比如说PE，其实在企业成功之前就等于是零成本，因为如果真的失败了，亏的也都是别人的钱，大不了从头再来再去忽悠钱来玩。但是银行的钱肯定是最贵的，因为银行经营靠的是大量网点、人力，成本肯定是最贵的，基本上开门就要加三个点。比如说各家银行的小微企业贷款，肯定都是基准利率大幅上浮的，没有

10%估计都搞不定的，所以创新型的企业几乎没有靠银行信贷培育的，比如京东和滴滴等，如果不是靠PE融资然后上市套现，而是靠借银行贷款的话，由于一直亏损，估计早就被银行逼贷倒闭了。

为什么融资成本这么重要？因为时代不一样了，人口结构变了。过去在人口红利的时代，人多钱少，资本比较稀缺，所以资本回报率很高，银行虽然成本高一点，但是照样活得很舒服。但是随着人口老龄化时代的到来，人少钱多，资本开始过剩，所以资本回报率开始下降，就不太适合银行生存了。或者说，指望靠银行体系来降低融资成本也许是不可能完成的任务，因为银行的成本太高了，未来降低融资成本除非转变融资结构，从银行融资转向资本市场融资。

从融资结构的角度来看，我们发现中国大家每天在接触的创新型企业，几乎无一例外都是靠资本市场成长的，比如百度、腾讯、阿里等，但比较可惜的是，它们都是靠海外资本市场培育的，而本土资本市场过去在这一块几乎没有什么贡献。

为什么本土资本市场过去不行呢？在我们看来，主要是因为管制，过去在中国亏损的公司不能上市，直接把很多创新公司的本土上市给堵死了，而债券也一样，公司发债比例不能超过净资产的40%，房地产企业好多也不让在本土发债，不让发股票也不让发债，所以好多公司都跑到海外去上市、发债去了。

但是习近平主席上台之后，给了我们很大的希望。得益于大力改革，国家修改了《公司法》《证券法》，所以开公司更容易，上市也不再是行政管制，而将过渡到注册制。而在反腐败的背景下，注册制的实施更具有不同寻常的意义。过去我们的发展口号是"让一部分人先富起来"，在当时一穷二白的时代有着重要意义，但是前些年由于腐败的盛行，部分扭曲成了权贵资本，甚至给大家造成了靠关系上市的印象。如果能不能上市都靠拼爹、拼关系的话，大家怎么会有动力创业、创新呢？而习近平主席带给我们的希望是"共同富裕"，也就是每个人、每个公司都有上市赚钱的机会，上市不再是靠拼爹而是靠自己，再加上有了新三板包括创业板的50—100倍PE的示范效应，总理喊的大众创业、万众创新就不再是个口号而是一个事实了。君不见公务员下海、国企高管辞职的案例越来越多吗？过去大家都抢着进政府当公务员，如果未来都抢着去创业然后上市，那大家还用担心中国经济的未来吗？目前很多人担心注册制会增加股票供给、冲击市场，但在我们看来注册制给中国经济注入了创新的动力，从增长理论来看意味着中国未来充满了希望。

讲到这里，有必要再讨论下创业板：到底目前的创业板是泡沫还是希望？在今年（2015年）3月的时候，我们曾经在北、上、广三地做了三次论坛，当时请到了新华汇嘉的董事长王卫东，曾经担任过新华基金的副总经理，创造过一年翻番的业绩神话，和王亚伟王总演绎过二王争霸；还有中信产业基金的董事、总经理庄涛，最早是华商三剑客之一，在华商时就取得了翻番的业绩，在中信产业基金的这几年业绩再次翻番。这两位都是从业近20年的大佬，亲历了中国资本市场的成长，都对这轮牛市坚信不疑，但都对创业板表达了非常复杂的感受。

大佬们都是这么说的，说现在大家讲的移动互联网的故事，其实在2001年的中国股市上也讲过类似的故事，只不过现在是加个"移动互联网"的翅膀就能飞起来，而当时是科网股泡沫，插个"桌面互联网"的翅膀也能飞上天，当时讲的也是网上卖水、卖家电、卖家具的故事，也是故事讲完了一溜地涨停。比如王总说2000年春节前他买了三只互联网股票，春节过后收获三个涨停板，但是现在这些股票都没了，按庄总的说法，那一波互联网的故事没有一个兑现的，全是假的。但这次出现了几个真的故事，也就是明显兑现的品种，比如东方财富，一季度单月净利润上亿元，高增长，也就是说这一次互联网大潮是有产业基础的。而按照华商刘宏刘总的说法，互联网发展到现在，和上一波有很大的不同。那个时候的互联网是飘在空中的，现在的互联网已经站在了地上，或者说正在向传统行业渗透，触角已经伸到传统行业的方方面面。所以，未来一定会出现这样一批高市值的公司。

而从宏观的视角来看，如果故事全是假的，那么创业板就是个大泡沫，但如果有真的故事，哪怕真的比例不是特别高，比如说只有10%，那么就和全是假的有着本质区别，就意味着从局部来看可能有些假公司已经泡沫化，但是从整个板块来看未必是泡沫。

举个例子，其实上一轮科网股泡沫的中国公司不全是假的，包括腾讯、百度和阿里都诞生于上一轮大潮，但是可惜它们没有在A股上市，否则的话2008年A股也未必会跌到2000点以下。而对于目前的创业板而言，虽然市值到了5万亿元，但如果未来也能诞生几个类似百度、腾讯的万亿级公司，那么目前也未必就是泡沫。

而无论东方财富还是乐视网，其实都有成功的可能性，因为随着人口结构的变化，年轻人的消费和投资习惯都在发生着巨大的变化，以前中老年人习惯于电话、电脑交易，但是年轻人更习惯用移动电话交易，所以在移动互联的时代谁是最大的券商并没有定论，而乐视网的美国模式是Netflix，也是通过互联网提供电影浏览服务，不仅顺应了互联网时代的观影潮流，还摇身一变成为发行商，根据用户观影习惯打造了《纸牌屋》这样的经典美剧，在全球成功吸引到了数千万用户。我们过去都习惯盗版下载电影，但是现在版权保护越来越严，下载盗版既不合法又浪费时间，如果有人把好电影、好电视剧都买好了，我每年付一点钱就啥都能看，为啥不愿意呢？

从这个角度来看，区分真假对创业板而言非常重要，也就是随着注册制的渐行渐近，上市公司越来越多，真的故事和假的故事会存在着本质区别。真的可能就值数千亿，但假的可能一文不值。而只有区分真假，金融资源才能得到有效配置，才能帮助中国经济更好地配置资源。

而区别真假不仅对股市有效，对债市同样有效。过去在中国买债券同样不用区分好坏，反正不管买什么债券都是刚兑，大家开玩笑说每次在超日、华锐债的债券持有人大会上都会看到同样一个大叔，说自己多么可怜，其实估计比谁都有钱，因为每次都能赚上一倍。问题是如果每次都刚兑不断，大家就会持续购买垃圾债，使得错误得不到惩罚，金融资源持续错配。

但我们认为，2015年很可能是打破刚兑的元年，因为2015年债市最重要的事件之一是建立了存款保险制度。什么是存款保险？就是钱存到银行也不再完全安全了，银行也可以倒闭了。这是一个多么不容易的突破！

怎么理解存款保险？以前我们没有存款保险，大家都串在一块，所以政府也不敢打破刚兑，因为一出事大家都有事，也就是所谓的系统性金融风险。但是有了存款保险制度以后，就像有了一道防火墙，对所有存款在50万元以下的居民存款给予完全的保护，也就意味着即便出现了刚兑的打破，大家也不用担心风险传染，因为风险被隔离了。

无论股市的注册制还是债市刚兑的打破，都意味着中国资本市场开始形成良币驱逐劣币的机制。过去股票只有那么多，债券风险都一样，所以大家都挑风险最大的买。但以后如果股票越来越多，债券也会血本无归，那么大家必须区分好的跟坏的。

从债券来说，目前债市的投资者都挑肥拣瘦，没人愿意买国债，无非就是嫌弃人家利率低呗。但是大家有没有想过，目前大家买的企业债也就是不到6%的收益率，而政府信用的国开债利率还接近4%，这种定价几乎不包含啥信用利差了，难道就合理吗？难道我们的政府信用才值这么点利差？是不是大家太贪心了呢？

从股市来说，目前蓝筹步履蹒跚，创业板一骑绝尘，到底孰真孰假？

我们觉得，要分清股市的真假，必须理解未来的中国经济。随着人口红利的结束，中国的工业化应该基本结束了，未来工业领域应该会逐渐进入剩者为王的时代，过去鸡犬升天的日子一去不返，但是行业龙头不管在哪都是有价值的。

与此同时，与人口减少对应的是工资的上升。我有个深圳开电子厂的哥们儿跟我说，2014年投了一条全自动化的生产线，因为工资实在太贵了，现在出来打工的都是"90后"，两年以前的工资还是2000元一个月，现在都是4000多元一个月了，而且不给钱马上走人，连招呼都不打一个，所以工资是真涨了。而在收入提高之后，不但衣食住行等需求基本得到了满足，而且娱乐、文化、医疗、教育等服务业的需求正在崛起。

比如说，如果大家在周五想坐飞机从北京到上海，如果不提前买票，当天基本上是没希望买到票的。比如说，2015年2月中国的电影票房已经超过美国，成为全球票房冠军。比如说，2014年中超俱乐部的营收突破20亿元，中超公司的整体收入突破4亿元，创历史新高。2014年冬，中超俱乐部花了1亿欧元买球员，有那么多亿万富翁踢球给你看，买个几百块的球票又算什么呢？再比如现在大家去医院看病，基本都提供专家门诊或者特需门诊，花的钱不便宜，但是照样要排老长的队，说明需求还是得不到满足。

再比如小孩上学，上海现在的幼升小都是民办小学先招，考不上的再上公立学校。我们家也是2015年幼升小，结果他们班妈妈们都在吐槽，都觉得父母都是名校本科、研究生毕业，小孩智商应该OK，结果全班考民办基本上全军覆没，原因无他，竞争太激烈了，民办小学虽然学费贵，但是教育质量更好，所以好的民办小学的招生比高考还要难。感觉上学就跟打游戏一样，我们好不容易打通关了，结果奖了个小怪，要全部再来一遍。大家都希望孩子能受到更好的教育，也愿意花钱，结果发现这钱还花不出去，因为大家都想花这个钱，但是没有那么多供给。

所以对于中国经济而言，我们发现不同的角度会有不同的结论。如果你盯着工业看，确实看不到太大的希望，人口见顶、需求萎缩、产能过剩等不一而足，只能走出去。但是如果看服务业，你会发现充满了希望，服务业的需求无限，但问题是有效供给不足，而供给不足的原因在于过去无所不在的管制，好多服务行业都被国企垄断。

但是改革带来了希望，得益于简政放权、国企改革，国企的垄断正在被打破，诸多服务业正在向民企放开，比如说首批四家民营银行已经开业了，东方财富能够收购券商也是在于券商行业向民营企业开放了，中国男足2015年初在亚洲杯小组赛三场全胜进军八强，创造了奇迹中的奇迹，也是因为放恒大进去了。所以我们观察过去一年多股市中表现好的行业，可以发现无论大小，其实基本都属于服务业，比如大的里面券商、保险乃至航空都属于服务业，而小的里面教育、医疗甚至移动互联网都属于服务业。

我们认为中国经济的未来同样充满了希望，只不过中国故事的主角从工业变成了服务业，融资工具从银行转向了资本市场。而习近平主席所倡导的改革、李克强总理所倡导的创新正在给中国经济注入新的动力，带领我们走向共同富裕，迎接金融时代，我们不仅有大水牛，还有改革牛和创新牛，股债双牛！

所以，我们对中国的信心，在于习近平主席共同富裕的理念，来自万众创新的现实，来自对资本市场有效配置资源的信心，还来自对中国人的信心。从全球来看，中华民族是一个勤奋的民族，商店24小时营业、周末习惯性加班，在中国随处可见。过去我们把工业做过头了，因为银行不太会配置资源，搞过头以后就产能过剩了。但是以后我们会靠资本市场来配置资源，所以产能过剩肯定不会有了，服务业虽然会有泡沫，但也是大家需要的。

我们相信，未来居民财富从存款、地产向金融资产的转移趋势还会继续，但随着股票注册制的临近和债券刚兑的打破，未来大风吹的故事可能会告一段落，风还会继续吹，但不再是鸡犬升天，而是优胜劣汰、强者恒强！

我们也相信，这是一个资产管理行业发展的大时代，因为过去的中国老百姓从来没有为理财操过心，因为过去20年银行、房地产帮助中国老百姓把理财的活给干了。但是以后如果存款和房地产都不灵了，估计大家为了理财要把心都操碎了，而且说实话金融产品那么多，资本市场真真假假，老百姓光看名字都花眼了，怎么可能分得清呢？所以大家一定要把钱交给值得信赖的专业投资者打理！所以我们相信未来一定会进入机构投资者时代，而这也是这一代证券从业人员的神圣使命：帮助中国经济转型，帮助中国老百姓理财！

第二篇

前瞻改革重点

中国经济如何确立"新常态"

吴敬琏
著名经济学家、国务院发展研究中心研究员

旧常态已不能维持

所谓中国经济的旧常态,是指海量投资和高额出超推动下的高速度增长这样一种维持了相当长时期的经济态势。在2009年4万亿投资和10万亿贷款的强刺激下,中国经济曾经维持过两个季度的10%以上GDP增长,然后就掉头向下。近几年,每年政府都会出台一些保增长的刺激措施,但GDP增长率仍然一路下行。2011—2014年的四年,GDP增速分别是9.2%、7.8%、7.7%、7.4%。2015年第一季度进一步降到7.0%。这意味着靠海量投资和净出口驱动高增长的旧常态无法维持,已经是一个既成的事实。

为什么旧常态难以维持?对这一问题有两种分析方法。

第一种是用消费、投资、出口等"三驾马车"的拉力不足来解释为什么经济增速下行。"三驾马车"分析法实际上是凯恩斯主义短期分析框架的变形。按照凯恩斯的理论，供给总量的增长速度是由需求总量的状况决定的。在遇到需求不足、经济出现周期性衰退的时候，就运用扩张性的财政政策和货币政策来提振需求和保持增长。不过，凯恩斯主义的理论和政策所针对的是经济学所说的短期经济问题。凯恩斯并不避讳这一点，他在回应新自由主义的批评时说："In the long run，we are all dead（长期来说我们都死了）。"就是说，从长期看市场经济会经过波动自动实现平衡。但是，如果不采取救助措施，在短期内造成的损失太大。这就好比洪水早晚是会退的，但是在短期内还是要采取抗险堵口等措施，否则等洪水退去时，人早已被淹死了。

现在有一种趋势，就是依据凯恩斯主义的短期分析框架来分析中国的长期经济问题。"三驾马车"的拉力大小决定经济增长速度的高低，在中国俨然成为经济学定理。应对增长率下降的办法，就是用扩张性的宏观经济政策进行刺激。结果造成了货币超发，企业和政府都债台高筑，蕴含着所谓"国民资产负债表衰退"的系统性风险。在我看来，即使认为凯恩斯主义的理论完全正确，用它来分析长期经济问题也是对它的误用。

对于如何分析中国经济增长的前景，我和钱颖一、青木昌彦、余永定等学者的认识相同，认为不应当从需求方面的因素进行分析，而应当从供给方面的因素进行分析。这种分析是在罗伯特·索洛改写过的生产函数的基础上进行的。在过去，人们普遍认为产出只由劳动力和资本这两个因素决定。索洛在1956年发表了一篇论文，他指出，根据美国20世纪前49年的数据可以看到，把劳动力和资本这两个增长的来源剔除以后，还剩下一个余值（索洛余值A）。他把这个余值定义为技术进步，也就是全要素生产率（TFP）的提高。索洛的生产函数表明，经济增长由新增劳动力、新增资本（投资）和效率（TFP）提高这三个因素决定。

中国经济现在面临问题的根源在于经济发展方式存在缺陷，这就是经济增长主要靠投资支撑。投资率过高意味着消费率过低，最终需求不足。为弥补消费需求的不足，日本在"二战"后采取了出口导向政策，用低估本国货币汇率等办法来促进出口、抑制进口，扩大净出口。中国也采用了这一办法，特别是1994年外汇改革以后，进出口外贸盈余大量增加，支持了产能的迅速提高。但是，日本和东亚国家的经验表明，出口导向政策的长期使用也会有很大的副作用，甚至带来极其严重的后果。到21世纪，特别是2008年全球金融危机发生以后，中国出口导向政策的调整已经成为一件势在必行的事情。

改革开放前，效率提高对中国经济增长的贡献很小。改革开放以后，效率有了很大提高，主要是两个来源。一是结构改变，例如以前城乡是隔绝的，资源无法流动。改革开放后劳动力市场和土地市场打通以后，过去低效使用的劳动力和土地流向城市，得到较高效率的利用。二是对外开放。通过购买外国设备、学习外国技术，生产效率迅速提升。此外，人口红利也是增长率提高的重要因素。

到2006年左右，以上这些支撑高速度增长的因素出现明显衰减。

首先，随着城市化进入后期，从产业结构变化带来的红利逐渐减少。其次，随着中国生产技术水平与外国差距的缩小，用购买外国设备和引进国外先进技术的办法提高本国技术水平的空间也大大收窄。此时，蔡昉教授提出农村富余劳动力向城市非农产业转移的刘易斯拐点已经出现。当时很多人不以为然。现在大家都同意他的这个判断：农村剩余劳动力无限供应的红利也已经消失了。

这样，从21世纪初期起，中国经济的潜在增长率开始降低。要维持原来的经济增速，只能越来越依靠投资来拉动。这样，只得靠负债，包括发行钞票、寅吃卯粮的办法来筹集资金。到2010年左右，这个问题已相当严重，最集中的表现就是国民资产负债表的杠杆率自2009年以来急剧上升，尤其是地方政府和企业部门的杠杆率上升得很快。过高的杠杆率增加了发生系统性风险的可能性。

新常态有待确立

"新常态"（New Normal）这个词最早是美国太平洋资产管理公司前CEO穆罕默德·埃尔-埃利安（Mohamed El-Erian）提出的，用于描述2008年全球金融危机后可能出现的长时期经济衰退。

这当然不是我们希望建立的新常态。根据权威方面的说明，中国经济的新常态概括起来说有两个基本的特征：一是从高速增长转向中高速增长；二是从规模速度型的粗放增长转向质量效益型的集约增长。需要注意的是，以上两者的进度是有很大差异的：前者已是既成事实，绝大多数人对适应这种状况也有一定的思想准备；后者只是期望而非现实，需要经过努力才有可能实现。

对于目前中国经济"旧常态已经不能维持、新常态还有待确立"的态势，我们必须有清醒的认识。只有加快上述第二个"转向"的速度，才能克服眼前的困难，走上持续稳定发展的坦途。

由于过去很多社会矛盾是靠数量增长来"摆平"的，经济增速下降太快也有风险。如果不能用增长质量的提高去弥补增长数量的损失，很多经济和社会矛盾都会暴露出来，甚至进一步激化。

面对增长率继续走低的形势，最近几个月来，"扩需求、保增长"，要求中央银行"放水"的呼声日渐高涨起来，"铁、公、基"一类大规模投资也蓄势待发。不过，我对这一类"老办法"是否有效，抱有很大的怀疑。

靠扩张性的货币政策能够解决需求不足的问题吗？日本野村研究所首席经济学家辜朝明对"资产负债表的衰退"的分析很值得注意。他指出，当出现由于杠杆率过高导致的"资产负债表衰退"时，货币政策是无效的。因为在"现金为王"的情况下，人们都会捂紧钱包，不愿进行长期投资。如果手里有钱，人们更愿意投在股市而非流动性低、不易抽身的实业上。如果过度使用货币政策，股市也容易出现泡沫膨胀甚至在泡沫最终爆破时导致严重危机。当前，我国新入股市的投资者中有大量年龄偏低、资产不多、风险意识不强的新开户股民，大量融资炒股。一旦发生问题，会影响社会稳定，因为穷人亏钱比富人亏钱更危险，绝不可以掉以轻心。

对于投资的拉动作用，也应当做出恰当的估计。近几年的情况说明，经济学中"投资报酬递减规律"的作用已经日益显现。借机乱上项目投入很多，效果不大，结果只会加杠杆，使风险进一步积累。

总之，正确的应对办法，只能是在稳住大局、保证不发生系统性风险的条件下，把主要的注意力放在推进改革开放上，用改革开放来促进经济发展方式的转型和效率的提高。

问题在于，经济发展方式转型并不是一个新提出来的问题。早在1995年制定"九五"计划（1996—2000年）的时候，就提出了必须实现经济发展方式从粗放增长转变为集约增长、经济体制从计划经济转变为市场经济这"两个根本转变"，到现在已经整整20年了。

"九五"计划恰逢贯彻1993年中共十四届三中全会决定的改革大潮，经济增长方式转型取得了积极进展。遗憾的是，到了"十五"计划（2001—2005年）就停顿了下来。

"十五"计划期间的经济发展受20世纪90年代改革的推动，表现良好：经济提速，贸易繁荣，国家实力增强；但这也降低了改革压力，改革出现停顿。例如，1997年的中共十五大要求调整国有经济布局，从竞争性领域退出和实现公司化改制。最初几年首先在"放开搞活中小型企业"方面取得很大进展。接着实现了二级国有企业的公司化。但是到21世纪初期改到集团公司层面，就停顿下来了。2006年，国资委甚至发文，要求国有经济在七个行业里保持"绝对控制"，在九个行业里保持"较强控制"。这是跟中共十五大和十五届四中全会的决定相背离的。在有些地方和领域，甚至出现了"国进民退"和"再国有化"的"开倒车"行为。

影响经济发展方式转型的另一个因素是21世纪初城市化加速。在中国的土地产权制度下，各级地方政府通过土地财政获得几十万亿元的资金资源，再加上用土地抵押贷款，大量投资，营造"政绩工程"和"形象工程"，掀起所谓"重化工业化运动"和"造城运动"。结果，经济发展方式变得更加粗放。

在2005—2006年制定"十一五"规划（2006—2010年）的过程中，发生了一场关于经济发展模式的大争论：一派意见认为中国靠强政府、大投资实现高速发展的模式非常成功，应该继续沿着这条路走；另一派意见认为中国发展模式存在不平衡、不协调、不可持续的问题，应该回到"九五"计划的路子，实现经济发展模式从粗放型到集约型的转变。（参见吴敬琏《中国增长模式的抉择》，上海远东出版社，2005年版）"十一五"规划采纳了后一种意见，规定要把转变经济发展方式作为"十一五"规划的"主线"。但是，"十一五"规划较之"十五"计划的实际表现并没有太大不同。

在制定"十一五"规划的时候曾经总结过，为什么"十五"计划期间在经济发展方式转型方面不进反退？当时普遍认为，原因是存在"体制性障碍"，资源配置不是由市场主导而是由政府主导，各级政府投入了海量资源，用以实现提升政绩的目标。不过由于改革停滞，这一问题在"十一五"规划期间并未得到解决，所以"十一五"规划规划很好但成效不多。到了"十一五"规划的最后一年2010年，中央有点急了，专门组织了转变经济增长方式的省部级研讨班。胡锦涛总书记在开班讲话中指出："转变经济发展方式已刻不容缓！"

"十二五"规划（2010—2015年）重申把转变经济发展方式转变作为经济工作的主线。但是，"十二五"规划的开头几年"中国向何处去"的大争论正在进行。

中共十八大对这场事关"中国向何处去"的大争论做了明确的回答，这就是要坚持中共十一届三中全会的路线，"以更大的政治勇气和智慧全面深化改革"。随后，十八届三中全会制定了全面深化改革的总体规划。十八届四中全会又提出了全面推进依法治国的纲领。

如何稳住大局，为推进改革赢得时间

目前中国经济的杠杆率过高，债务总额达到GDP的251%，各级地方政府债务已超过16万亿元，2015年到期需要偿还的债务约为1.8万亿—2.0万亿元，蕴藏着比较大的金融风险。个别企业资金链断裂发生偿债危机、少数人"跑路"，问题都不大，但是必须保证不发生系统性危机。

第一，为了避免发生系统性危机，需要采取有力措施来控制和化解风险。

1. 要妥善处理各级地方政府的债务。财政部向地方下达1万亿元地方政府债券额度置换存量债务，可能还要采取一些补充性措施。

2. 要停止回报过低和完全没有回报的无效投资。

3. 要停止对"僵尸企业"的输血。

4. 必须停止刚性兑付。

5. 动用国有资本偿还政府的或有负债。目前一项最重要的或有负债就是社保基金的缺口，数额很大，成为隐患。十八届三中全会决定拨付国有资产去补充社保基金，但迄今没有行动。

6. 对资不抵债的企业实行破产清盘和破产保护下的重整，化大震为小震，释放风险。

7. 盘活由于粗放发展方式造成的死资产存量，例如各地"晒太阳"的开发区等。

第二，辅之以适当的财政和货币政策，维持宏观经济的基本稳定，防止系统性风险的发生。

2014年12月的中央经济工作会议提出："积极的财政政策要更有力度，货币政策要更加注重松紧适度。"这两句话十分重要。增加积极财政政策的力度意味着增加赤字。目前我国预算赤字与公认的警戒线还有一些距离，增加赤字还有一定的空间。另外，增加赤字有两种办法：一是增加支出，一是减少收入。在目前的状况下，我倾向于更多地采用普惠式的减税的办法，因为现在一个大问题是企业家们对未来缺乏信心，没有投资积极性。一定要改善营商环境，增强他们的信心。在货币政策上，要把去杠杆和提供必要的流动性结合起来。

当务之急：切实推进改革

推进改革开放是应对当前形势和确立我们所希望的新常态的治本之策。中共十八届三中全会《决定》对经济体制改革目标做出了准确的界定，就是建设"统一开放、竞争有序的市场体系"。其实，这一目标在1993年中共十四届三中全会《决定》中就已经提出来了，当时的表述是："发挥市场经济在资源配置中的基础性作用，必须培育和发展市场体系……形成统一、开放、竞争、有序的大市场。"20年后重提这一体制目标，并围绕这一基本目标部署了上百项具体的改革任务。现在，我们需要以"建设统一开放、竞争有序的市场体系"为标尺，总结中共十八大以来各项改革的进展，部署下一步的工作。

早在中共十八大召开前后，就已经按照建立竞争性市场体系的方向进行了一些试验性的改革，比如企业注册登记的便利化、营业税改增值税等等。这些改革取得了明显的成效。例如过去很多年领导一再号召要加快服务业的发展，却一直未能实现。最近几年，在上述改革的推动下，服务业发展取得了很好的成绩，这使我国就业情况在GDP增速下降的情况下得以保持较好的状态。改革小试牛刀尚且能够取得这么好的成果，这就表明，为了应对当前面临的困难，加快改革有多么重要的意义。

从目前的情况来看，政府职能改革、简政放权已经取得进展。现在需要注意的，一是要防止回潮，二是要继续向纵深发展，通过制定企业市场准入的负面清单和政府职权的正面清单，形成厘清政府与市场关系的正式制度。

以利率市场化和汇率市场化为核心的金融改革和以理顺中央、地方关系为重点的财政改革进展情况比较正常，现在还需要筹划解决一些更深层次的问题。

近年来，虽然国有经济在国民经济中所占份额有所下降，但是国有企业掌握着大量重要资源并且在很多重要行业中处于支配地位，因此国有经济的状况如何，对于整个国民经济的效率高低具有重要意义。为了改变国有企业效率低下的状况，十八届三中全会对国有企业改革做出了很多重要决定。现在看来，亟须加快实施这些决定。

中国（上海）自由贸易区正在进行一项具有历史意义的试验。正如习近平主席所说：进行自贸区试验的意义在于适应贸易和投资便利化的大趋势，"营造市场化、国际化、法治化的营商环境"。目前，已开始在其他地区复制推广上海自贸区的经验。这意味着对外开放新局面的全面展开。行政领导部门要从促进贸易和投资便利化的大局着眼，为开辟这个新局面做出贡献。

民营企业是经济发展方式转型的主要推动力量。目前很多企业家信心不足，积极性不高，需要引起足够的注意。应当借鉴1998年应对亚洲金融危机时扶持民营中小企业的经验，组织深入的调查研究，提出切实有效的综合解决方案。

现代市场经济的有效运作离不开政府在创设良好的营商环境和提供公共服务方面的作为。目前在反腐高压态势下，政府官员"乱作为"的情况有所收敛，但"不作为"的情况却有所蔓延。王岐山书记以前说过，先治标后治本，用治标为治本赢得时间。我觉得在反腐高压态势已经建立的情况下，应当大力加强制度反腐，把权力关进法治的笼子里。与此同时，要按照李克强总理所说的政府"法无授权不可为"的原则，加快建立官员职权的正面清单，使官员行使职权有规可循。

经济新常态下提升生产率的几个重点领域

刘世锦
国务院发展研究中心副主任

　　"十三五"规划的重中之重就是提高生产率。新常态和原常态或旧常态相比,一个最引人注目的特点就是速度降低了,由过去10%左右的高速增长将转入中高速增长。为什么会发生如此变化?其中一个很重要的原因,就是生产率提升的来源已经发生很大变化。过去30多年,中国经济之所以能够高速增长,最重要的一点就是农业劳动力从农业部门转入非农产业。一个农民过去种地,假如挣一元钱,到了非农产业以后可以挣五元钱。生产率的提升主要靠劳动力从农业部门转向非农产业获得,这也是中国过去30多年保持10%左右高速增长非常重要的动力来源。但随着经济学上所说的"刘易斯拐点"的到来,这个来源逐步减弱。以后,生产率提升将主要来自部门内。如果我们不切实有效地提升生产率,"十三五"规划期间维持中高速增长难度也很大。
　　我认为,"十三五"规划时期提高生产率是重中之重，甚至可以构成这个时期的一条主线。具体来说，应侧重以下五个重点领域：

一是提高农业生产率

重点要转变农业发展方式。统计数据显示，中国农业劳动力占30%，但实际种地的农民所占比重没那么高，根据我们最近做的研究，大体上接近20%，然而农业产值所占比重是10%，将近20%的人只有10%的产出，生产率还是相当低的。现在，农田大量使用化肥、重金属污染等不可持续问题非常突出。

下一步，我们需要考虑的是：中国农业如何走出一条新路？一方面，我们能不能加快"走出去"的步伐，充分利用国际资源？放眼全球，一些国家的可耕地没有得到很好的开发。另一方面，则是如何通过集约和适度规模化经营实现农业劳动生产率的提高。"十三五"规划期间，相当多的农业劳动力可以从农业转移到非农产业，这也是提高生产率的一个方法。将来中国确实成为高收入国家后，农业劳动力的比重应该在10%以下。也就是说，还有10%—20%的农业劳动力可以从农业转到非农产业。

二是推进垄断性基础产业领域改革

这些领域包括能源、石油、铁路、电信、金融等部门，效率普遍很低。比如，前几年一些地方的高速公路上运煤卡车可以排十几公里，卡车所运煤炭是低级能源，但烧的汽油是高级能源，能耗很高。大家纷纷提出疑问：是中国造不了铁路吗？是缺钢材、缺技术、缺资金吗？都不缺。为什么搞不起来？原因在于，铁路建设只能由当时的铁道部来搞，别人不能搞；如果要参与投资，铁道部也要占控制地位。

这就是行政性垄断。中国的高速公路为什么发展很快？是因为不仅交通部可以制定规划、修建道路，同时各个省、市、县，甚至民营企业也可以参与投资建设，然后在收费站竖块牌子"贷款修路，收费还贷"。有了这个机制，中国的高速公路里程数就超过美国了。打破垄断、鼓励竞争，推进基础产业领域的混合所有制改革，对提高整个社会生产效率意义很大，也是国有企业改革的一个重要方面。

混合所有制改革应该包括两个方面：一个是企业层面的，可以叫作"企业混改"；另一个是放宽行业准入限制，让行业外的其他投资者，包括民营资本，也包括行业外的国有资本进入，这叫作"行业混改"。后一种改革应当以更大力度予以推进。

三是加强互联网对传统产业的改造

几大电商组织的网购活动很吸引眼球，如"双十一"和"双十二"。值得关注的是，支撑海量销售额的背后的技术能力大幅度提升了。目前，B2C（企业到消费者的电子商务模式）模式取得了成功，但只是互联网改造实体经济的一个序幕，一台大戏刚把幕拉开。互联网领域是个英雄辈出的时代，互联网对整个产业链的改造，特别是对生产过程的改造，均大有可为。互联网到底解决了什么问题？从经济学角度来讲，关键是解决"信息不对称"的问题。互联网大大降低了信息的搜寻成本、交易成本。比如，很多女同志都喜欢买东西，过去需要跑5家商店，货比5家，一出去要么坐车，要么开车，而且得跑很多趟，消耗很多能源。现在家里有网络，不是货比5家，而是货比500家、5000家，甚至更多家，选好以后下单，一个快递员开车就可以把很多人买的商品，通过优化后的路线送到她们手上。互联网对能源节约做出了很大贡献，如果没有互联网，北京雾霾更严重，交通也会更拥堵。互联网实际上正在构建一个新的产业经济甚至资源配置的平台，中国在这方面很有优势，可以大有作为。

四是加强企业兼并重组

随着经济增长速度的放缓，行业内洗牌在所难免。某个行业现有100家企业，五年以后可能只剩20家企业。相当多的企业要发生变化，这个变化可能是自己关门了，也可能是被别人合并了。现在有不少企业运转不下去，政府顾虑失业，花钱维持着企业。如果算个账，我们搞社会保障制度，拿点钱把这些工人养起来，再创造条件进行培训，使他们获得新的就业岗位，是这样合适还是把企业放在这儿维持着合适？结论不言自明。政府最重要的职责是要完善社会保障制度，为企业兼并重组创造好的外部制度和政策环境。

五是进一步扩大对外开放

近期中央在对外开放上出台了一些重大决策，包括"一带一路"、上海自贸区等。"十三五"规划期间，我们的思路可以放得更开一些。现在一些国家想办法直接或变相搞贸易和投资保护主义，这和市场经济的基本原则是相悖的。中国要继续倡导自由贸易，而且今后应逐步改变角色，从过去国际市场规则的被动适应者，转变成全球高水平市场经济建设的引领者和规则制定者。

国内产业中相当一部分竞争力还是不错的，比如基础设施建设，材料、设备制造和系统集成能力，在全球范围内也是领先的。此外，国内资金也有到国际上去寻求回报的要求。制造业转型升级，一个重要的方面就是要走出去，到国外兼并收购，特别是要收购技术含量较高的环节。服务业方面，则要通过对外开放倒逼国内改革。中国服务业总体发展水平比较低，还是要进一步开放，让更好更先进的东西进来，在竞争和比较中提升整个服务业的水平。

中国未来竞争力主要在制造业，不能因为服务业成为最大产业而忽视制造业。在可预见的将来，中国的制造业还应该保持较高比重，比如应占GDP的30%以上。服务业发展的重点是生产性服务业，包括研发、物流、金融、会计、统计、信息服务等，这些领域主要是为制造业转型升级服务的。生产性服务业加快发展，将会推动中国经济整体效率有一个很大的提升。

国资改革十一问

陈清泰
国务院发展研究中心原党组书记、副主任

以管资本为主建立国有资产管理新体制，是中共十八大确立的深化国有经济改革的重要任务，应精心设计、稳步推进。

国企改革的基本命题和当前重点

按照传统理论与理念，公有制对应的是计划经济，市场经济只能是私有化。1992年中共十四大提出建立社会主义市场经济的目标后，国有经济改革的基本命题就是：公有制、国有经济与市场经济能不能结合？如何结合？在保持较大份额国有经济的情况下，如何保障市场在资源配置中发挥基础性作用？

中共十四届三中全会以来，中央为破解这一历史性难题，提出了三个要点：一是建立现代企业制度。利用"所有权与经营权分离"的特点，在保障国家最终所有的情况下，构造众多独立的市场主体。中共十四届三中全会认定"以公有制为基础的现代企业制度是社会主义市场经济的基础""国有企业改革的方向"。二是与时俱进地调整国有经济布局和功能，保障国有经济在不同发展阶段都能有效发挥作用。三是探索适应市场经济的"国有资产实现形式"（实物形态或价值形态），在保持较大份额国有经济的情况下，实行政企分开，保障市场配置资源的作用。

以上三大要点相互关联，但进展参差不齐。随着资本市场的建立，企业集团下层的公司制改制较快展开。20世纪90年代中后期，在转向买方市场、企业严重亏损的情况下，政府狠抓减人增效、关闭破产、抓大放小、债务重组，进行了大规模的结构调整，为国企进入新世纪后的辉煌奠定了基础。但国有资产管理体制改革由于更为敏感而被搁置。尽管中共十六大后成立了国资委，但在产业领域，实物形态的"国有企业"仍是国有经济的主要实现形式。政府作为市场的监管者，同时拥有、管理和控制着庞大的国有企业群，成为经济体制诸多矛盾的一个焦点。

当前国有企业改革的主导方向应当及时由针对国有企业自身，转向在国家层面推进国有资产的资本化。这次国有企业再改革的命题不是政府机构如何改进对国有企业的管理，而是由"管企业"转变为"管资本"。这是中共十八届三中全会决定关于国企改革理论的重大突破，是当前深化改革的重要突破口。

国有资产资本化改革的意义和目标

管资本就是改革经营性国有资产的实现形式，由实物形态的国有企业，转向价值形态、可以用财务语言清晰界定、有良好流动性、可以进入市场运作的国有资本。国有资产资本化可以实现三个目标：

1. 国有企业进行整体的公司制改制，国家从拥有企业转向拥有资本（股权），并委托专业投资运营机构持有和运作。这就隔离了政府与企业直接的产权关系，从体制上为政企分开、建立现代公司治理奠定了基础。有股东没有婆婆，对企业是又一次解放。

2. 国有资产资本化、证券化后，国有投资机构的所有权与企业法人财产权分离，这就解脱了国有资本与特定企业的捆绑关系。企业自主决策做强做大、国有资本追求投资收益有进有退地流动。这就构成了相关但不受约束的两个自由度。资本化是对国有资产流动性和效率的解放。

3. 政府在管资本不管企业的体制下，可以站到超脱的地位，正确处理与市场的关系。这样对政府也是一次解放。

资本化的重要意义在于，它将从根本上理顺长期困扰我们的政府、市场和企业的关系，化解体制转轨中的诸多矛盾。国有资本的预期效能主要通过市场而不是行政力量来实现。这就使国有资本具有"亲市场性"，从而保障中国在保持较大份额国有经济的情况下，"使市场在资源配置中起决定性作用"。

"三个解放"是生产力的再解放。

两类国有资产管理和实现形式

经过多年的探索，经营性国有资产管理已经有多种形式，大致可分为两类。一类是全国社保基金，信达、华融等资产管理公司和中投、汇金投资控股公司等。这类机构的共同特点：一是都属于已经注册的金融持股机构，管理的对象都是资本化和证券化的国有资产，也就是"国有资本"；二是与投资和持股的公司是股权关系，而不是行政关系；三是持股机构是市场参与者，股权（资本）可以在市场中运作。

国资委则是另一类管理形式。它有三大特点：一是以实物形态的"国有企业"为对象，"管人、管事、管资产"，管理着一家企业群，企业与政府保持着捆绑关系；二是在法律和财务意义上，国有产权的委托—代理关系并未建立，政府对国企实行行政强干预、财务软约束；三是国有产权基本不具有流动性，有进有退的调整和功能转换很难实质性进行，资本效率低。这类管理形式在诸多方面与市场经济很难相融，是当前改革的重点。

国有经济的功能转换

渐进式改革留下了一笔巨大的国有资本，是保障中国经济体制平稳转型的宝贵资源。基于中国的特点，国有资本有两大功能：一是政策性功能，即作为政府实现特殊公共目标的资源；二是收益性功能，获取财务回报，用于公共服务。两者的比例结构应当与时俱进地调整。

在经济发育程度较低、政府主导经济增长的阶段，国家更加重视它的政策性功能。国有经济主要作为政府调控经济的工具、配置资源的抓手、推动经济增长的拳头。但这一发展阶段正在过去。

一方面，当前，在国家有需要、非公经济不愿进入或不准进入的领域、天然垄断行业、涉及国家安全和某些公共服务等领域，以国有资本投资实现政府特定的公共目标的功能还不少。但在市场起决定性作用的情况下，政策性功能应限定在某些市场失灵的领域，并经过充分论证和法定程序列入"负面清单"，随形势发展逐步减少，避免随意性，不可泛化。

另一方面，很多曾经的"重要行业、关键领域"已经成了竞争领域，而制约经济社会发展的瓶颈、关系"国民经济命脉"的很多方面也已发生变化。社会保障、基本公共服务均等化和某些社会产品的短缺已经上升到主要矛盾。相应地，国有经济作为"工具"和"抓手"的功能应大幅度转向收益性功能，应将更多的国有资本分别注入社会保障、扶贫、教育等公益基金和金融性投资机构，以投资收益作为公共财政的补充来源，弥补体制转轨中积累的必须由财政支付的历史欠账和民生需求，一方面补充社会保障资金的不足，保住社会底线；另一方面补充社会公益性资金，减少社会不公、促进区域协调发展，以此保障体制转轨的平稳进行，并使全民所有回归到全民分享的本质。

重视发挥社会保障基金的作用

直到20世纪90年代中后期，在国有企业成本中未曾计提职工养老金。这部分资金留在企业，用于发展再生产。因此，国有企业净资产中有国家投入和积累的部分，也有职工养老金投入和增值的部分。

划拨部分国有资本偿还国家对老职工的社保欠账，是一件拟议已久但一直未能实现的大事。应合理测算对老职工的历史欠账，在向管资本的转型中如数从国有净资产中划入社保基金，由此会带来多方面的好处：第一，偿还职工社保历史欠账有理有据，以此弥补社保资金缺口，可以保持社保体制的持续运行，解除老职工的后顾之忧；第二，这是中国应对人口老龄化的重要举措；第三，有助于克服中国资本市场投资者以散户为主的缺陷，将大大增强机构投资者的资本实力；第四，中共十五大曾提出"努力寻找能够极大促进生产力发展的公有制实现形式"，社保基金是一种良好的公有制实现形式，将有力地推动国有资产管理体制的改革和公司治理结构的改善。

建立国有资本管理体制的几个问题

"管资本为主"的核心是实现政企分开、所有权与经营权分离，并保证国有资本的投资运营始终受到强财务约束。为此，在国有资本管理体制设计时有几点值得考虑：

1. 顶层的国有企业除少数向投资运营公司转型外，应重组存续业务、剥离办社会职能、引进新的投资者，整体改制为股份制公司。通过这一过程，使国有资产资本化、股份化、具备条件的证券化。

2. 分散在多个部门的国有资本公共管理职能，应归集于政府。目的是确保从全局出发制定国家所有权政策，并避免各个部门继续将国有企业（资产）作为行使职能的抓手和工具。

3. 国有资本的管理职能与运营职能分开，委托专业的投资运营机构运作并保障其必要的独立性，由独立的监督机构对其进行评价和监督。

4. 国有资本应分为两类，但都应保持资本的基本属性。收益性功能的资本应专注财务收益，政策性功能的资本在实现政策目标的同时应保障投资效益、受到强财务约束。为此，两类功能的资本应分别由不同的投资运营机构运作，目的是尽量避免为实现相互冲突的目标而导致效率低下。

5. 政府指定特定机构对投资运营公司行使出资人职能。收益性功能的投资公司出资人由对资本收益最为关切的机构承担；政策性功能的投资公司由对政策实现最为关切的机构承担，或者由其与对资本使用效率有较强评价能力的机构共同承担为宜。

6. 在向管资本转型中应更加重视发挥社保基金的作用，在顶层企业整体改制时应将部分股权划转社保基金。

7. 应当重视全国人民作为最终所有者、受益者的知情权和监督权，使国有资本的管理和运营受到强财务约束。国家所有权机构应每年向全国人民代表大会报告，接受审议和监督。

国资管理框架可设计为三个层次

1. 国家所有权管理，属于公共职能。可考虑在政府层面设立"国有资本管理委员会"，管委会为非常设机构，由政府主要领导担任主任，负责制定所有权政策、推动国有产权立法、审议国有资本经营预算、统筹国有资本收益分配和任命投资运营公司董事和董事长、批准公司章程等。管委会可委托相关部门为其办事机构；委托特定部门对国有资本投资运营机构行使出资人职能。管委会办事机构可委托第三方专业机构对投资运营公司进行审计和评估。政府每年向全国人民代表大会报告国有资本运营情况、国有资本经营预算和收益分配情况，接受审议和监督。

2. 国有资本的投资运营机构。该类机构应包括已有的国有资本投资运营平台、社会保障基金，也有集团公司转制的国有资本投资公司和运营公司。它们受国家股东委托，进入市场运作国有资本，是独立的金融性商业实体。

3. 投资运营机构持股或控股、受《公司法》调节的股份制公司，其主体是各类混合所有制的公司。政府作为最重要的公共管理部门，管资本就管到投资运营机构，不再向下延伸。

投资运营机构的属性和运作机制

转向管资本后，投资运营机构是政府与企业之间的"界面"：政企分开、所有权与经营权分离主要通过投资运营机构的隔离与衔接来实现；国有资本的功能转换和效率提升主要通过投资运营机构的有效运作来实现。因此，理清其属性和运作机制至关重要。

1. 投资运营机构是国有资本注资设立的金融性公司，按照《公司法》建立公司治理结构，实现所有权与经营权分离；董事、董事长由国家所有权机构任命并管理，保障董事会必要的独立性。专业的投资经理人在市场中选聘，实行与业绩挂钩的薪酬激励。

2. 国家股东主要通过批准投资运营机构的公司章程、委托合同和召开股东会议等"正常"方式实现自己的意志，尽量避免通过下达"红头文件"进行干预。

3. 投资运营机构按照章程和委托合同运营，以获取最高回报和保障资本效率为主要责任。它没有行政权、没有行业监管权，借助资本市场的工具运营，而不是靠行政手段。投资运营机构不承接政府对其下层企业的市场监管和行政管理等"漏斗职能"。

4. 投资运营机构的投资组合应兼顾效益、避免风险，不刻意追求绝对控股。对国家认为需要绝对控股的公司，可以与其他国有投资机构共同持股，克服一股独大的风险和弊端。

5. 投资运营机构的下层是设有董事会的股份制公司，通过股东会和董事会行使股东权利，包括选聘董事、选聘总经理，参与公司重大投资、并购、利润分配等重要决策。为此，对重要的投资企业应保持适当股权比例，以便获得在董事会的投票权。

6. 投资运营机构的权能既包括国有股权的管理，也包括股权的转让和买进；资本运作可以由本机构进行，也可以委托有良好诚信记录和业绩的基金进行。收益性功能的投资运营公司的业绩评价是基于投资组合价值的变化，而不是看单个投资项目的盈亏；是基于长期价值，而不是易受市场波动的短期业绩。

7. 投资运营机构每年向出资人机构（股东）报告工作，投资的分红收益按照章程规定上缴财政，接受第三方机构的审计和评估。

8. 政策性功能的投资运营机构，根据需要，可以有所区别。

混合所有制公司的基本模型

国有投资运营机构之下的企业将越来越成为国有资本、集体资本、非公有资本交叉持股的混合所有制公司，《公司法》将成为调整股东、经理人、员工及各个相关者权利和利益关系的法律依据，为完善公司治理、走向"现代企业制度"铺平道路。

根据国内已有的经验，混合所有制公司应具备以下特征：

1. 过大股比的国有股权适度分散给若干国有投资机构持有，打破一股独大。引进非公机构投资者，构建合理的股权结构。

2. 董事成员以外部董事为主，其中应有相当比例的独立董事。股权董事应为外部人，董事长原则上由外部人担任。

3. 所有股东通过股东会、董事会行使权利，确立董事会的核心作用和战略地位。董事会牢牢掌握公司重大决策权，如发展战略、重大投资、并购、年度目标、高管薪酬和长期激励、业绩考评以及利润用于再投资还是作为红利分配等决策权；发挥监事会审计监督作用和董事会专业委员会作用，董事会审议经理人年度报告，考核经营业绩。防止内部人控制。

4. 公司和经理人不属于"体制内"，没有"行政级别"。经理人由董事会选聘，是"市场人"，不是大股东派遣，不受"体制内"保护，董事会有权罢免。公司高管由经理人提名，董事会批准。如果不能获批，经理人重新提名，保障经理人的用人权。

5. 公司必须执行国家法规，接受税务、工商、环保、海关、外管等行政执法部门的监管。上市公司还要接受来自资本市场的监管部门、律师、会计师、分析师的监督。

6. 公司不再与政府保持行政关系，包括干部人事管理、工资总额管理、责任目标管理，以及巡视、测评等的"延伸监管"。党的关系由属地管理。

承担政策性功能的那些企业，可根据具体情况区别对待。

"管资本为主"不排除管企业

《决定》提出"管资本为主"，就是说不应排除政府仍直接管理企业。这符合现阶段的国情。

在竞争性领域必须政企分开，保障企业独立、平等地参与竞争；保障政府处于超脱地位监管市场，公平对待各类企业。因此，在竞争性领域的国有资产应逐步尽数由管企业转变为管资本，并以平等的身份在市场中运作。

对某些战略性和市场失灵领域的国有企业，政府需要对其保持控制力。这些领域基本不存在竞争，如何管理对市场不会产生大的影响。政府对这类企业的管理可以有两种选择：一是政府继续直接管理企业；二是通过国有资本投资公司控股目标企业。

国有经济并不需要"全部从竞争性领域退出"

很多人出于担心，提出"国有经济从竞争性领域全部退出"，但国有经济规模巨大，全部退出既不现实，也没有必要。

在竞争性领域，国有资本谋求"控制"，会扭曲市场；投资为了收益，对其他投资者不会造成不当伤害。因此，一方面，国有资本"应加大对公益性企业的投入，在提供公共服务方面做出更大贡献"；另一方面，关键问题不是"退出"，而是在竞争性领域与时俱进地改变国有经济的功能，由过去看重对产业和企业的"控制"转向现在专注资本投资收益，是否退出由投资运营机构分散地自主决策。国有资本的公共性不是表现为"退出"竞争，而是体现在收益分配的公共性。

可以设想，如果在资本市场上活跃着一个个追求财务收益的国有资本投资机构，如同一些国家的一只只养老基金，必将对改善资本市场产生正面而不是负面的影响。

中国哪九类人的命运将发生明显改变

韩洋
商业见地网财经观察员

2015年的经济下行形势严峻，稳增长成为首要任务，财政政策、货币政策和股市政策组成三大积极政策，开足马力护航稳增长。在一个泡沫周期已经上路的情况下，全面深改更是时不我待。

"面对当前经济下行压力和发展中深层次矛盾凸显，全面深化改革已进入关键时期，2015年改革推进的程度将对未来中国经济发展社会产生深远影响。"国家行政学院经济学部主任张占斌表示。

他指出，2015年已经过去了五个多月，经济体制改革重点工作中的一些任务已经完成，但大部分目标都属于难啃的"硬骨头"，需要采取有效措施加速推进，"这些改革一旦实施将给整个社会带来巨大红利"。

2015年5月18日，中国国务院转发了发改委《关于2015年深化经济体制改革重点工作的意见》（以下简称《意见》），共8个方面39项。这其中，中国哪九类人的命运将发生明显改变？

第一类：股民

中国股市2015年以来加速上行，外资流动，投资者用贷款购买股票，以及新股集中上市后被投资者抢购的状况，都在助推股市上行。但分析师担心，A股的大好时光可能一眨眼就终结。

2015年初至今，上证综指已上涨32%，但中小盘和创业板个股上涨更多，有些个股的股价已经翻了不止一番。

但金利丰证券（Kingston Securities）执行总监黄德几（Dickie Wong）表示，中国股市投机氛围仍然过浓，有时甚至犹如赌场，这使得大量涌入的散户资金可能随时面临血本无归的风险。

SCM私人财富管理公司首席投资官阿兰·米勒（Alan Miller）表示，在中国，一家新上市的公司连续34个交易日上涨，目前的成交价已大大超出其潜在的盈利能力。

米勒警告投资者，市场总是在你顿悟之前就转变方向。他表示，规模庞大的中国股市的市值并没有疯，但其中一些小的市场有些失控。

米勒表示，随着央行（PBOC）试图抑制融资融券的使用，中国指数一直存在着暗流涌动。然而，央行适时推出措施能防止借贷活动继续僵化。这是必然的，不是吗？照目前的状况，完全开放市场，允许20个保证金账户，而投资者由于相信股市会一天天上涨于是继续保证金购买，将导致灾难性的后果。

其他市场观察者则指出，央行对经济实施的刺激手段，使市场屡屡逃避了重跌崩盘的困境。此前在股市出现见顶的迹象后，央行再度降息的行动便又推动了股市重新上行。

《意见》提出，实施股票发行注册制改革，探索建立多层次资本市场转板机制，发展服务中小企业的区域性股权市场，开展股权众筹融资试点。进一步完善"沪港通"试点，适时启动"深港通"试点。

《证券法》修订草案已在4月完成全国人大常委会第一次审议，草案明确了实施股票发行注册制的基本思路。"沪港通"股票交易也早在

2014年11月17日正式开通。

股票发行注册制和转板机制有利于推动直接融资发展，激发全民创新创业活力，既能促进中国经济转型创新，又能使股民在经济增长中获益。

第二类：银行储户

作为储户，担心的是如果哪天银行倒闭了，自己的钱找谁要？令人心烦的是，现在各家银行利率一样低，有钱存银行得不到多少实惠。

《意见》提出，加快发展民营银行等中小金融机构，推出存款保险制度，出台促进互联网金融健康发展的指导意见，有序放松存款利率管制。

《存款保险条例》（以下简称《条例》）自2015年5月1日起正式实施，标志着我国筹备了20余年之久的存款保险制度正式"起航"。

《条例》规定，被保险存款范围包括人民币存款、外币存款、个人储蓄存款、企业和其他单位存款，存款保险最高偿付限额为50万元，能为99.63%的存款人提供全额保护。

作为普通老百姓，最关心的还是《条例》实施后对我们的生活有没有影响、存钱要不要额外交保费、万一存款出了问题怎么偿付这些关乎我们切身利益的问题。

事实上，存款保险通常是指吸收存款的银行业金融机构（统称投保机构）交纳保费形成存款保险基金，当投保机构经营出现问题时，存款保险基金管理机构依照规定使用存款保险基金对存款人进行及时偿付，并采取必要措施维护存款以及存款保险基金安全的制度。

据了解，为保障存款保险基金的安全，《条例》对存款保险基金的运用形式进行了限制，规定存款保险基金的运用遵循安全、流动和保值增值的原则，应当在中国人民银行设立专门账户，由中国人民银行负责管理，运用方式仅限于存放央行、购买政府债券和中央银行票据等。

《条例》规定，当出现存款保险基金管理机构担任投保机构的接管组织、存款保险基金管理机构实施被撤销投保机构的清算、人民法院裁定受理对投保机构的破产申请等情形时，存款保险基金管理机构将在七个工作日内向储户足额偿付存款。

此外，条例还规定，存款保险基金管理机构在处置问题投保机构时，既可以直接偿付，也可以灵活运用委托偿付、支持合格投保机构收购或者承担问题投保机构资产负债等方式，在充分保护存款人利益的同时，降低风险处置成本，实现基金使用成本最小化。

不过，银行理财产品并不在赔付范围内。建行珠海分行相关负责人提醒："理财产品是有可能蚀本的。目前市场上的多数理财产品为非保本浮动收益型，宣称的年化收益越高的产品，风险也往往更高。市民投资前要充分衡量自己的风险承受能力，理性投资。"

有不少人担心，每笔存款都要缴纳一笔保费，银行不会吃这个亏。所谓"羊毛出在羊身上"，银行会不会通过降低存款利率或提高贷款利率的手段，将这一块的损失"找补"回来？

事实上，中国存款保险实行的是基准费率与风险差别费率相结合的制度，其中的风险差别费率，通俗地讲，就是指对风险较高的吸收存款的银行业金融机构收取较高的费率，反之收取较低的费率。通过这样的制度安排，强化对吸收存款的银行业金融机构的市场约束，促使其审慎经营，健康发展。

综合考虑国际经验、金融机构承受能力和风险处置需要等因素，中国存款保险制度起步时的平均费率水平大概在万分之一到万分之二，远低于绝大多数国家存款保险制度起步时的水平以及现行水平，对投保机构的财务影响很小。

第三类：打车族

长期以来，我国对出租车行业实行行政许可制度及总量控制制度，但出租车行业多年来饱受争议，被认为是"垄断行业"。与此同时，"打车难"成为众多一、二线城市面临的普遍问题。

探究"打车难"的根本原因，主因是由于车少人多导致的供需不平衡。同时，出租车司机因交班、拥堵等原因拒载的现象也加剧了城市拥堵路段和交通高峰时段的"打车难"现象。

因此，当各种打车和专车软件横空出世，就被消费者当成缓解"打车难"的稻草，然而实际情况却并非如此。

目前使用打车软件的"的哥"确实不少，即使接到活也会开着打车软件的信息推送。然而，"的哥"们并非有单就接，有些距离较近或者要经过拥堵路段的打车信息反复播放都无人响应；而有些距离较远、费用较高的单子基本都是"秒杀"。

类似的"挑单"现象在出租车行业已经不是秘密。一位家住北京郊区的出租车司机表示："想回家的时候就停在公交枢纽站，等着有同方向的打车单子一来，赶紧抢上就能顺道回去了。"被问及如果有去其他地方的订单会不会接，这位司机直言：一般不会，太麻烦。

可见，一些打车软件的出现实际上并没有缓解打车难，之所以会出现打车难问题，一方面是因为行业"垄断"导致供给不足，另一方面是出租车行业经营管理模式落后所导致。如何推动市场开放，引入充分竞争，促进行业经营管理模式的进步，从根本上缓解供需矛盾，是出租车行业改革面临的首要问题。

《意见》提出，出台深化出租汽车行业改革指导意见。

事实上，包括浙江、湖北等多地已经开始对出租车行业进行改革试点工作，可以说，全国范围内的出租车行业改革已"箭在弦上"。

2014年年底，交通运输部发布《关于全面深化交通运输改革的意见》要求，推进出租汽车行业市场化改革，完善出租汽车价格动态调整机制，形成与公共交通合理的比价关系。

可见，出租车营运价格的形成机制是未来市场化改革的核心问题，目前我国出租车营运价格采用政府定价模式，这不仅让行业遭受到"垄断"的质疑，同时也阻碍了有效的市场竞争。

对于出租车行业改革一事，交通运输部新闻发言人徐成光在2015年年初时也表示，未来出台的出租车行业深化改革意见会涉及行业定位、经营权管理、运价形成机制等多个领域。

事实上，打车难题已开始破冰，各种专车服务正在以方便快捷、服务好，改变着上班族的通勤体验。《义乌市出租汽车行业改革工作方案》（以下简称《方案》）就已经对营运价格形成机制进行了调整。《方案》显示，义乌将推进市场化改革，营运价格逐步从政府定价模式向政府指导价、行业定价、协商定价机制过渡，让出租车价格和市场供需关系挂钩。

可以预见，无论"专车服务"，还是已经破冰的出租车改革，都将让更多人的上班路便捷、舒心。

第四类：农民工

农民工是改革开放以后出现的新的劳动阶层，他们的家和户口都在农村，却背井离乡到城里或外地去做工。

他们活跃在建筑工地、服务行业、加工业、商场、菜市场等行业，为城市的繁荣和发展，为人民生活的幸福做出了巨大贡献，也是我国经济建设发展不可忽视的一支重要力量。

但是，他们为城市盖起一座座高楼大厦，自己却因户口问题而无安身之地；他们为城市孩子盖起漂亮的学校，自己的孩子却无法在自己打工的城市入学入园，只能在家乡由老人抚养，成为留守儿童；他们为企业发展、城市繁荣做出了不可磨灭的贡献，却在医保、社保、养老方面得不到社会的认可。

他们一直以"二等公民"的落魄面容出现于社会面前，发声机会极为渺茫，社会劳动保障极为艰辛，处于"进不去的城市"与"回不去的故乡"之间的夹缝中。

户籍改革于2014年取得一系列突破，《居住证管理办法》已于2014年年底由国务院法制办启动公开征求意见程序，有望于2015年出台。

户籍改革也是2015年地方政府工作的重点。据媒体统计，28个省份的《政府工作报告》均明确将在2015年推动和落实户籍制度改革。

"改革户籍制度""加快推进户籍制度改革""落实户籍制度专项改革方案""深化户籍制度改革"等表述，在大多数省份的政府工作报告中均能找到。

"放开落户"作为户籍改革的一项重要内容，在三个省份的《政府工作报告》中获得明确。安徽省《政府工作报告》称：放开建制镇和小城市落户限制，完善相关配套措施。山西省《政府工作报告》要求：全面放开建制镇和中小城市落户条件，有序放开大城市落户限制，统一城乡户口登记制度。湖南省政府工作报告也是首次提出了"所有城镇原则上全面放开落户限制"。

超大城市则强调严控人口规模。北京首次明确提出，"出台居住证制度，研究制定积分落户政策"。上海市《政府工作报告》要求，完善以积分制为主体的居住证制度，继续严控人口规模。

《意见》提出，抓紧实施户籍制度改革，落实放宽户口迁移政策，完善配套措施，建立城乡统一的户口登记制度。出台实施居住证管理办法，以居住证为载体提供相应的基本公共服务。

制定实施城镇建设用地增加规模与吸纳农业转移人口落户数量挂钩政策。研究提出中央对地方转移支付同农业转移人口市民化挂钩机制的指导意见。

落实农民工随迁子女在流入地接受义务教育政策，完善后续升学政策。

《意见》提出的"两个挂钩"值得关注,这是通过经济手段来引导农业人口转移,效果预计会更明显。而户籍政策的破冰,将有助于解决农民工最揪心的子女就学问题。

第五类:农民

增收手段少、农民财产权利不多、收益有限一直是中国农民的苦恼。

对于农村土地承包经营权确权登记颁证,《意见》提出,新增9个省份开展整省试点,其他省份扩大开展以县为单位的整体试点。

农业部从2009年开始组织开展试点,经历了四个阶段。2014年,中央选择山东、四川、安徽三省和其他省市区的27个县进行整体试点。截至2014年底,全国1988个县(市、区)开展了试点,涉及1.3万个乡镇、19.5万个村,试点覆盖面积3.3亿亩。目前,全国2/3的县、40%的乡镇、1/3的村开展了确权工作。

2015年,在农业部的新闻发布会上,农业部农村经济体制与经营管理司司长张红宇说,给农民颁一个铁证,让农民心里踏实,同时搞清楚国家拥有的耕地、土地、山林、资源等家底。

2008年发布的十七届三中全会《决定》明确提出,赋予农民更加充分、有保障的土地承包经营权,现有土地承包关系要保持稳定,并长久不变。当时官方解释,这是要更好地稳定农民对土地经营的预期,给农民吃长效的"定心丸"。大部分省区都是按照国家统一规定的30年来执行的,贵州省政府将这个期限定为50年并得到了中央认可。

为避免承包地频繁变动,防止耕地经营规模不断细碎化,政府要求在承包期内实行"增人不增地,减人不减地"。但"三年一小调,五年

"一大调"的现象并不鲜见。

值得关注的是，为了稳定土地承包的法律关系，官方一直采用延长土地承包期的方法来解决。从1984年中央一号文件的"15年"（第一轮土地承包），到1993年再延长"30年"不变（第二轮土地承包），至2015年，第二轮土地承包期已经过半。

对于三块地的改革，《意见》要求分类开展试点。

2014年12月，中央全面深化改革领导小组第七次会议对此已经有所强调，作为国家的基础性制度，土地制度要坚持三条底线，即坚持土地公有制性质不改变、耕地红线不突破、农民利益不受损，改革要在试点基础上有序推进。

不过，土地征收、集体经营性建设用地入市、宅基地制度改革，因为关系密切，深改组第七次会议强调"可以作统一部署和要求，但试点工作中要分类实施"。同时，中央有关部门和地方要加强指导监督，严格把握试点条件。

随后，在2015年"两会"前夕，全国人大常委会审议草案，拟授权国务院在北京市大兴区等33个试点县（市、区）行政区域，暂时调整实施《土地管理法》《城市房地产管理法》关于农村土地征收、集体经营性建设用地入市、宅基地管理制度的有关规定。

全国人大代表蔡继明此前表示，所谓"授权"是到2017年前，暂停执行相关法律条款，但是试点的力度还不够。比如征地，主要问题在于征地范围的限定，以及如何界定公共利益。此外，还有小产权房的改革。

他说，既然是试点，应该有更大尺度的改革，"这样试点才有力度，才有推行的意义"。

《意见》提出，开展农村承包土地经营权和农民住房财产权抵押担保贷款试点。

在现行法律约束下，农民享有的土地承包经营权、宅基地使用权仍不被允许用于抵押担保。尤其是集体建设用地的流转在法律上是被禁止的。附在宅基地之上的房屋，其交易也仅限于集体经济组织内部。

因此，"扩大农村信贷有效担保物范围"也就成了农村金融体制改革的关键。十八届三中全会《决定》明确，对于农民的承包地，承包经营权的抵押、担保、入股也被允许。这次《意见》扩大试点是对《决定》的进一步落实。

此前有媒体报道，由央行牵头起草的农村承包土地经营权、农民住房财产权等两权抵押贷款试点指导方案目前已经上报中央全面深化改革领导小组，有望近期出台。这也意味着农村金融改革的一项重要创新将因此迎来顶层设计。

在自主自愿、风险可控的前提下，方案对试点没有数量限制，各地以县为单位提出申请向央行备案，鼓励产粮大县优先申报。今后在试点地区，针对农地抵押的部分现行法律限制将实现突破。

农民的很多权益都与土地有关，但目前土地资源还远远没有盘活，《意见》中的这些措施，将有助于盘活土地资源，提高农民收益，缩小城乡差距。

第六类：机关事业单位工作人员

这类人的情况是工资多年不涨，职位多年不升，晋升空间小，福利待遇低。

《意见》提出，完善机关事业单位工作人员工资制度，制定完善艰苦边远地区津贴增长机制的意见和地区附加津贴制度实施方案，在县以下机关建立公务员职务与职级并行制度。制定地市以上机关建立公务员职务与职级并行制度的试点意见。

"2014年，国务院对完善机关事业单位工资和养老保险制度出台了政策，2015年6月底前，各地工资调整一定要落实到位。"中国国务院总理李克强日前对机关事业单位人员工资调整确定落实时间表。

随着这一时间表的明确，中国近4000万名机关事业单位在职人员的工资，将在2015年6月底得以调整。

据了解，现行机关事业单位工资制度是2006年工资制度改革时确立的。公务员实行国家统一的职务与职级相结合的工资制度，事业单位工作人员实行岗位绩效工资制度。从2006年到本轮调整前，公务员基本工资已经九年未涨。

那么，本轮工资调整到底会涨多少？对于大部分机关事业单位人员来说，每个月的工资条虽然会增加养老保险、职业年金的缴费，但由于基本工资的上涨，最终实发工资的数字则将会变多。

在2014年1月23日举行的2014年第四季度新闻发布会上，人社部新闻发言人李忠透露，这次调整基本工资标准与养老保险制度改革同步进行，增加的基本工资大部分是养老保险制度改革个人缴费的改革成本。考虑这些因素，实际增资幅度并不大。按全国平均水平计算，月人均实际增加300元左右。

李忠指出，需要说明的是，由于基本工资实行全国统一标准，而养老保险个人缴费因各地工资水平的不同存在差异，对工资收入水平较高地区的部分人员，这次增加的工资可能不足以完全弥补个人缴费，当期收入还会有所下降。

他还指出："既要坚决堵住'偏门'，解决公务人员以权力参与分配、牟取不当利益问题，也要打开'正门'，建立健全正常的工资增长机制。"

此外，2015年以来国家还推出了《机关事业单位职业年金办法》《关于县以下机关建立公务员职务与职级并行制度的意见》，必将让基层公务员，特别是乡镇公务员职务晋升空间小、待遇低、留不住人才等问题得到明显改善。

在2015年5月12日的电视电话会议上，李克强总理还指出，现在政府工作人员，特别是基层公务员工作很辛苦，收入也不高，既要坚决堵住"偏门"，解决公务人员以权力参与分配、牟取不当利益问题，也要打开"正门"，建立健全正常的工资增长机制，使其收入随着经济发展不断提高，保障他们的合理待遇和应有的尊严。

事实上，"工资待遇向基层倾斜"是本次工资制度调整的突出特点之一。根据李忠透露，中国机关事业单位近4000万名在职人员，有近800万人在乡镇工作，将通过建立乡镇工作补贴制度，适当提高乡镇机关事业单位工作人员的工资待遇。

国家行政学院教授汪玉凯认为，基层公务员长期工作在一线，条件相对艰苦，工资水平普遍相对偏低，工资待遇向基层倾斜有利于调动广大基层公务员的积极性，稳定基层工作队伍，鼓励人员向基层流动。

值得注意的是，官方明确规定，在完善工资制度的同时，冻结规范津贴补贴工资增长，各地各部门不得自行提高津贴补贴水平和调整津贴补贴标准。今后要通过建立基本工资标准的正常调整机制等措施，逐步实现基本工资在工资中占主体。

在专家看来，合理的工资结构应该是基本工资占主体、其他工资项目为补充。随着本轮工资制度的调整，"基本工资低、津贴补贴高"的不合理工资结构将得到优化，而这也有助于平息公众对公务员福利待遇高的争议。

第七类：病患

"医改"并不是个新名词，自从医改实施以来，一些新政策、新举措确实让群众得到了实惠。

但总体而言，群众"看病贵、看病难"的局面并没有得到实质性改观，医患紧张关系也没有得到有效纾解，医务人员尤其是广大基层医务人员的积极性并没有被真正调动起来。因此，这些年的医改并没有取得大的成效，甚至可以说，还呈现出某种恶化的趋势。

当前，"看病贵"仍是百姓反映普遍的突出问题。医改要达到目的，就要进一步加大财政投入，扩大医保覆盖面，提高保障水平，扩大基本药物制度实施范围，适时调整报销基数，打破"以药养医""以药补医"的怪圈，把人民群众看病就医的费用负担降下来。

长期以来，药品加成收入是医院收入的一个重要组成部分。一项统计数据显示，我国中小医院药品收入占整个医疗收入的68%，而国际上多数国家的这一比例为20%。

尽管国家近十年来一次又一次降低药品价格，但看病的药费却在不断上涨。

其中主要原因是医院为提高经济效益，将医生的报酬与处方进行捆绑式考核，导致医生滥开处方，恣意向患者兜售进口药，而很多医院的药品加成又都超过国家规定的15%的限额，其中的猫腻谁也说不清，增加了患者的经济负担。

根据统计，我国公立医院床位数占全国医疗卫生机构总床位数的比例高达87.8%，入院人数占全国比例超过六成。可以说，公立医院是我国医疗体系的"主力军"，而"看病难、看病贵"的问题，主要就集中在公立医院。

《意见》提出，全面推开县级公立医院综合改革，在100个地级以上城市进行公立医院改革试点，破除以药补医机制。全面实施城乡居民大病保险制度。

《意见》明确指出，城市公立医院综合改革是保障和改善民生的重要举措，要将公平可及、群众受益作为出发点和立足点，加快推进改革。坚持改革联动、分类指导、探索创新的原则，充分发挥公立医院的公益性质和主体作用，切实落实政府办医责任，着力推进体制机制改革，增强改革的系统性、整体性和协同性，解决群众看病就医问题。

就在这个月，《国务院办公厅关于城市公立医院综合改革试点的指导意见》发布，确定城市公立医院综合改革试点2017年全面推开，破除以药补医机制。

"大病医保""取消药品加成""个人卫生支出占比降至30%以

下"，这对普通家庭来说，无疑是利好消息，那些"因病返贫"的悲剧将会减少很多。

第八类：农村学生

农村教育条件差，农村学生很难考上好大学，贫困命运很难改变。

是什么让农村学生离大学、名校越来越远呢？实际上，高招中的城乡不公已在各方面都有所显现。比如农村学生由于普遍缺少各种特长，往往与高考加分无缘。

在高校自主招生中，农村学生也总是在与城里学生的竞争中败下阵来。这种条件和机会的不平等逐渐成为高校生源比例失调、农村落后的根源所在。因此，给予农村学生平等的竞争机会才是改变这种现状的关键。

《意见》提出，提高中西部地区和人口大省高考录取率，增加农村学生上重点高校人数。

这两年有些大学正在采取一些措施，照顾边远落后农村地区考生，提高录取比例，并从经济上加以资助，这是很好的现象，应当加以鼓励和推广。我们可以借鉴发达国家的一些做法。比如在美国有专门的法律，被称为"反向歧视法"。根据该法律，美国高校对黑人等弱势群体在招生、申请奖学金、就业等方面加以照顾，同等条件下优先录取。我们也可以参考这个做法，同等条件下优先录取农村考生，甚至规定农村学生的最低比例。

2015年4月，教育部发出通知，部署重点高校在2015年对农村贫困地区定向招生5万名。一些名校也已出台了向中西部地区倾斜的录取政策，根据《意见》，类似政策的覆盖面预计将更广，更多的农村娃将依靠知识改变自己的命运。

无论如何，高等教育机会历来是一种非常稀缺的资源，获得这种资源的人将登上一个新的社会台阶，进入社会的主流阶层。

同时，教育的不平等必将造成社会的紧张。我们不仅要看到高校中农村户籍学生比重偏低与教育机会不均等有关，更要看到这种现象的蔓延有可能催生社会的恶性循环。因此，早一点改革，并尽快落实才是关键。

第九类：创业者

"创业艰难百战多"，大学生创业已经是一个老生常谈的话题。据媒体报道，自主创业人员占高校毕业生总量2%左右，首次创业的成功率不足10%。这一数据说明我国大众创业的格局尚未形成，创业成功者凤毛麟角。创业之难，究其原因无外乎两点：客观因素之难与主观因素之难。

创业之难，难在以下几个客观因素：

一是政府层面。政策支持力度不够，一些地方的财政并不充裕，专项扶持资金难以覆盖大多数创业者，创业援助体系仍未健全完善。

二是社会层面。社会对大学生创业的接纳程度还有待进一步提高，一些投资者或融资机构对大学生创业持怀疑态度，甚至不愿意给他们机会。

三是学校层面。国内大多数高校缺乏系统全面的创业教育环境和创业教学体系，难以激活大学生的创业热情和创业才智。

创业之难，同样难在主观因素。

一般而言，刚走出象牙塔的大学生大多数存在社会经验与交际能力不足、风险评估与防范措施不足、奋斗动力与发展后劲不足等问题，这些不利因素影响着大学生创业的顺利开展。

然而，在大众创业、万众创新的新常态下，中央政府更加重视、鼓励和支持大学生创新创业。

《意见》提出，全部取消非行政许可审批，规范行政审批行为；推进工商登记前置审批事项改为后置审批相关改革，推行全程电子化登记管理和电子营业执照，加快实现"三证合一、一照一码"；制定职业教育校企合作办学促进办法。

为了鼓励学生创业，国务院办公厅近期印发《关于深化高等学校创新创业教育改革的实施意见》，允许保留学籍休学创新创业；为了推进全面创业，《国务院关于进一步做好新形势下就业创业工作的意见》更是明确要求实施更加积极的促进就业创业税收优惠政策。

2015年全国"两会"《政府工作报告》提出"大众创业、万众创新"。前置审批改后置审批、"三证合一"等都将有助于创业者圆梦，保留学籍创业、提供优惠政策也将让创业的大学生消除后顾之忧。

第三篇

认识资本市场的危与机

新常态下的货币政策

周小川
中国人民银行行长

人民币目前的国际化正在有序地进展，人民币是否能够在这次SDR（特别提款权）评估中被考虑并加入SDR，大家也很关心。因此，我就说一说"新常态下的货币政策"这个题目。

尽管货币政策是稳健的，但改革开放的步伐还会进一步加快。总体来讲，中国在这方面确实做了一些准备，而且会进一步推进，我们也欢迎各方面对人民币进行评估，对我们的改革给予推动。虽然国际货币基金并没有明确说加入SDR的货币应该是资本项目可兑换的货币，但是大体来讲，逻辑关系也是接近的。中国在四年前，也就是制定第十二个五年规划的时候，就提出了加快推进人民币实现资本项目可兑换，同时在金融改革里明确提出，实现人民币资本项目可兑换。今年（2015年），正好也是第十二个五年规划的最后一年，我们打算通过各方面改革的努力来实现这样一点。具体来讲，现在有三件事情要做：

第一，要使境内境外的个人投资更加便利化

目前来讲，在这方面已经有了一些进展，但是在有关的法规条例上，在自由程度上还是有缺陷的。我们主要在中国的国内居民到海外投资证券或者其他金融产品的时候，目前还实行事前审批的制度。这个已经准备要进行改革了。

外国的居民如果投资中国的金融市场的产品，主要是通过QFII（合格境外机构投资者）这个渠道进来。由于方便程度和灵活程度都不够，都没有能满足更高的自由程度，这方面准备在2015年出台一系列的政策和试点的举措，当然具体的还要和其他部门共同讨论。在这个之后，不光企业，而且境内外的居民，在金融市场上的投资都会更加便利。应该说基本上达到资本项目可兑换，或者是作为一种自由使用货币的标准。

第二，资本市场会更加开放

过去资本市场开放也都在议程之中，但是人们心里总有些担忧，或者担忧一些不确定的威胁。2014年，大家都看到中国成功地实现了沪港通，也就是上海股票市场和香港股票市场的连通。前不久，李克强总理又明确提出，2015年还要加一个深港通，就是深圳股票市场和香港股票市场的连通。这种连通实际上进展得比较顺利，没有出现特别多令人担忧的问题，这就大幅度地提高了我们在这方面推进的信心。资本市场除了应该使国际上的投资者能够自由投资国内的股票债券，国内的投资者也可以投资国外的股票债券，方便程度和他们投资者的权益方面也应该得到更大程度的保护。

另外就是发行者，不管股票的发行者还是债券的发行者，都有更大的自由程度，将来可以选择境外的发行者在境内发行，境内的发行者也可以考虑在境外发行。他们选择的币种可以是可兑换货币，也可以是人民币。

第三，在准备新一轮的修改《外汇管理条例》

中国的《外汇管理条例》每过几年都要修改一次，主要是因为中国的开放程度总是在不断加大，过去的开放程度和现在的开放程度不可同日而语。因此，过去的外汇管理方面的有关外汇管制，就是控制方面的条款慢慢不适应了，就需要修改。

在这次修改过程中，我们也考虑有关实现资本项目可兑换，人民币变成一个自由使用的货币所提出的要求，根据这样一个框架来审视我们的《外汇管理条例》，并对它进行修改。

除此之外，我们说在资本项目方面，在金融市场开放方面，还有一系列稍微小一些的改革，也会在2015年进一步推进。所以，一方面是稳健的货币政策；但另一方面，要使货币政策更好地运转，需要改革开放大胆有力地向前推进。

太过宽松的货币政策不利于结构改革

如果我们回到货币政策这个题目来讲，我听到一些问题，说中国前一段时间出台了一些新的流动性管理以及信贷总量管理的工具，我们确实在尝试，同时也在引进国际上一些成功的做法，使我们流动性管理的工具多元化。这个多元化包括对短期流动性市场产生影响的工具，也包括一些中期甚至长期的流动性管理的工具，同时也在使用传统的数量型和价格型工具。大家也注意到我们在最近半年时间两度调低了中央银行的利率，同时我们也调低了存款准备金率。

当然，有的人会问：这是不是就意味着是一种比较宽松的货币政策？我认为，我们选择的仍旧是稳健的货币政策。工具的使用还要看它在数量上的影响，可能用了多种工具，但是加在一起，总体来讲，它的量并不是很大。大家也可能想跟以前相比，这些工具使用的量应该比以前放大了，但是我们说中国整个经济，特别是GDP作为分母，也比以前大多了，所以任何工具操纵的数量，也可能和以前相比会比较大。也就是说，这些工具加在一起，信贷扩张的速度或者是说货币供应总量扩张的速度，也就是我们广义货币的扩张速度，仍旧是相当稳健的。这个稳健和名义上的GDP相比，也就是实际GDP加上GDP的平减指数，相比之下，按照传统来讲，可能整个社会信贷的扩张总量应该比名义GDP扩张总量略高2—3个百分点。根据中国传统的经验数据，这种量的掌握是比较稳健的，也是大幅度低于经济刺激计划期间的扩张幅度。所以我们说，新常态下稳健的货币政策，一方面要支持经济增长，考虑经济增长的新的特点；另一方面也要促进结构改革。如果政策过度宽松的话，对结构改革也许是不利的。

考虑进一步加大资本市场发展的力度

货币政策的第二个问题，就是评论界有些人注意到中国整个经济中的信贷杠杆率和GDP相比偏高，和很多其他国家相比偏高。这其中既要考虑中国储蓄率高的原因，也要考虑到资本市场的发展相对还比较滞后，所以走信贷渠道支持经济增长的量会稍微高一些。因此，在新常态下，我们会考虑进一步加大资本市场发展的力度，同时也要考虑货币政策稳健的程度，要使得杠杆率过去不断抬升，特别在经济刺激计划期间抬升的量比较大的现象逐步得到改善，使得我们在新常态的经济情况下，货币政策始终保持稳健。

人民币还会继续贬值吗

林采宜
中国首席经济学家论坛理事、国泰君安首席经济学家

　　2014年下半年以来，美元进入了快速升值期。从2014年7月初到2015年3月，不足9个月内，美元指数升幅超过25%。伴随着美元的升值，国际资本加速回流美国，给很多新兴市场国家货币的汇率造成了压力。而人民币也受到这一趋势的冲击，自2014年11月开始迎来第一波贬值，美元兑人民币从当时的1∶6.11下探至2015年3月初的1∶6.27，创下两年多来的低点，贬值幅度近3%。

　　但在2015年3月美联储FOMC（联邦公开市场委员会）会议表达了可能推迟加息的意向后，美元指数出现回调。人民币也相应出现了一波强劲的升值，重新回到了2015年年初的水平。美元牛市是否已成为强弩之末，人民币汇率又将何去何从？这是投资者普遍关心的问题。

美元的长期牛市尚未终结

1. 美元快速升值源于稳健的经济复苏与不同国家货币政策的分化

2013年以来，美国经济从危机中逐步走出，开始了超预期的复苏。自2014年开始，复苏的势头愈发稳健。每月新增除国防与运输外的核心耐用品订单量一直保持在1600亿美元以上，表明在经济形势好转的背景下，企业的资本支出意愿不断上升。由于美国经济已经摆脱了对超宽松货币政策的依赖，走上了自我强化的可持续增长轨道，因此，美联储从2013年12月以来不断缩减宽松的规模，并于2014年10月彻底退出QE，开始酝酿加息。

与此同时，欧债危机阴霾尚未完全散去的欧元区则面临严重的通缩和贷款规模的持续萎缩。欧洲的银行业还提前偿还了在欧债危机最严重的时期欧洲央行提供的三年期长期再融资操作（LTRO）的借款，使欧洲央行资产规模被动地下降，加剧了欧元区的紧缩形势。在经济前景悲观的预期下，企业投资意愿低迷，经济内生动力不足，生产活动萎缩，PMI（采购经理指数）低位徘徊，失业率一直在10%以上。欧央行不得不通过调低利率、购买资产抵押债券和资产担保债券及定向长期再融资操作（TLTRO）向银行提供长期的低息贷款等宽松货币政策来刺激经济增长。

但是，欧洲的银行业并不缺乏流动性，而是缺乏贷款意愿。因此，旨在为银行业提供可贷资金的定向长期再融资操作难以达到扩张央行资产负债表的目的。另外，欧元区资产抵押债券和资产担保债券的市场规模很小，而且由于欧洲的隔夜存款利率已经降至负值，隔夜存款利率引导货币市场利率下降的空间有限。因此，欧央行为了实现资产规模的稳步扩张，吸收信用风险，提升通胀预期，只能采取购买主权债的方式，启动欧元版QE。

同样，在日本，大规模财政刺激和史无前例的货币宽松之后，结构性改革的"第三支箭"迟迟不见踪影，劳动力市场自由化的推进一再被延后，导致长期增长潜力降低。2014年4月，日本消费税由5%上调至8%，给日本居民的支出水平带来了显著的负面影响，GDP出现了下滑，而剔除消费税上调因素的核心CPI（消费者价格指数）再次陷入零增长，2015财年实现2%通胀目标的承诺很可能无法兑现。消费支出低迷也使日本企业对于扩大产出与投资仍然心存疑虑，工业生产指数仍低位。面对经济的下滑与物价的低迷，日本央行在2014年10月，被迫将原来每年60万亿—70万亿日元的资产购买计划再次扩大到80万亿日元，以期实现通胀目标。

经济增长前景的差异也带来了发达经济体货币政策的分化。**货币政策的分化也使得美国与欧洲、日本等的实际利差不断扩大，导致资本加速回流美国。**

以上两个因素共同引发2014年下半年以来美元的升值。到2015年3月13日，美元指数最高升值100.4020，达到了2012年以来的高点。

就在突破100之后不久，在2015年3月FOMC会议上，出于对低通胀的考虑，以及公开市场委员会成员对未来两年美国GDP、核心PCE（个人消费支出）增长和长期失业率预期的调低，美联储传递出了推迟加息的信号。

此外，美联储官员还大幅下调了对未来联邦基金利率目标区间的预期，对2015年联邦基金利率目标预期的中位数从1%—1.25%下降到了0.5%—0.75%，2016年则从2.5%—2.75%下降到1.75%—2%。

这一表态意味着更迟且更缓慢的加息路线，美元指数因此出现回调。

2. 美元具备长期走强的条件

观察20世纪80年代和90年代两次长达数年的美元升值长周期，我们发现有以下三种条件是促成美元长期走强的主要原因：

（1）长时间的紧缩货币政策。由于短期利率在很大程度上是由货币政策决定的，保持紧缩的货币政策能抬高市场利率水平，增强本国金融市场对于海外资金的吸引力，引发资本流入促成美元升值。这是20世纪80年代美元牛市的主要原因。1979年底，保罗·沃尔克担任美联储主席后，为了控制通胀，曾一度将联邦基金利率提升到了20%。高利率政策使美国在较长的时间内都与其他发达经济体保持了高利差，吸引海外资金流入美国，美元大幅升值。

（2）较高的生产率增速。按照购买力平价理论，较高的生产率增速将使本国创造出更多的产品与服务，在货币总量相对稳定的条件下，本国货币的购买力上升，将导致货币的升值。此外，较高的生产率也会提高投资回报率，使一国的自然利率上升，增强货币的吸引力，这种由生产率增长因素驱动的货币升值往往更加温和而持久。

在20世纪90年代中期，信息技术革命带来了美国的"新经济"，劳动生产率的增速出现了显著的上升，在发达经济体中保持领先，经济出现了长期繁荣。繁荣的经济还吸引了大量海外资金流入美国，分享美国的经济繁荣，带来了20世纪90年代中后期的美元牛市。但在这一轮美元牛市中，美元并没有出现短期的急涨，而是保持相对平稳的升值。

（3）相对较高的国内风险偏好。高风险偏好能够降低风险溢价，降低海外资本进入所要求的利率补偿，有利于国内投融资活动的发展和资产价格的上升。这无疑也会提高一国货币的吸引力。而在20世纪80年代和90年代分别发生的拉美债务危机以及亚洲金融危机，在客观上提高了投资者对美元资产的风险偏好，也是形成美元牛市的重要原因。

本轮美元牛市，虽然没有20世纪80年代那样绝对高的利率水平，也没有90年代那样绝对高的劳动生产率，但是**在未来相当长的一段时间内，美国的经济增长与货币政策都能使美元相对主要发达经济体保持一定优势。**

首先，从经济增长的角度看，尽管没有20世纪90年代"新经济"那样的技术冲击，但美国经济仍具备相对较高的潜在增速，其人口结构更加合理，大规模的科研投入以及便利的融资体系将使其保持较高的技术进步动力。而日本的劳动人口数量每年都在下降，长期雇佣制和以资历为基础的工资制度都在损害着劳动力市场的效率，而包括促使劳动力市场自由化的结构性改革措施又迟迟没有推出，长期的经济增长前景黯淡。在欧元区，以希腊为代表的部分边缘国家仍然不愿意牺牲短期经济福利而推进结构性改革，经济则面临着"日本化"的风险。因此，美国经济在未来相当长的一段时间内都将在发达经济体中领跑。根据IMF（国际货币基金组织）的预测，未来几年，美国经济增速将保持在2%—3%之间，远高于欧元区的1.5%左右以及日本的1%。

其次，从货币角度上看，美国货币政策收紧的趋势已是定局，加息只是时间节点和力度的问题。 反观日本，严峻的通缩形势使2%通胀目标的实现遥遥无期，即使将2015财年的通胀目标下降到1%，也需要在下半年采取更多的宽松措施。而在欧元区，宽松的货币政策已经使利率市场出现了普遍的负利率现象，欧版QE短期内不可能退出。**美国和日本、欧元区货币政策的分化带来的利差，将在未来三年持续吸引更多的国际资本进入美国进行无风险套利，给美元带来长期升值的动力。**

综合以上因素，可以判断，美元当前可能只是处于一轮长升值周期的开端。2015年3月以来美元的调整主要也是对于市场过于乐观的预期落空带来的短期调整。但随着美联储在年内加息的正式启动，美元仍将保持升值的态势。

人民币汇率将在双向波动中小幅贬值

1. 货币政策转向宽松引发人民币在2014年底至2015年初出现贬值

2014年，中国经济增速继续放缓。面对经济下行压力，央行多次采取降准、降息及其他一系列定向宽松的货币政策，意图降低实体经济的融资成本，国内无风险利率由此进入下行通道，利差收窄和宏观经济增长动力的谨慎预期导致国内资本外流压力有所增大。从2014年下半年开始，国内新增外汇占款规模不断缩窄，而以残差法（外汇占款-贸易差额-直接投资差额）计算的热钱规模则一直处于大幅流出的状态。

从微观数据上看，**反映境内居民与境外居民资金结算状况的银行代客涉外收付数据，从2014年下半年开始也出现了较为显著的逆差，反映出中国正面临着资本流出的压力。**而银行代客即期结售汇差额与远期结售汇差额变动额之和，也在2014年8月份开始转为负值，体现了外汇市场上对于人民币的供大于求。而**体现企业和个人结汇意愿的银行代客结汇占涉外外汇收入的比重（即结汇率），总体呈现下降趋势；衡量购汇动机的银行代客售汇占涉外外汇支付的比重（即售汇率）则呈上升态势，市场主体增持外币头寸，减少美元负债的倾向明显，对人民币汇率出现一定的贬值预期。**

2014年11月，在央行正式启动降息周期后，与美国货币政策的分化加大，人民币也开始一路下行，在2015年3月初最高下探至1∶6.27，创下两年多来的低点，贬值幅度接近3%。

2. 两会后央行的干预打击了贬值预期，人民币汇率企稳回升

但是，在2015年3月3日—15日的"两会"期间，央行官员的密集谈话，表达了要维持人民币稳定的意图，弱化了人民币贬值预期。在"两会"结束后的一周内，人民币出现了一波快速的升值，从1∶6.27回到了1∶6.20一线，抹去了2015年来的全部跌幅。

由于"可控性""主动性""渐进性"是央行在汇改中所坚持的"三原则"，在外汇市场上，中国央行通过中间价的设定、波动区间的控制以及大型国有商业银行的窗口指导，可以有效地对人民币汇率进行调控。而近4万亿美元的外汇储备，也为央行对汇率的控制提供了坚实的基础。在人民币升值或贬值预期使人民币汇率出现过快波动时，央行干预、控制人民币汇率波幅的取向十分明确，因此，市场对于央行在汇率问题的态度极其关注，央行官员在"两会"后的表态有效影响了人民币汇率走向预期。

2015年3月5日，央行副行长、外管局局长易纲接受采访时表示：如果说美元是世界第一强货币，人民币就是第二强货币；人民币汇率基本可以保持稳定，目前波动区间够用。这一表态打消了市场对于人民币波动区间扩大的猜测。

2015年3月22日，央行行长周小川在"中国发展高层论坛2015"年会上表示，中国"十二五"规划（2011—2015年）提出加快推进人民币实现资本项目可兑换，金融改革里面明确提出实现人民币资本项目可兑换，2015年打算通过各方面改革的努力来实现这一点。3月23日，国务院总理李克强在会见IMF主席拉加德时表示，中国希望通过加入SDR，积极参与维护全球金融稳定的国际合作，同时促进中国资本市场和金融领域的进一步开放。

从上述官员的表态中可以看出，实现人民币资本项目下可兑换、推动人民币国际化乃至人民币加入SDR是2015年重要的政策目标。

2015年是IMF对SDR货币篮子进行例行审查的年份。如果人民币顺利加入SDR，将标志着人民币正式成为被国际社会普遍接受的一种储备货币，对于人民币国际化的推进、中国地缘政治影响力的提高具有深远的意义。而中国如果希望加入SDR，就需要在2015年为实现资本项目的可兑换做出更多的努力。

但资本项目的开放也将增大跨境资金流动给金融市场甚至宏观经济带来的冲击。一方面，在这种背景下，如果人民币出现了明显的贬值预期，将使中国面临更大的资本流出风险，增大经济下行的压力。另一方面，人民币的贬值预期也会降低跨境贸易中人民币对于境外居民的吸引力，使人民币国际化的进程受阻。使得人民币在国际支付中的市场份额也出现了下降，不利于人民币国际化的推进。此外，如果人民币出现大幅贬值，可能也会加大中国与贸易伙伴的摩擦，这也不利于中国在申请加入SDR时获得广泛的国际支持。因此，2015年中国实现上述各项政策目标的努力都需要相对稳定的人民币作为支撑。央行在"两会"前后的表态以及对外汇市场的直接干预是"两会"后人民币企稳回升的主要原因。

3. 导致人民币长期升值的动力正在发生变化

回顾新世纪以来人民币汇率的变动历史，可以观察到升值趋势发生的变化。

2001年中国加入WTO带来了巨大的制度红利，国内制造业劳动生产率迅速上升。但是，在国内城乡二元结构下，中国存在大量的剩余劳动力，劳动力的无限供给，使制造业与服务业工资都增长缓慢，国内居民购买能力有限，CPI增速缓慢，造成了人民币汇率被低估的局面。人民币实际有效汇率不但没有上升，反而出现了下降。

从2006年开始，尽管制造业劳动生产率仍在上升，但随着大量农村人口向城市的迁移，劳动力成本也开始上升，劳动生产率相对于制造业更低的服务业的工资水平也开始追赶，反映在物价上则表现为CPI增速加快，超过了PPI的增速。在这样的背景下，人民币出现了内贬外升的局面，实际有效汇率快速升值。

2008年发生的全球金融危机，使国内制造业受到了严重的打击。但是，政府没有顺应形势的变化推动国内经济结构的转型，反而采取了大规模的刺激政策，推动制造业产能的膨胀，同时也使无效投资开始累积。而国内劳动力成本的上升仍在继续，人民币继续保持内贬外升的态势。

从2011年第四季度开始，前期政策对经济的刺激作用开始减退，制造业形成了大量过剩产能，劳动生产率增速下滑。与之相对应的PPI增速不断下行，到目前已经连续37个月负增长。而中国的人口红利期行将结束，在部分行业劳动力供不应求的局面出现，工资水平上升速度超过了GDP的增速，CPI与PPI的剪刀差维持了42个月。

这样的背景正促使中国的产业结构发生转折，第三产业保持了较高的增速，在GDP中的占比已超过第二产业，其劳动生产率与第二产业的差距在缩窄。在国内工业增加值增速仍在下降的情况下，人民币实际有效汇率升值的趋势可能接近尾声。如果没有行之有效的改革措施去除制造业的过剩产能，加快其劳动生产率的进步，人民币在中长期甚至会出现贬值的可能。

而从国际收支数据来看，随着制造业劳动生产率的增速放缓，以及劳动力成本的上升，我国出口商品的国际竞争力在下降，货物与服务净出口占GDP近年来也相应从2007年的8.79%下降到2013年的2.41%，净出口已经不再是拉动我国经济增长的主要动力。另外，随着境外资本流入的减少和境内资金外流压力的增大，中国时常出现资本项目逆差，从2014年第二季度开始，甚至出现了连续三个季度的逆差。未来随着资本项目的开放，境内居民投资海外的渠道将更加多元化，这可能将使资本项目的逆差常态化。

4. 2015年人民币将在双向波动中趋于小幅贬值

目前，央行的货币政策正在向宽松的方向调整。除了两次降息、降准之外，2015年以来，央行四次下调了7天逆回购中标利率，并通过新增中期借贷便利投放3200亿元资金，维持流动性宽松，引导市场利率下行的意图明显。在央行的相对宽松的策略下，货币市场流动性出现了显著改善，利率加速下行。

另外，2015年一季度，实体经济增长继续放缓，工业增加值、固定资产投资增速等宏观经济总量指标一路下行，汇丰制造业PMI指数低位徘徊，GDP增速持续放缓。而国务院总理李克强在《政府工作报告》中指明，为了维持经济增速的下限，政府的"工具箱"内还有多种政策储备。这也意味着货币政策仍有放松的空间，年内再次进行降息、降准的概率较大。

因此，未来中美货币政策的分化可能将继续扩大，这也将给人民币汇率带来持续的压力。

但是，政府为了资本项目可兑换等政策目标的实现，仍会继续对外汇市场进行干预，以维持人民币汇率的稳定。

因此，**人民币不会出现大幅贬值，在6.2—6.5之间呈现出双边波动的概率较大。**

股市最大的危险是"共识"

梁红
中金公司首席经济学家

　　我常常想，我们这些投行的经济学家是干吗的？搞宏观经济研究，但又是市场的经济学家。有的时候别人说我们高大上、对政策有影响，等等。但我们常常问自己，我们看家吃饭的本领究竟是什么？我觉得应该是运用经济学框架和理论对经济和市场未来的变动做出前瞻性预测，或具备推测的能力，因为如果我们的主要任务是关注过往发生的事情，我们可以做历史学家，可以做研究学者，在对历史的研究中建立自己的学术口碑。但是在市场上，我们需要不断提出前瞻性的观点才有价值，而且前瞻性的观点一定要是可以被未来发生的市场活动检验出对错的。

　　就我个人而言，首先就非常不喜欢用"泡沫"这两个字，因为我认为，如果用泡沫来解释市场，等同于表示我其实不知道发生了什么。这两个字可以让我们逃避解释和理解的责任，因为我不能告诉大家泡沫是什么时候起来的，为什么会起来，也不能告诉大家泡沫到了哪个阶段，它会在什么时候以什么方式破裂。

以前我曾说过，经济学家们因为定义不清的争论可以给自己找到很多工作。比如2003年我刚加入这个行业的时候，一开始讨论的就是中国经济是否过热，但是没有一个经济学家给出一个清楚的定义到底什么叫"经济过热"。因此大家可以随意争论，最后似乎都可以说自己说对了。然后后面就讨论中国经济会不会硬着陆，但是又从来没有定义过什么叫"硬着陆"、什么叫"软着陆"。现在很多人热衷讨论新常态，大家可以自说自话。然而，到底什么叫"新常态"呢？又不是一个很清楚的概念。现在A股市场大幅上涨之后，有些评论者开始发表各种关于泡沫的评论，在我看来，很多人在用"泡沫"两个字来掩饰"其实我不懂"，或者"我不想搞懂"。

在我们的职业里，我们怎么挣饭吃？一个合格的宏观分析师需要拥有一个好的理论框架、分析的框架，还需要不断学习，不断修正自己的认知。但最难的是通过这个理论思维框架去提出一个清楚的、可检验的、可能对也可能错的、富于前瞻性的观点，并且随着时间的推移，对比错多。刚才讲了泡沫这个东西是无法清晰定义的，也就无法清楚地检验。

另外，我们也不能提一个不可能错的观点。我以前常讲最简单的正确观点叫人都是会死的，这个观点很对，但在市场上没有任何价值。市场需要的有价值的判断是这个人可能会什么时候死，因为什么原因而死。我们需要产生这样的可被市场检验对错的前瞻性观点，这是我们做宏观研究，做市场经济学家最难的任务。

首先，我们自己要相信事物是有逻辑的、有规律可循的、可以阐述的。

其次，这个框架和逻辑是可以用过去发生的事情来检验的，即至少能用这个框架来解释过去，然后才可能用这个框架来推测未来。如果它不能有效解释过去，这个框架就是错的，而且是可以一票否决的，即一个反例就能推翻结论。

所以，市场的分析师需要一直从理论中、市场中学习。最难的学习是两样东西：历史和中国的现状。

第一，历史的参考系够不够长，我看到我们这行的朋友犯得最多的错误是拉一条五年的时间序列，然后说可以得出结论了。那么，如果我们把时间序列拉回去10年、20年，这些结论还成立吗？100年、200年呢？我们要对曾经发生的事情有非常深的了解和理解才行。

第二，对中国和世界够不够了解。我常常发现在我的同行里，有的对中国很了解，但对外面的世界不了解。比如2008年和2009年，国内的分析师当时犯了一个很大的失误，就是低估了美国发生的事情对中国的影响。同样，很多时候观察海外，我们有没有想过把中国的变量加进去会是什么样的结果？中国不小，在过去十几年里，边际上一直是影响世界经济的第一变量，当然美国也不小。怎么把这些因素综合起来使得推测的结果对比错多，是经济学家们面临的挑战。

如果不用泡沫，又应当怎样解释A股发生了什么？我们在2013年底的时候，对2014年的中国股市做出了三个判断：第一，2014年A股和港股都会在四年之后第一次在指数上有两位数字的正回报；第二，中国的A股和港股会在四年之后第一次跑赢其他主要的股票市场；第三，相对跑赢的板块是传统经济中的大盘蓝筹国企股，即在此之前四年大家竭力规避的旧经济板块，也就是所谓的"屌丝逆袭"。事后看市场其实比我们推测的走得还远。如果没有最后一个关于板块的判断，可能有人还可以说我们是拍脑袋拍出来的，但是在这些推断背后其实有很深的想法。

在我看来，在分析投资的风险和收益时，有一个很简单的视角，即大家都认为对的、共识时间很长的东西是非常危险的。为什么提这个问题？2015年4月，我参加了一个高层论坛，有一个美国教授讲经济学家如果从几十年的长度来看，在重大问题上都会出现一些判断的失误。这个失误不是量多量少的问题，而是方向性的错误。

跟短期国债的判断失误不同，他指的是更长期的方向性错误。他说现在的世界跟20世纪70年代末的时候很像，那时候很多经济学家都相信三件事情：第一，通胀是下不来的；第二，世界石油资源不够了，油快没了；第三，人太多了，出生是个问题，粮食是大问题，所以所有的发展中国家都在宣传计划生育。

但是到今天，看现在的世界是什么样的？我们刚才讨论的是通缩的问题，是石油产量过剩、油价下跌的问题，是粮价太低的问题。那时候甚至还提出了以后谁来养活中国的问题。现在不是粮食太少，而是太多，国有粮库存粮问题成了中国特色。孩子不是太多，而是出生率太低，这是全球的普遍现象。

那么，如果判断错了会导致什么问题呢？判断错误的最大代价是会让整个社会把精力集中到错的问题上，而没有去关注真正应该得到解决的问题。很多的担忧，比如像农产品和油的供给，要相信科学技术，相信市场的力量，其实它们并不是真正的问题。问题在更深的地方，包括我们现在谈论的全球为什么这么多年来利率一直下降，背后的东西到底是什么结构性的因素。在这些问题的判断上，可能我们又在犯一些方向性的错误。

回到中国，这个讨论让我想到中国经济过去的30多年，在大的市场变化、经济变化的时候，应该说很多分析师也是犯了方向性的错误的。第一次应该说是在20世纪80年代末，第二次是在90年代末。我想举个例子，在2002年的时候全球有一本非常畅销的书，叫《中国即将崩溃》，这书于2001年出版，在海外非常有名，作者是一位海外华人，叫章家敦，他认为中国经济很快就要崩溃，因为银行系统不好，银行有很多坏账。

1998年发生了亚洲金融危机，当年增长那么强劲的"亚洲四小龙"，包括韩国这样的经济都能够因为银行系统的坏账崩盘。当时官方承认的银行系统的坏账率都是25%，怎么可能不崩盘呢？这个结论，说实话，在西方的观察者内从来就没消失过。但是我觉得有意思的是这本书是2002—2003年的畅销书，那可是上一拨向上的大周期正在起来的时候。这就是方向性判断失误的问题。

那么，回过头来想想当时中国银行有大量坏账，这个是对的。但是他忽视了什么，没看到什么？我认为他没看见中国政府因为亚洲金融危机以及1997年之后的经济困难，实行了一系列的改革措施，重塑经济。这里包括对外开放、WTO谈判、国企改革、城市住房改革，还有大量的基建，在经济增长困难的时候建了很多公路和港口。这位章先生忽视的也包括当年第一拨互联网的冲击，即这样的技术进步可能会给中国这样一个幅员辽阔、人口众多的国家带来什么样的跨越式进步。即便银行本身，2002年的时候中国的银行已经恢复了发放信贷的能力，信贷发放已经开始加速。这位章先生在这里没看到什么？他没看到中国政府其实从1998年就开始了对银行的坏账进行处理和对银行进行注资，即很多政策已经在处理过去积累的问题了，而改革红利已经逐步形成和显现。

今天我们讨论新常态，讨论经济增长的时候，增长率已经从以前的每年10%掉到了7%，很多学者预测增长率还会接着往下跌，很快会跌到6%、5%。这样的推断有没有可能犯2002年那位预言中国即将崩溃的章先生同样的错误呢？有意思的是，这位章先生在2012年又出了《中国即将崩溃》第二版，以此书过往的预测记录，中国"熊"们要小心了。

因为今天中国在全球的重要性，大量的中外投资者都盯着这么大的一个资产，所以不会再有2002—2005年那样长的一个时间，让大家慢慢解读中国，慢慢感知、分享中国的改革红利。

大家知道2002年的时候A股的股票构成还不代表中国经济，好的企业都到香港上市了。2002年的时候H股是2000点，2008年金融危机跌到最低的时候也有6800点，我们现在是14000点，所以有人说股票市场跟中国经济没关系，那你要看是哪个市场了。2002年的时候海外投资者对H股关注不够，市场用几年的时间慢慢重估。但是以现在全球对中国的关注度应该不会再给投资者那么长一段时间来发现这里有个机会，这里有个错误的定价了。

有人讲泡沫，有人讲中国政府非常希望股市能起来，所以我们才有A股（人民币普遍股）的上涨，我觉得这些都没办法解释为什么市场会在2014年突破向上。政府希望这个市场活跃起来已经很多年了，一直没有效果，所以政府的期望应该不是一个能解释A股变化的因素。

在我们看来，这个市场最危险的策略是什么？我们知道的一种情形是市场下跌的时候大家都甩货出逃，那大家有没有想过相反的情况，包括完美的逼空。我觉得A股2014年12月就演绎了一次完美的逼空，2015年4月在港股也是完美的逼空。就是当这个市场起来的时候大家的仓位都太低，然后被"逼"着一起加仓。我们2014年一再提醒大家，中国的股市已经是四年的相对和绝对的跑输了，很多最悲观的预期已经在股价里了，投资者表达这种悲观预期的方式是想卖的、能卖的都卖了，剩下的持股人就剩"铁杆粉丝"了。那么，当一部分人的预期边际发生变化，开始想要加仓，尤其是想买深度低估的大盘股时，就一定只能以"高价"从"铁杆粉丝"们手中购买了。

什么叫"完美逼空"？为什么2014年是老经济、大蓝筹的"屌丝逆袭"？其实看看机构投资者谁还有银行、谁还有券商、谁还有保险公司就明白了。我们是做卖方研究的，我知道买方都很久不看这些板块了。基金公司还有多少人有钢铁、港口、有色板块的研究员呢？他们一般都有一个很大的团队在看TMT（科技、媒体和通信）、看医药，但传统行业几乎没有什么研究员了。为什么共识是最危险的？共识时间长了，表述的方式是什么？有些股票大家都很少持有了，人员也不投入了。当共识发生转变的时候，就容易发生"踩踏"。

最后，从另一个角度看，2014年一、二季度宏观数据不好，但是股市都没有往下走多少，再次印证股价里已经隐含了非常多的悲观预期。这时候对我们来说就是一个上涨可能有50%以上的收益，下跌相对有限的市场，也就是风险收益比很不错。

这么大的A股资产市场在一年里涨了100%，如果我是一个评论家，我可以随便说，这是泡沫、不可持续，但如果你是一个投资人呢？你是继续买还是卖，还是找点别的便宜的买呢？在今天的市场下，找便宜可能是风险收益比更好的选择，最大的便宜在哪儿呢？很简单，是香港的国企股。港股的很多投资人还不断在后视镜里看中国，所以还有系统性的机会。在板块中，最便宜的是大家依旧有很大分歧、普遍悲观的银行和地产。

我以前的老板告诉我，在一个盲人的世界里，有一只眼睛的人就是国王了。所以，我们这些分析师和很多投资人都希望自己是至少有一只眼睛的国王。有很多事情我们也看不懂，但是我们能看到这个市场估值重估的核心是什么。

这个核心是什么？从2013年年底我们看多的时候，包括我们2014年10月推测2015年股债双牛的时候，我们认为这个市场估值重估的核心是银行和房地产板块，尤其是银行。

大家看今天银行的估值，你们觉得贵吗？应该离贵还远吧？但为什么没有多少人看好银行呢？银行板块的利润是国内产生的，和原材料是不一样的。所以如果银行的利润下来，其他的板块是会受益的。银行在2014年这个时候全部是"破净"的。国内是0.7倍，海外是0.8倍，0.7倍市净率是什么意思呢？就是市场认为中国是会破产的，中国的银行系统有很深很重的坏账，要破产了。

而且，因为银行还有大量利润，还有很高的分红，所以0.7倍的市净率意味着中国的银行体系很快就要出很大的问题了。2014年中国股市上有大量的大国企基本上都在1倍市净率以下，在市场上可以找到很多股息高于PE的公司。

如果大家看中共十八届三中全会的文件，那里提出的60条改革目标和措施，即使做到一半，中国也不会破产的。所以我们2014年提出银行估值应该从整体上先回到1倍市净率，更别说现在连地方债置换都开始了。中长期看，三五年来看，投资者是不是应该比以前枪口抬高一寸？至少我们在股票的估值中要给改革可能取得相当大的进展放入一定的可能性，而把中国很快会出很大问题这种可能性大幅度降低。

地方债置换开始提出后，我们认为现在银行可以重估到1.5倍市净率了。现在A股是1.3倍，香港股大约是1.1倍。常言说大盘搭台，成长唱戏。在我看来，这里的角色关系也是随时可以转换的。为什么我们强调一定要在指数层面上有明显的回报？因为如果股票作为一个大类资产对投资者有吸引力，就一定需要有很多人赚了很多钱，而不只是一小部分人赚钱但更多的人亏钱。比如2013年很多小盘、成长股是有正收益的，但股指是负收益，也就是持有股票的人亏钱的比赚钱的多，所以股票作为一个大类资产仍然没有吸引力，大家继续远离毒品、远离股市。

如果讲大标的的资产有较大的正收益，此次股市估值重估，讲的就是改革红利的故事。代表新经济的成长股中，那些优秀企业的优异表现反映的是中国经济在转型、在改善。但是这些新的企业不创造就业吗？不创造收入吗？如果它们有这么大的发展，那旧经济会那么无可救药吗？比如银行的资产质量会有那么坏吗？我觉得在投资中，可能最难的，或者我们在做分析的时候，最难的一件事就是反向的逻辑思维。我们在2013年年底的时候看到股票市场有系统性的机会，因为我们觉得市场系统性地低估了改革可能带来的显著边际改善，低估了改革红利的潜在能量。

今天市场起来以后很多人又开始担心最终的市场调整会在什么时点，以什么方式调整。如果我们用逻辑推理，股票市场的趋势性调整基本上是由两个因素推动的：

第一个是央行收紧货币供应，提高无风险利率。央行这样的政策调整的前提一定是经济增长加速，收入上升，通货膨胀压力在边际上上升。这样的情形与今天大家对经济前景的预期还有很大差距。

第二个是因为股票市值过高，边际买家逐步消失，卖家增多，估值自己不堪重负掉下来了。这个在成熟市场上先例比较多，在中国历史上也发生过一次，即2001—2005年期间市场开始对股票全流通产生预期，突然说这个游戏不再是股票供给是有限的筹码了。从这个角度看，股票发行注册制的真正推行，会对今天那些因为供应有限而交易在"天价"上的股票产生系统性的压力。

高估值对监管力度的加强也很敏感。香港最近有一个股价短期内上涨几十倍的股票，监管只是说去查查各家的交易记录，这个股票就几天跌了百分之几十，打回了原形。监管还没有说哪一方有任何错误，只是要求看看交易记录。在海外，任何股票在短时间内快速上涨就会自动落到监管要"看一看"的范围内，不需要什么大数据的帮助。我们这个市场上应该有不少股票是经不起监管"看一看"的。监管看不看，什么时候看，我们不知道，但我们知道它们经不起看，在"天价"的位置上，风险远远大于收益。

我们只能把我们能看懂的东西跟大家交流，我们看不懂的东西就不交流了。看得懂的东西就是2014年的A股可以说是遍地黄金，涨了100%后，肯定不是遍地黄金了。但我们知道这个市场中还有一部分比较便宜的、大标的的资产，因为在这些东西上大家的观点还有明显的分歧，所以还有机会。而在另外的一些部分，今天怎么看都是上行的风险很小，下行的风险很大，最终必定是一地鸡毛的结局。

中国股市的发生认识论

乐平
财新网专栏作者

"你是真实的吗？还是仅仅是一个演员？是一个代表？还是被代表的东西本身？"

——尼采《偶像的黄昏》

方法论

中国股市向人的理解力提出了挑战。现有的经济和金融理论无法让人信服地阐述中国资本市场的本性，用在西方商学院学来的资本市场的理论来研究中国资本市场，总有说不透的牵强和方凿圆枘之感，存在着各种矛盾的现象和理论，论者盲人摸象，各持一端，争论不已。

切片式研究的不足，引起了方法论上的反思。瑞士心理学家皮亚杰通过对儿童认识能力发展的研究，提出了"发生认识论"，它有三个特点：第一，儿童的认识能力不完全是先天赋予的，而是随着成长不断发展变化的；第二，儿童认知能力发展是分阶段的；第三，儿童的认知能力发展在不同阶段有不同的侧重点。

同样，我们今天仍然存在于历史之中，人和社会的存在都不是抽象的，而是具体的、处于历史环境中不断积累和嬗变发展的，而历史的发展也是分阶段的。只有从历史中梳理今天的所在，才能跳出牛熊转换的困惑，感受鲜活的脉动。

我们借鉴发生认识论，尝试把这种考虑问题的方法用于观察中国的资本市场，从历史发生的过程来追溯中国股市"本性／本质"的形成，并从这个观察出发，尝试回答股市让人困惑的几个问题：为什么股市和GDP严重背离？为什么在债务危机和经济困难面前，股市反而走牛？如何看待蓝筹和创业板的分歧？资金进入股市支持了实体经济吗？

历史上纠结的马车

柏拉图曾把灵魂的理性比作驾车人，驾车人要驾驭两匹烈马——欲望和激情。如果我们把国民经济也比作马车，它主要靠两匹马来拉：资本和国家权力。

回顾一下历史：自从工业革命后，资本主义崛起开始，资本和权力就是时代的两匹烈马，它们左右着社会发展的主线。马克思称前者是来到世间每个毛孔都滴着血和肮脏东西的怪兽，霍布斯称后者是既保护人又吃人的强大利维坦巨兽。

资本一开始展现了非凡的活力和创造力。《共产党宣言》中说，资本主义在短时间创造的财富超过之前人类历史创造财富的总和。资本的崛起对之前既有权力格局的冲击，形成了两个拉车的模式：第一个是以英、法、美的资产阶级革命下以资本为主的拉车模式；第二个是苏俄、中国无产阶级革命下以国家权力为主力的拉车模式。

在前一个模式下，自由的资本充满活力，贪婪盲目地跃进，把资本主义国家经济的大车拉进了20世纪30年代"大萧条"的沟里，后来经过凯恩斯主义、罗斯福新政、世界大战和里根主义的调整，通过国家强力干涉和监管，平衡了资本和权力这两只"怪兽"的力量。

在后一个模式下，权力通过列宁对经济制高点的掌控，斯大林主义和社会主义改造对资本彻底封杀，连资本的小尾巴也割掉了。当赫鲁晓夫用皮鞋敲着桌子喊"埋葬资本主义"时，他心里也许是充满自信的。这个模式不仅代表了物质的强大，而且还寄托了人类对公平正义和保障的期望。

后来的历史大家都知道了：在苏俄模式的计划经济下，当权力把资本变为国有资产后，拉动国家的动力只剩下道德口号、对权力的热情和各种票证，而绝对集中的权力也没有为人们带来期望中的公平正义和保障。这在苏俄和中国都是类似的。

再后来，苏联翻了车，中国换上了伟大的驾驭手邓小平，开始重新振长策御宇内，调整权力和资本的缰绳。在资本和权力再平衡的过程中，中国的改革开放是最成功的，轻车肥马，遥遥领先。这就是我们今天的资本市场所处的特定时代。

30年的改革史，一言以蔽之，是权力对资本解除封杀的历史，或允许资本存在和萌芽的历史。在20世纪80年代前，权力彻底封印了资本，结果自己也是累饿交加。而在改革开放中，权力部分释放了资本，自己也变得强壮。当资本的狼性被部分解除封印后，现在慢慢恢复成一只猎犬。这也许是目前中国最好的状态，一个强健的当家人和一只灵敏的猎犬。

那未来呢？这两匹烈马如何平衡，是资本驾驭权力，还是权力继续掌控资本，或是两马并行拉车前行？这是左右中国资本市场的主要问题。

资本市场的胎记

中国的资本市场是在权力对资本逐步解除封印中诞生的。它一出生就带着极为浓重的权力印记，以至于在很长时间，这个胎儿面目全非，难以辨识出它是资本的胎儿。这个市场有以下特点：

1. 上市公司往往是资产的集合，而不是资本的组织形式

资产的集合并不就是资本。国有大中型企业是列宁所称的国家经济的战略要地。国家权力卡住这些战略要地，是为国家的控制实力，并防止资本的占据，而不是为了赚取利润。权力注重对资产的所有，并不迷恋利润。国家权力掌握着财政、货币政策和印钞机，国家要赚钱不用通过辛辛苦苦经营企业。虽然名义上一大堆国有资产的集合可以称之为公司，但这个集合不具有公司作为资本的本性。

而资本的主要特性是为利润而存在，唯利是图。马克思曾生动地说："如果有10%的利润，资本就会保证到处被使用；有20%的利润，资本就能活跃起来；有50%的利润，资本就会铤而走险；为了100%的利润，资本就敢践踏人间一切法律；有300%以上的利润，资本敢犯任何罪行。"换言之，资本的本性决定了它会不择手段为股东创造价值。

2. 资产市场作为权力的拐杖

那么，权力为什么允许对资本解除封印？因为在彻底封印资本后，权力控制了一切，权力的体系自给自足了以后，唯一能做的有意义的事是印钞票来填补各种窟窿。权力独马拉大车，而且背上了一个沉重的资产包袱，对此它并不善于经营，也没有兴趣经营。权力累了，撑不下去，车要失控了。在20世纪60—70年代，包括工农业的整个国民经济几乎是崩溃的。

在20世纪80—90年代，国有大中型企业里很多是"啃老族"，不断要中央财政补贴和银行体系的融资输血才能维持，而中央财政拮据，只能用印钞票来养活长子。当时大规模的三角债和高通胀引发的社会动荡也是那个年代社会记忆的一部分。

在这个背景中，中国的股票市场和交易所诞生了。当时的提法是"有计划的商品经济"。中国的资本市场一开始是为国有大中型企业纾困而做的制度安排。所以，资本一开始浮现的面目是权力的助手和朋友。"通过股票市场融资，是搞活和增强国有企业实力的战略选择。"而这样发行的股票是以资产为背景发行的证券，不是股份或资本。

正因为权力控制的经济命脉难以正常运转，所以要资本市场帮忙输血。在这种制度安排下，股市是权力的拐杖。这个特定的历史时期里，资本就是工具性的存在，而且也只有作为有用的工具，才有存在的空间。（任志强先生称地产商是夜壶，其实也是类似的意思。自嘲为夜壶的资本家们不满意工具性的存在，但体制内的"红色资本家"们又何尝真想做一颗螺丝钉呢？）

在资本市场初期，股票的本质类似于不用还本付息的贷款，而不是资本。股市为国有企业提供银行贷款以外的廉价融资。同时，股份制改革也是作为政企分开的战略措施而广泛实施。但如果所有者不愿意为了利润而承担风险，不以利润为最终的目的，切成股份的资产并不就自动成为资本。

3. 这时期的股票是一种性质模糊的"资产券"

一个尚未按照市场原则经营的企业，股东对企业没有控制，不能决定企业经营和管理人，它发行的股票不能被准确地称为"股票"。

股票的本质是资本，但中国股市的股票更像一个资产券，因为发行人是以公司名义出现的资产。没有人相信通过在股票市场收购股票会拥有一个国有的大中型公司，而当资本不能通过在市场上控制股票而控制公司时，股票连资产券的属性都不具有。这种"股票"是资本的一个"镜像"或"游魂"，有其形式和名称，而无其实质。

4. 资本市场的过渡性质

从发展的角度看问题，现在的资本市场有从资产到资本的过渡期性质。资本市场一旦落地，就慢慢恢复它资本的本性。但这是一个在强大的权力制约下的长期的过程。在这个长期过程中，权力在市场上仍然起主导性的作用，资本市场仍然主要是在为既有的经济体系服务的过程，而不是按照资本本性运行的过程。

这一时期，股票仅仅是资本的萌芽，不能被准确地称为股票。有十多年的时间，在市场的涨涨跌跌中，股票就是这种性质的存在。股民之间的炒作，市场的非理性行为，权力通过印花税、文件、对发行量和上市标的等的管控，吸引了大家的注意，很少有人关注这一时期股票的本质的问题。因为中国的资本市场主要是交易市，不是投资市，价值来源于其他股民，而不是上市公司。在赌场上，谁会太在意换到的筹码是金属还是塑料的呢？

不仅市场中交易的筹码不是股票，而且配套的设施制度也不完全按资本的本性建设。有个概念必须明确：股民和上市公司是资本家，而监管市场和服务股民就是在监管资本家、服务资本家。中国传统的权力语境对这一点是极难适应的，为人民服务可以、为股民服务可以，但为资本家服务就大逆不道了。但人民成为股民，不是资本家又是什么，起码是众筹性质的资本家。如果股民和上市公司不是资本家，那资本市场还是"资本"市场吗？

而且股票的发行对象、发行方式、定价、市场管理的规则，等等，都是权力来主导的。投资者/股民作为资本方没有起到大的作用。即使是保护投资者的规则，也没有认清自己要保护的对象。对于资本这样强悍的物种，最好的呵护就是让它做回自己。

"姓资姓社"的问题是改革开放历程中的重大问题，"资本市场"顶着"资本"两个字，更不可能置身事外。资本市场是否能恰如其分地发挥"资本"的功能，而不只是形式上有"资本"之名，这是牛市的未来之所系。

5. 资本市场的重大贡献

资本市场即使存在各种问题，被人多方诟病，但它巨大的贡献，是打破了权力的绝对控制，为真正资本的诞生争取到一个不容易被戕杀的空间。所谓资本市场的过渡性质，就是股票作为资本的本性在逐渐获得和加强的过程。并不是有了资本市场就有了资本，资本市场是资本的孵化器。今天的资本市场和成立初期已经有很大的变化，这是资本市场的贡献。

它之所以让人难以理解，是因为除了和成熟市场具有一样的各种表面现象以外，比如非理性炒作、流动性驱动的资产泡沫、恐惧贪婪等，它还有自己潜伏在里面的内在发展线索。这个发展线索是股票的性质在发展和转化：从开始作为股民炒作的性质模糊的筹码，逐渐在获得股票作为资本的性质的过程。这是中国资本市场特有的、更重要的、本质性的变化。

股票的资本性质的恢复或加强过程，有以下四个里程碑式的阶段：第一，是通过股权分置改革实现全流通、同股同权形式上的确立；第二，是创业板的成立，这些中小企业天生就是资本（包括炒得火热的新三板）；第三，是并购重组潮，资本不是请客吃饭，而是不择手段谋求利润的巨兽；第四，创业资本的兴起，这是资本市场的孵化作用和退出机制在发挥作用的体现。

我们也必须认识到，在改革开放的历史语境里，资本市场的这些变化，一方面是资本属性自然的恢复过程，另一方面是权力积极引导和设计的结果。就如股民们所说，炒股要跟政府走。这虽然是玩笑话，但反映的道理是非常中肯的。

大资产负债表的逻辑

国家对于经济资产命脉的控制，列宁称之为"经济制高点"（commanding height）。假如我们站在这个制高点上，俯瞰一下这个经济命脉的资产负债结构，又能对资本市场有些什么样的观察呢？

我们把注意力放在资产负债表的右边，资产负债表的右边主要由债务、权益和存留利润这三部分组成，分别是左边资产项的来源。

把国家权力控制的资产当成一个"大公司"（有人称之为"党国大公司"），它的资产负债表的右边大概就是这样。就像分析一个公司的股或债，我们必须整体考虑它的资产和负债；当我们谈论股票市场或债券市场时，我们也应该从整体考虑，股市和债务／债券市场是密切相关的。

在债务端，我们这些年最强的感受是债务膨胀迅速：国有大中型企业的负债、地方融资平台的负债经过数年的发展，已经非常高，债券市场也是飞速发展，债务膨胀的趋势不可持续。而外汇储备随贸易顺差的减小而变弱，储蓄在随着利率市场化和影子银行的发展而大量流出，实体经济差导致利润下降。在这种情况下，要重组债务并去杠杆化，并且破产不是一个选项的话，几乎唯一的选项就是通过股权融资加强股本。

这就是一个目前流行的牛市理论的逻辑前提：这个牛市是政府资产负债表管理策略选择的结果，是政府的意志。政府要摆脱债务压力，必然依赖股市，所以必然先要"创造"或"鼓吹"出一个牛市。这个逻辑在历史上有迹可循，20世纪90年代初，国企三角债和高通胀的困境，促成了股市的诞生；后来债务融资的不可持续，促进了国有企业火速上市，客观上扩充了股市。

虽然这种说法的前提有道理和历史依据，但过程和结论太神奇，就像上帝说要有光，然后就有了光。这里存在两个问题：首先，难道政府之前就不想让股市牛吗？为什么这次说要有光就有了光，之前说要有光但没有光呢？其次，如果牛市的理由仅仅是这么单薄，那么这将是一个令人恐怖的牛市，仔细想想，这不就是一个对股民有预谋的洗劫吗？还什么快牛慢牛，快逃吧。

所以，这个说法把牛市的原因完全归结为政府的意志和掌控，是片面和单薄的。我更相信牛市有坚实的基础，资本市场繁荣的内因是资本属性的回归，这才是大牛市的基础。如果把改革的历史概况为资本属性的回归，那么也可以说改革释放了资本的活力，这是牛市的基础。

蓝筹和创业板的二元化市场

如果中国资本市场的过渡性质的说法能够成立，那么很自然的结论是这个市场目前是一个二元化的市场。简单来讲，主板和创业板/中小板代表了两类不同性质的股票。蓝筹和创业板的分别，往往被认为是价值股和成长股的区别。这是套用成熟市场语境而犯的典型错误。它们的区别是资产和资本的区别，这是更加根本的不同。

中国资本市场像一个半醉半醒的人，当你嘲笑他举止的荒谬时，不要忘了他清醒的一面。这清醒的一面体现在巨大的系统性估值偏差。举例讲，当你买了一个蓝筹股时，你买的可能是一个资本属性偏弱的、不能被准确称为股票的、资产券式的交易筹码；而当你买了一个创业板股时，你买的可能是一个有泡沫的、估值过高的、充满贪婪恐惧和谎言的交易筹码，但它基本具有资本的属性，可以被恰如其分地称为股票。

如果要给这两类股票定价，是否一个应该有"股票/资本"折价，一个应该有"股票/资本"溢价？这也是很有意思的问题，留待有心人做更多实证的具体研究。

尝试回答股市的几个问题

以上建立了一个观察角度：股票是否具有"资本"的属性（或"股"的属性）。中国股票市场的过渡时期的性质，决定了它就像是一个大的混合资本证券（比如一个含权的可转债），它既有资本的特性，也有债券的特性，更有计划经济和权力意志的特性。要分析它，关键是要在不同的大环境下，判断哪一种特性占据上风，成为主要矛盾，成为一段时期的主导因素。如果忽视了中国股市发展阶段的特有属性，把中国的股市当成一个纯粹的股市来研究，就容易判断失误。

下面尝试从这个角度来回答几个关于股市的问题：

第一，为什么股市和GDP增长率趋势性地背离？

从逻辑上讲，我们可以列出以下可能的回答：

1. 上市公司业绩和GDP增长没有太大关系。

2. 股市的定价并不取决于GDP或公司的业绩。

3. 股票作为资本追求的是剩余价值或利润，GDP并不等于利润。

4. 上市公司对GDP贡献不大。

以上说法都有人论述过，但我们通过对历史上股市资本属性的观察，可以得出一个新的答案："股票"本身在很长时间里就不是真正作为资本的股票。股民对上市公司尤其是国有大中型企业，没有权益；这些公司并不按市场化的资本规则经营。股民也就是炒一把，公司经营与股市的相关性不高。所以，股市和实体经济是两类不同的存在，它们的相关性低也就顺理成章了。

我们分阶段看：

过去：在资本市场成立初期，股票的资本属性非常弱，只作为权力解决经济困难的工具而存在。这一时期，谈论股市的牛熊是习惯导致的词语误用，股票只是交易的筹码而已。当你买彩票中了奖，你会说自己运气好，不会说自己投资能力好；同样，在一个非"股性"的股市里，你是赚是赔，也和投资能力无关（当然，有人在差的市场也能持续赚钱，那他一定有在其他方面的过人之处，但不是投资能力）。

现在：现阶段的资本市场"一半是海水，一半是火焰"，股票市场既有资本的属性，又有极强的权力属性。这一阶段决定投资价值的一方面是资本属性的回归，另一方面是权力控制的进退。

将来：在未来的资本市场，当股票的资本属性得到足够的充实，那时候所谓的牛熊才是股市的牛熊。如果资本在GDP的增长中起到更大的作用，同时股票也体现了资本创造价值的能力，那时股市和GDP的相关性会自然而然地增加。

第二，如何解释债务危机和经济放缓背景下的股市繁荣？

1. 中国股市中权力、债务和股市的逻辑关系和轻重次序与成熟市场不同。资本惧怕权力甚于惧怕债务危机。一个温和的债券危机和经济减速，往往会对权力形成制约，这反而有利于资本的发展。而且，在债务面临困难时，权力会求助于资本来摆脱困境，进一步形成有利于资本发展的宏观环境。我们可以总结一个规律，当资本市场的资本属性增加时，股票市场就是牛市；当资本市场的国有大公司属性增加时，股票市场就处于熊市。

当一切顺风顺水，权力对资源和资产的控制力增强的时候，股市往往乏善可陈。当国家经济遇到困难，权力面对自己解决不了的困难时，才会释放资本。困难越大，对资本释放的程度就越大，改革的力度也越大，资本市场的资本属性也就增加越多，牛市的基础就越厚实。这时，股市往往表现优异。

或者以五行相生相克的逻辑来说明：水（债务）克火（权力），而火（权力）克金（资本），当债务出现困难、权力受到束缚时，克制资本的力量反而在减弱，所以股市的资本性质得到加强，表现为股市的繁荣。

2. 我们不要忘记，把权力关进制度的笼子里，是新一届领导层的执政方针。这和我们的观察是一致的，权力之手后退，必然增加股票的资本属性。有两个可能：第一个可能，股市牛是政府为重组债务，实现平稳的去杠杆化或进一步在股市圈钱，而主动选择的结果；第二个可能，股市牛是政府主动或被动收缩的结果，或资产资本化的结果。如果仅仅是前一个可能是现实的，牛市就难以持续下去，这无非是一个大的庄，牛市没有坚实基础；如果是后一个逻辑，更大的牛市值得期待，资本属性的获得是牛市的坚实基础。

而在目前的市场中，这两个可能都有逻辑的支持，历史和现实中也都有迹可循。我们当然愿意看到真正扎实的牛市。除了短期的融资余额、每日的成交量外（这些是交易性指标），可以根据以下指标来判断资本的属性是否在真正增强：国有资产在资本市场比例的减小；并购重组热的持续；监管和准入的放开；减税；创业潮的持续。

当然，从短期来看，流动性也是很重要的因素，是决定股市涨落的直接因素。但在中国，流动性本身并不缺乏，缺乏的是吸引流动性追逐股票的信心。"同声相求，同气相应"，资本对资本的召唤最有响应，当股票的资本属性增加，对流动性的吸引力就增加。

资金进入股市支持实体经济吗

这个问题成为一个问题，这才是一个有趣的问题。

如果资金进入股市和实体经济没关系，那么公司金融的课本、《公司法》《证券法》等都可以扔出窗外了。这些东西不就是围绕着公司的资产负债和融资建立起来的吗？ 现代社会里，实体经济的基本组织形式不就是公司制度吗？那么，这个问题为什么竟然会很正常地成为一个问题呢？

因为在大家的潜意识或切身感受里，股市确实和实体经济的关系不大。这个问题准确地反映了大家的感受，大家就直白地接受它，没有考虑这个问题里隐含的逻辑上的问题。有问题的不是逻辑，而是现实，现实就是一个充满矛盾的复合体和过渡体。

我们可以把这个问题分解为几个相关的小问题：股市是"股"市吗？什么是我们所称的实体经济？是谁所有的实体经济？资本和实体经济相关吗？谁提供了资本？

我们可以往下进一步追问：资金进入银行存款支持实体经济吗？银行的贷款支持实体经济吗？资金进入债券市场支持实体经济吗？债务和股本都是公司的资金来源，为什么对股本有此一问，对债务就没有此一问？其实，对股和债都应该有此追问。这就进入了中国资本市场和金融体系的效率问题，或金融抑制的问题。我们就不再往下啰唆了。

另一个有意思的方面是，这是一个道德角度的提问。它反映了我们的思维惯性，还不是从资本的角度考虑问题。资金进入股市难道是为了学雷锋吗？它是为免费支撑实体经济而来的吗？哪个股民买股票时想的是支持实体经济呢？

亚当·斯密的《国富论》里提出的"看不见的手"也是一个道德的宣言，自私自利的资本家在市场里追逐利益，但他们做的好事比雷锋还多。是市场这个看不见的手的客观规律，让自私自利的资本家成就了崇德伟业。他还写过一本《道德情操论》，并不比我们更少关注道德问题，但资本的道德有自己的逻辑，并不关注口号的响亮。

最后，看看资本是怎么支撑实体经济的。美国有两家大公司，一家是大型零售商，一家是大型机械制造商。两家公司的主营业务在夕阳产业都乏善可陈，股票阴跌不止，但公司都有不错的资产。后来资本控制以后，把公司分拆出卖，得到的资金大笔分红，并购入高利润率的资产，股票大幅提升。股东的利润是资本的道德准则。如果已经高负债，而盈利差的"实体经济"还是交给资本来"支撑"吧。

总结

回顾历史，才能对中国今天的资本市场有更清晰的认识。中国资本市场处于一个过渡性的历史阶段，发展线索其实非常好地体现在官方文件里。从"有计划经济为主、市场调节为辅"，到"有计划的商品经济"，再到"社会主义市场经济体制"，到"使市场在资源配置中起决定性作用"，这都是大实话，而且是了解资本市场未来的主线。

当过去人们仰望权力会带来公平正义和保障的时候，可曾想到它竟然会成为最大的枷锁；反之，当今天人们热情拥抱抚摸市场和资本的时候，可曾想到它的嗜血本性和前面数代人为驯服它而前赴后继的努力。

历史大潮的正反合中，数代人匆匆过去。我们也许能看到一个资本属性不断加强的资本市场，这就是今天资本市场最值得关注的根本特征。

第四篇

把握新市场的历史机遇

新三板：创业者的资本市场新机遇

程晓明
太平洋证券副总裁、新三板学院院长

新三板挂牌就是上市

新三板，最早在2006年就有了，但大家真正关注新三板，是从2015年开始的，以前大家真没什么关注。

为什么2015年大家才开始关注新三板？我在这里对新三板做一个解读吧。新三板，现在确实有点火，但是，到底什么是新三板？对于新三板，目前各界的理解，差别还是比较大的。

一个很简单的问题：新三板算不算上市？新三板挂牌，就是上市。新三板交易所就是中国第三个交易所，中国证券市场发展了20多年，现在已经发生了巨大变化，最大的一个变化就是新三板的出现。

关于新三板的定位，我们看一个国务院文件（指《国务院关于全国中小企业股份转让系统有关问题的决定》）。这个文件是在2013年的12月13日，由李克强总理签发的。

新三板的官方名称，叫全国中小企业股份转让系统。这个系统，就在金融街，原来证监会的那个楼，叫金阳大厦。全国中小企业股份转让系统的性质，国务院的文件说得非常清楚了，叫全国性证券交易场所。

什么叫全国性证券交易场所？我的理解就是国家级的交易场所，至于交易场所和交易所有什么区别？我的理解是，只有文字上的区别，没有实质上的差别。所谓的全国性证券交易场所，就是全国性交易所。

什么叫全国性呢？有些人对全国性的理解有偏差。有些人（指地方股交所的人）讲，新三板在北京，是证监会搞的，面向全国的新三板；我（指地方股交所的人）呢，是地方政府搞的新三板，地方新三板面向某某地域、某某城市，除此以外，和全国新三板没区别。

如果他这么讲，那就纯属误导。我们说全国性，不是指覆盖的面，而是指功能。

新三板是国家级的交易所，意思是说，上交所、深交所能交易什么东西，我们新三板也能交易什么东西，标的物是一样的，但更重要的是交易制度。如果没有好的交易制度，你有再多的标的物交易不起来，也没有意义。就比如说，一条坑坑洼洼的路，就算再好的车子被吸引过来，结果你发现车子根本就跑不起来，你还能跑吗？

所以，最关键的问题是交易制度。最关键的问题是能不能让我们的交易市场活跃起来。我们说新三板是全国性的证券交易所，意思是说，你上交所、深交所有什么交易制度，我们新三板就可以采取什么交易制度，你有的交易制度我都有，这才是新三板是全国性证券交易所最核心的意义所在。

企业创新资金只能来源于股权融资

有了这些铺垫，就可以从头开始说新三板了。我们先从证券市场的功能说起。

企业为什么要上市？主要是为了融资。关于融资，先来看融资方式。一种叫债权融资，一种叫股权融资。

债权融资是以银行贷款为代表的融资方式，是固定收益融资。对于企业来说，拿到了债权融资后，主要用于购买流动资产，就是用来购买原材料，用于给工人发工资。

那么，这一切就是建立在企业拿到了订单的基础上，而拿到订单的前提是，企业现在已有相关产品。所以说，债权融资的主要作用，是支持企业扩大现有或已有产品的产能，从宏观上支持国家的GDP增长。

中国经济经过30多年的改革开放，我们的GDP已经是世界第二了，而且据说很快将是世界第一，但问题是，经济的规模，并不代表你经济的实力。今天，中国经济最大的问题是创新能力不够。

我们现在提要走进新常态，什么是新常态呢？所谓"新常态"，我的理解是，提高创新能力。现在不少人说新常态是降低经济发展速度，提高经济发展质量，我认为这个话不准确，经济的发展速度永远是越快越好，只不过GDP并不是经济发展速度最准确、最重要的指标，我们要降低的是GDP速度，而不是经济发展速度。

对于中国来说，提高创新能力，才能提高经济发展速度。而创新的主体，肯定是企业，所以，既然要创新，肯定是企业要创新，企业创新肯定需要钱，但这个钱不能是来自债权融资。支持企业创新，现阶段要解决的是股权融资的问题。因为股权融资的资本是与企业共担风险的。

今天中国的大众创业、万众创新，背后肯定跟着的是大众、万众的投资。有人说，今天中国进入了股权投资的时代，实际上是进入了创新的时代，因为创新才是和股权融资直接相连的。

我们很快会看到，随着中国经济步入新常态，金融结构会发生巨大改变，以银行为主的债权融资时代，马上要结束，可以说，现在已经正在结束的时候，我们已经可以看到，PE/VC股权融资的时代正在到来，证券市场的时代正在到来。

股权融资定价得靠新三板

接下来，我们谈谈股权融资。谈到股权融资，就不可避免要谈到定价的问题。我们今天创业大街上，有很多企业都在跟天使谈融资，是吧？投资嘛！但是，谈来谈去，有个问题不好解决，那就是公司未来确切的盈利，你们自己也说不清，这个预测起来真的很难，尤其是天使阶段。

既然盈利预测都说不清，投融资双方在确定入股价格或是对公司估值的时候，就很难达成一致。为了解决这个问题，我们往往用对赌的办法，签个对赌协议，你给我的预测万一实现不了，怎么办？那对不起，由公司大股东回购，或者由大股东对投资者进行补偿。

比如说，我投资5000万，你估值1.5亿，我占1/4——我在这里插一句——很多人算这个账很容易算错，有人就说，程老师啊，我估值1.5亿，投资方给我投的5000万，不应该是占公司股份的1/3吗？我说，这完全算错了，应该是占1/4。你现在估值1.5亿，加上5000万，不就是2个亿吗？这种细节有的时候稍不注意，就会让你亏掉几十万。

反正，对赌压力是很大的，（最终不少拿了对赌的钱的人）干脆不去做那些对公司长期发展有益的事情，而是去搞那些短而快的事情，你不是要求我业绩年年翻番吗？那么，怎么有利于我业绩翻番，怎么对于我做报表、做业绩有利，怎么有利于上市，我就怎么干。所以，这种对赌协议的股权融资，这种钱的用途，与债权融资几乎是差不多的。而且，倘若最终结果是大股东回购的话，这个股权融资本身不就是股转债吗？它并不是真正意义上的股权融资。

我们说，股权融资是双方共担风险，而这种对赌协议的融资，是融资方承担全部风险，它的本质和债权是一样的。那问题就来了，我们把债权转换为股权，是为了支持企业创新，然后投融资双方共担风险，但是你搞对赌，搞得和债权融资差不多，怎么可能达到支持企业创新的目的？

那么，问题就来了：我们的科技创新创业，未来就是说不清楚，怎么来解决这个定价的问题？怎么让投融资双方达成一致？有没有办法？有办法。什么办法？新三板。

有没有K线图（预期）很关键

我们知道，作为一个投资人来说，他的目的是获得收益，第一种获得收益的方式是现金分红，但问题是未来的盈利说不清楚。比如，如果今天我是融资方，你们是投资人，你们用8块钱买我的股票，我每年保证给你们分8毛，这个8毛，你们不信，我自己也不信，股票估计就卖不出去。

咱们再来换一种方法，你们8块钱来买我的股票，有人在楼下10块钱每股收我的股票，如果你们相信这一点的话，你们买不买？你们肯定会买。因为你们都是一帮投机分子，你们知道公司值多少钱，已经无所谓了，你们只要8块钱能买到股票，就可以赚2块钱走人。

至于那个10块钱把股票买走了的人之后是赔是赚，跟你没关系，反正你知道你能赚钱，不就够了吗？市场经济嘛，讲不了那么多。这个逻辑在哪儿有？新三板，不光是新三板，还有上市公司，上市公司全是这样。

那么，什么是上市公司？新三板是不是上市？有的人说是，有的人说不是，但我要说的是，新三板从根本上说，就是上市。当然，有些做新三板的人不相信。

什么叫上市公司？股市这么火，不炒股票的人，我估计没几个，所有的上市公司都有K线图。所以，我们可以得出一个结论：所有的上市公司都是有K线图的公司，那么，K线图是怎么来的？就是将公司每天交易的情况连接起来的图。

也就是说，上市公司指的是股份在活跃交易的公司，所谓的非上市公司，就是股份没有交易的公司。只要有活跃的交易，公司的股份就有了一个真实的市场交易价格。这个交易价格可以告诉投资人，你的股票可以多少钱卖掉。

上市公司都可以继续融资，融资的话，多少钱一股呢？一般是打个八到九折。比如，股价是36块，他融资的时候可以按一股30块钱去做融资。为什么投资人敢按每股30块去认购？唯一的原因是，你的股价已经36块了，我只要30块买入，能按36块卖掉，不就完了嘛！这就是证券融资功能的含义。

搞创业的，肯定都需要融资。可是，为什么融资这么难？不是因为你们规模小，也不是因为你们差，也不是因为你们不规范，统统都不是。唯一的原因是你们的股份没有交易，或者说，你们没有上市。如果你们的股票在交易，别管哪个交易所，只要有交易，你们就有了市场价格，就有了可以融资的依据。

有人问：上市是不是IPO的意思？回答：不是。IPO英文全称是Initial Public Offerings，指公司首次募集股份。上市的正确翻译是To Be Listed，所以上市的含义是股票交易。

创新源于市场资金的不断支持

有些企业说，我现在不想上市，因为我现在不缺钱。程老师不是说了吗？证券市场可以融资，证券市场具有融资功能，我现在不缺钱，是不是可以不上市呢？这种想法是错的，上市跟你现在想不想融资无关，只与你未来可不可以融资有关。

上市就是来交易、来定价，证券融资功能不是说给你融了多少资，而是给了你一张渔网，这就是交易。你现在不缺钱，是你不缺这条鱼，我是给你一张渔网，这张渔网跟你现在要不要融资无关，只跟你未来打不打鱼有关，所有上市的公司都是有预期的公司。

上市公司跟非上市公司相比，有两个预期：

第一，作为一个上市公司，不需要像非上市公司一样跟投资人讲一大堆公司的过去、财务报表等各种东西，也不需要讲未来。上市公司的融资只讲一条，上市公司是拿这个（交易）去融资的，而非上市公司是拿一堆材料去融资。非上市公司没有简单的定价依据，而上市公司有非常简单的定价依据。

第二，非上市公司即使跟投资人谈成了，8块钱一股，这8块钱到底合不合理，双方都不清楚，而上市公司很清楚。我在36块的时候30块钱融资，这就是合理的，因为从长期来看，我这个36块的价格，是市场公开博弈形成的。如果这36块钱的价格低了，会有人来捡漏。

这就是上市公司与非上市公司的两个不同的地方：第一，我有简单的定价依据；第二，我这个定价依据是公平合理的，而非上市公司既没有简单的定价依据，即使谈成了，也不知道这个价格合不合理。这就是非上市公司最大的问题。

只要公司有了未来融资的预期，你才有可能去冒险。我们来做个小游戏验证一下我的说法。比如抛硬币，如果你抛到正面的话，可以拿走100万；如果抛到反面，你一分钱拿不到。我问一个问题：这次机会价值多少钱？50万对吧？有人会说100万，但是你如果抛到的是反面怎么办？期望值就是50万，没错。正面100万乘以50%的概率，加上反面0乘以50%的概率，期望值不就是50万吗？

我再问一个问题：假如有人对你说程博士这个机会是50万，给你30万，你卖不卖？几乎都卖，很少有人不卖，很多人都说价值50万，应该50万才卖，对不对？一问30万卖不卖，都说卖。问你100次卖不卖，你都卖，对吧？

那么，换一种方式，我现在告诉你，我一次性给你100次机会，现在30万能卖的话，你卖不卖？我现在给你100次机会，而不是一次机会。如果一开始就给你100次机会的话，你卖不卖？你肯定要接近50万才卖，因为一开始就给100次机会跟每次只给你一次机会，你的决策选择是不一样的。

我国企业的创新能力、创新意识这么差，主要原因也在这里，看你有没有持续融资的预期。我们的政府很支持企业创新，你需要钱，给政府打个报告，政府给你。2015年给500万，明年1000万，后年500万，没问题，每次都给你。但问题是，没有人告诉你，只要你的方向正确，政府会一直给你。

这便是问题所在：我们对企业再怎么支持，如果这种支持是每次打报告后你给他，而不是一开始就告诉他，只要你的方向是对的，市场一定会持续不断地支持，当你需要的时候，都能以合理的价格融资，如果没有这个预期的话，你敢创新吗？你都会以30万把一个50万的机会卖掉。

为什么我们国家的企业创新能力这么差？为什么不敢冒险呢？不是思想意识问题，而是体制问题，是预期的问题。

企业上市就是给人一个预期。我刚才讲过，证券市场永远能以一种合理的价格给你提供你所需要的资本。我们国家的创新问题，表面上是科技人员的问题，是教育部、科技部的问题，实际上是资本市场的问题。所以说，所谓的中国梦就是企业家做创新的梦。而我们的证券市场，要圆我们企业家一个资本市场的梦，如果没有后面这个梦，前面这个梦就做不下去。

前面讲的这些，总结起来就是一句话：支持企业创新，不是给他债权融资，而是股权融资。股权融资的问题在于定价，我们现在的办法是签对赌协议，但是对赌协议并不是真正意义上的股权融资，因为资金使用的压力和风险，全部是融资方承担的，导致企业不敢用这个钱来创新。

我们要解决企业股权融资的问题，就要转换思路，不要再一味纠结公司未来的盈利了，而改成让企业来上市，让公司的价格由市场公开博弈来形成。只有这样，我们的创新公司才知道，只要它的方向是对的，在任何时候，都能以合理的价格融到资本，这样的话，企业才敢创新。

新三板给企业带来的好处是以亿为单位

接下来讲新三板。我们2006年就有新三板，但是，新三板在2015年才真正火起来，为什么？因为新三板的公司在以前几乎是没有交易的。什么时候开始有交易的呢？从2014年开始才慢慢有交易。在此之前的2006—2014年，在交易制度上对新三板做了严格的限制，这些限制导致我们的新三板基本上没有交易。

那么，2014年的改革究竟改了哪些？或者说，以前哪些制度导致新三板不活跃？首先是，原来有个200人股东限制的问题。你不突破这个200人限制，交易怎么能活跃得起来？

新三板在以前好不容易有了点交易，股东的人数很快就到了190多人，很多挂牌公司很紧张，万一继续交易下去，突破200人了怎么办？那就违规了，违规了就会受到处罚。所以，很多公司股东到了190多人的时候，就主动找到证券业协会，主动申请停牌，说我不交易了，万一交易下去，股东突破200人，我控制不住，那就违规了。

你不觉得很搞笑吗？另外一个规定是，不能拆细交易，以前的新三板，交易起点是三手，也就是说，只要交易，最少得3万股，这么高的起点，交易怎么可能活跃得起来？5块钱一股的话，你至少要花15万才能进入市场。

另外一个是个人投资者。以前，个人股东是不能参与新三板的二级市场的，现在个人可以参与了。但是目前门槛有点高，500万作为起点，我估计这个门槛两年之内都不一定能降低。但我觉得也无所谓，估计降也只能降到300万。我个人不倾向于一定要降到50万，或者取消。我希望新三板慢慢地降，即使目前有500万的限制，新三板上交易的股票，至少做市交易的新三板股票，已经很活跃了。

再讲一点，就是协议转让的问题，也就是柜台交易。柜台交易，意思是说，要成交的话，买卖双方直接讨价还价，类似谈判。这很容易造成两个问题：第一，很难成交；第二，即使成交了，它披露出来的价格，很容易操作、作假。最终，协议转让的价格，就没有什么公信力了。

刚才讲过，上市公司的融资，就是根据交易价格来打折，如果你这个交易价格本身就是假的，你拿一个假的交易价格做定价依据，没有人相信。这就导致之前的新三板没有定价功能了，因为你的交易价格就是假的，谁能信呢？

新三板于2006年推出，一直到2014年5月19日以前，只有协议转让，所以一直到2014年的8月25日之前，我都在说新三板最大的好处就是到现在为止，基本上没有好处。意思就是说，到现在为止交易不活跃，没有融资定价功能，所以很多人就不愿意上新三板了。另外，既然新三板是为国家创新服务的，既然新三板是要用来解决企业的股权融资问题的，它就一定要解决交易的问题。只不过到今天为止，它还没有，但未来一定会有。但问题是，未来一切都成为现实以后，新三板的好处有了，所有人都知道了，你还上得去吗？

年内预计上新三板的企业能超过3000家，现在的过会率是60%，明年可能不到50%，后年不到40%，而以前的过会率是95%以上。为什么这么高？因为以前没好处，大家都不愿意上。现在还有很多人关注政府补贴，新三板给企业带来的好处，远远不是200万、300万补贴所能比的，给企业带来的好处，是以亿为单位，而不是以百万为单位。

注册制对主板创业板影响很小

现在新三板的交易已经活跃了，但问题是，新三板跟主板的区别在什么地方？如果不能把这个问题说清楚，就没有必要搞新三板，我们完全可以在深交所的创业板扩容。

比如说，我们知道新三板是为创新服务的，可是，我们的创业板也说他们是为创新服务的。为什么有了个创业板，还要搞新三板？因为我们的创业板上的企业家数太少，创业板从2009年9月推出到2014年9月，才上了多少家企业？400家。5年才上了400家，平均一年只上80家，这导致我们的企业对创业板可望而不可即。

而新三板呢？2014年上了1300家，2015年预计要超过3000家，2015、2016、2017年每年可能都要上3000家。当然，如果新三板和创业板只是上市节奏的差别的话，我们依旧不用搞新三板，我们把创业板的节奏搞快一点不就完了？创业板也每年搞3000家，何必搞新三板呢？

原因在什么地方？原因在我们新三板的交易制度跟创业板的交易制度是不一样的，它那个交易系统，搞不了新三板。新三板和创业板的根本区别在哪里？回到我们对证券市场的判断上，什么叫一个成功的证券市场？如果说只有交易的活跃，有了融资功能，帮企业融资，这算不算企业的证券市场呢？这是一个低标准的成功标准吧？这是一个起码的标准。

作为一个交易所，肯定要有一个交易的功能。但是，仅仅交易活跃是远远不够的，我们知道，证券市场应该保护投资者的利益，怎样来保护投资者的利益呢？有的人说，要保证上市公司的质量，这话对不对？对，但是不精确，或者从根本上不正确。中石油套了很多人，他们为什么被套？因为有的人想不通，认为自己是在做价值投资，政府是自己价值投资的对象，中石油是最赚钱的公司，有什么错呢？他们没搞懂好股票和好公司的区别，他们以为好公司的股票就是好股票，中石油是好公司，但问题是它的价格太高了，一开盘就是40多块。

为了保护投资者的利益，光保证上市公司的质量不是最重要的，最重要的是，要让投资者以合理的价格买卖股票。为什么这么说？有以下两个原因：

第一，价格的准确，才是保护投资者中最关键的一环。公司的质量则是第二位的。

第二，股票的准确，不仅决定了投资者利益的保护，也决定了公司最终能不能上市。这又牵涉到上市条件的问题。证券市场一直在改，上市制度一直在改，从我1993年开始干投行的那一天开始，新股发行制度每隔几年就改一次。到现在为止，还没有改好。

为什么没有改好？因为我们对上市条件的理解，是有很大偏差的。

上市本来有两个条件：第一个条件，就是我们通常所理解的上市条件，这是一个入门的条件；第二个条件，也是更加重要的条件，其实是上市以后的持续条件，就是这个公司上了市以后，能不能保留上市资格？或者说，能不能不被强制退市？这个条件比那个上市条件可能更加重要。

但我们国家的新股发行制度，让企业想进进不来，刚才我已经说过了，创业板每年只上了80个，我们每年三个板块加起来，上交所的主板、深交所的中小板和创业板，一年上市的家数不过200家。

我们这么大一个国家，一年只上200个，哪能够用呢？有朋友问我，程博士，现在要搞注册制了，对这个新三板会有什么影响？我的回答是，对主板都没有影响，怎么谈得上对新三板有影响？那个朋友就问，程博士，你这句话是什么意思？为什么对主板没有影响？我说，原因在于注册制并没有打开上市渠道，企业上市受阻，最重要的原因是门缝太窄，不是门槛太高，每年上市的家数实在有限。

我们这个注册制，并没有把上市的大门真的打开。我预计，注册制后，比现在上市的家数节奏控制可能会快一点，快多少呢？目前一年不到200家，估计注册制以后每年也许会翻倍，也就300多家，不到400家。这样的基数太低，对于满足企业上市的需求，远远不够。但我们新三板做到了，一年上市数千家。所以说，注册制对主板都没有影响，哪能谈得上对新三板的影响？

同样，第二个问题，该出的出不去：我们的退市制度，几乎形同虚设。我们20年退了多少家公司呢？才200多家，反正没有300家，而英国伦敦的证券交易市场，每年退市10%—12%，纳斯达克退市也是6%—8%。

其实，退市制度才是上市制度的核心。但我们现在退市制度等于基本没有，这才是我国新股发行制度最大的问题。就是说，真要抓上市的话，就应该抓退市。把退市抓住了，上市就无所谓。你把节奏放开，谁愿意进来，就让他进来；不行的，让他走人，这不就完了？

我们现在创业大街，在北大附近。我问一个问题：我们国家要搞推荐制，为什么大家几乎都反对呢？社会舆论也基本上都是反对的。北大、清华校长觉得不理解，觉得这帮人根本就不懂教育，但问题是北大、清华校长只说了半句话。国外教育是推荐制没错，但问题是，它有一个制度配合，那就是淘汰制。大学的淘汰率是多少？比北大、清华高十倍不止吧？如果没有淘汰制，搞推荐制就很容易搞成腐败。一个学生能混进北大、清华，基本上就能混出北大、清华。在这个基础上搞推荐制，肯定是腐败的。

如果北大、清华搞淘汰制，我们说，只要能达到20%淘汰率，我相信在这个基础上搞推荐制，没有人会反对。那个时候，大家会基于这个学生能通过北大、清华四年的考试，才写推荐信推荐他进去。表面上是推荐信，实际上是退学制度，他是基于这个退学制度才进来的。同样，你不抓退市，天天抓上市，问题就永远解决不了。

科技公司估值靠做市商

回到新三板，我们再来谈谈新三板的分层。有些领导跟我讨论新三板的分层怎么搞，我的回答是，要把企业分为三六九等的话就没必要搞了，因为股票价格就是对挂牌公司最好的分层，股票是投资人对公司的一个估值系统、打分系统，股票价格高，投资人就认为这个公司好，股票价格低，投资人就认为公司差。这个股票价格不就是个打分系统吗？如果说把公司分为三六九等，就没有必要分层。

既然股票价格这么重要，我们就有必要讨论怎样让股票价格更加准确，这才是新三板。我们看一下股价是怎么形成的。毫无疑问，股票是投资人买卖形成的，问题是，投资人为什么以某个价格买卖，是基于上市公司的信息披露？

刚才讲过，股票是投资者对上市公司的打分，就类似于审美。股价最高的公司就是投资者认为最美的公司。

我见过一张阿拉伯国家选美的照片，女选手都带着头巾，除了眼部，无法看到脸部，这就是阿拉伯国家的选美。有人说，这样的选美比赛，连选手长什么样都看不清，怎么选？可人家就是选出来了，冠军、亚军和季军都有。

有些人觉得很纳闷：这个比赛结果是怎么出来的？这是专家评出来的。哪些专家？这些专家为什么能够选出来？他们是怎么看清楚的？他们就有那个能力，能在自己内心里把选手的面纱给撕掉，判断选手的美。

上市公司的信息披露和给选手选美是一个意思。我说的阿拉伯模特选美，是在类比哪些公司呢？就是创新型、创业型、成长型、高科技、文化、中小微企业。总之一句话：这些企业说不清楚，一般人看不懂。

这些高科技公司上了市以后，也有信息披露，但问题是你看不懂啊。我1993年开始搞投资银行，干了22年投资银行，但是遇到生物制造行业，我就很头疼，太专业了，看不懂。

高科技公司上了市以后，信息披露对于绝大多数投资者来说，像是戴了个面纱。跟这个道理一样，我们的股票市场也要找专家。巴菲特先生说过，他不买看不懂的股票，一般的投资人更是如此。股神都不敢参与这种高科技的买卖，一般的投资人敢买吗？

但高科技公司上了市，还是得要有人去买卖。怎么办？既然一般人看不懂，美国纳斯达克就搞出一个交易机制，这就是我们所知道的做市商。做市商就是让一帮专业机构来分析高科技公司进，分析完了以后，直接告诉投资者这个公司值多少钱。

怎么告诉大家呢？双向报价。就是说同时报出一个价格，买卖价格不能超出百分之多少，比如说我们新三板这么规定，不能超过5%，因为他是双向报价，所以我们知道，做市商是不敢欺骗我们的，如果他欺骗我们的话，他的风险很大。

比如说，这个公司的股价正常价格是30—40块钱，某一个做市商双向报价，100块买，101块卖，其他做市商或者水平相当的人知道后，很快就会去大量卖出，改这个做市商，因为股票只值30块。

正是由于彼此之间的这种制约关系，单一做市商在报价时候，一般不敢轻易乱报价，除非这些做市商形成共谋，集体欺骗市场。如果发现这种行为，交易所会处罚这些做市商而且，为了防止这些做市商共谋，对做市商的家数也做了规定，纳斯达克曾经规定，必须要有两个以上的做市商，后来改成至少三家，最新的规定是四家。

因为有市场来制约他，做市商这些人就变得又红又专，当然这都是基于制度的约束，如果你欺骗市场的话，你的风险会非常大，所以，做市商可能需要装得像一个好人。也许他们不是好人，但是，在报价的时候，他们要装得像个好人，而且必须一直这么装下去。让做市商装一辈子好人，这是制度的力量。

新三板的最大门槛是创新

回到证券市场的逻辑。我们说，关键在于抓退市，最后的标准是股票价格，而为了股票价格准确，主板通过加强上市公司的信息披露，投资者根据信息披露直接定价，但我们新三板都是一些高科技公司，这些企业的信息披露，只靠投资者的价值判断是远远不够的，于是，做市商应运而生。这就是证券市场的完整逻辑。

那么，主板和新三板的区别在哪儿呢？或者说，场内市场和场外市场的区别在什么地方呢？有人说，程博士说得不对，新三板上市条件就是比主板低，你看，主板的利润就是三年3000万，创业板的利润就是两年1000万，你这个新三板，可以是两年没有利润。

现实就是这样：有一个新三板公司，2014年利润只有20万，但目前估值是1个亿；我大学同班同学，被我忽悠上了新三板，这个公司是在深圳搞市场调查的，2014年的收入才1000多万，但目前的市值是3个多亿。

有人会说：新三板对上市基本上没有要求，门槛是不是太低呢？其实，严格来说是新三板财务指标比主板低。那么，怎么看新三板财务指标比主板低呢？这里不能得出一个结论，说新三板的条件比主板低，因为财务指标只是条件中的一项，我们新三板对企业的要求是创新，难道我们对创新的要求不比1000万、2000万的利润高吗？

在今天的中国，能赚钱的企业太多了，但是能创新的有几个呢？物以稀为贵，所以就算新三板对企业盈利能力要求低，也并不意味着对新三板的利润要求低。

新三板是个投融资市场，作为一个投资人，关心的是投资以后的事情，至于上市以前的利润，跟投资者没有关系，不是新三板不关注利润，也不是投资者不关心利润，大家关心的是买了股票以后的利润。

但问题是，我们在判断一个公司的未来利润时，往往是根据公司以前的利润来推算。这种逻辑假设肯定不适用于我们今天在座的企业，适用于哪些企业呢？适用于挖煤的、银行、钢厂等传统行业，传统企业的业绩是连贯的，所以，对于传统企业的上市，我们就直接找那些上市以前业绩好的企业，因为我们有业绩是连贯的假设。

但对于高科技公司，对于我们这些企业，盈利的业绩不是连贯的，而是波状上升的。这才有活力嘛。就像心电图一样，如果心电图是平的，没有波动的话，那不就没了吗？你看，主板企业就是这样的，因为他没有活力。但是我们这些公司的业绩是波状上升的，所以没有必要纠结以前的利润。

主板看上市以前的利润，我们新三板不看上市以前的利润，那看什么？看行业的前景，看创新能力，这玩意很难看得清楚。我一直在讲，什么是创新公司？就是每天在创业大街疯疯癫癫的，不知道都在干吗，天天瞎折腾，公司到底怎么样不清楚。这样的公司到底好不好？我们这些人最好闭上嘴巴，因为我们连评价的资格都没有。这就是创新公司。

既然都说不清，我们就不要自作聪明给创新公司设一个指标，然后设置一个创新评价体系，没有必要，因为说出来的东西，都是错的，道可道，非常道，道家说的，一说就错。

那么，怎么评价公司好坏呢？就是靠做市商。做市商说这家企业好得天花乱坠，将来做市的时候，股价万一很低，那你把上市以前的企业说得天花乱坠，不是自己打自己脸吗？你既然给他做市，价格就不能太低，价格太低是要退市的，所以，你做市商的价格肯定会比较高。假如你价格比较高，但又对公司的未来没有把握，那么你做市商就要承担极大的风险，这就是证券上的逻辑，这是给证券商的选择权，对不起，你的责权要统一。

所以，我们要总结一下，新三板与主板的关系不是企业好坏的关系，说新主板是大企业，新三板是小企业，这种说法是错的。二者的区别只有一条，主板就是一般投资者看得懂的企业，新三板企业就类似阿拉伯国家的选美，投资者看不懂。估值难度小的在主板，估值难度大的，一般投资者说不清的，放在新三板。

　　主板是Very Good，主板是Good的企业，新三板的企业不是Bad，而是Too Good To See，什么意思？就是太好了，看不懂，主板是Very Good，新三板太好了，太牛了，牛到一般人看不懂，可能好到你自己都看不懂。孙正义说过一句话："最初所拥有的只是梦想和毫无根据的自信而已。"马云当年也没有想到有今天，我们要相信，未来绝对会比我们想象的好几百倍，但是，一定要上新三板。

在北京创业要充分地把握住新三板

　　关于新三板企业要不要转板，我十年时间里，只说了三句话，到现在为止，还是这三句话：不需要，只要交易制度改革了就行了；不应该，高科技公司就应该由做市商来定价，不应该去阻挡；不可能，我们的主板通道会非常窄，企业每年上市的指标是有控制的。

　　我一直说，我们新三板，就像是北京电影学院，不是说上了北京电影学院就是要转板北大、清华，人才上北大、清华，天才去北京电影学院，这话我说了十年，至今，我的观念也没有改过。

　　总结一下新三板是什么。新三板和创业板的关系，有两条：第一，新三板就是打开了大门的创业板，创业板一年只上80家，我们新三板一年上3000家；第二，新三板是有了做市商的创业板，这就是新三板与创业板最重要的两个区别。

　　我们的创业板，现在事实上是一个小主板，新三板才是真正的创业板。新三板为什么放在北京呢？因为北京是全国创新的中心，所有的科技资源，北京占了1/3；所有的文化资源，北京可能占了一半。

所以，在北京创业，要充分地把握住新三板，现在新三板机会很大。新三板未来三年会高速扩容，2015、2016、2017年三年，新三板会每年上两三千家，迅速达到一万家；此外，新三板从明年开始，会加大退市力度。我的建议是，从明年开始，每年退市率达到5%以上，每年5%是很厉害的，2015年年底是5000家，如果明年是5%的话，是个什么概念？250家。

有人会问：如果新三板挂牌的公司个个都成功，是好事还是坏事？如果新三板公司个个都成功，这说明新三板失败了。我们新三板每年上3000家，如果每年90%失败，看起来很吓人，其实不吓人，如果每年有10%成功的话，意味着每年有超过300家的企业成为各个行业的领头羊。我觉得300家这个数字太牛了。

证券市场不要求每个企业都成功，这也是做不到的。我们希望每家企业都成功，但这只是个心愿，不能把这个心愿作为衡量新三板好坏的指标。

2009年开三板工作会议，我代表券商发言，我提了一个建议，如果券商推荐的每一个项目都成功，我建议证监会对这个券商进行处罚。这是因为，这种结果只有三种可能：第一，这个券商不是人，他是神；第二，券商和企业联合造假；最大的可能是第三种，这个券商推荐的项目都四平八稳，已经度过了创新、创业期，已经进入了平稳增长阶段，这种企业不配上新三板，只能去主板。

我以前接待过一家企业，做心脏起搏器的，那家企业和投资方来找到我，问我说，程博士啊，你对我们这个项目到底有没有信心？我说我没有信心，他说，你做不做呢？我说我做。他说，既然你没有信心，为什么还做呢？我说，第一，如果对你有信心的话，说明你的项目不值钱，所谓信心不是表明一个态度，而是基于对这个项目的未来前景做出的判断，你这么高的科技，我怎么看得懂啊？我如果看得懂的话，你还是高科技吗？所以我肯定没信心。我搞不懂，我为什么愿意做呢？我们新三板本来就是一个有风险的市场，你这个项目，没有被大家一致认为不行，还有成功的可能，哪怕概率不大，我也愿意冒这个风险，如果大家都看清楚了，你就去主板，甚至连主板都不需要，你直接找银行借贷款就完了。

有人问我，程博士，现在上交所也没有闲着，人家在搞了个新兴战略板，是不是会对你们新三板有冲击？我告诉你，唯一的冲击就是心理冲击。上交所的新兴战略板和深交所的创业板，不管怎么和新三板竞争，我只问你一条，你准备每年上几家？深圳马上就回答了，一年不到100家，我估计上海的新兴战略板，一年最多不会超过200家。

新三板的一年3000家，你怎么比？我这个预测相信会成为现实，如果每年上3000家的话，那么，北京能上多少家？一年300家差不多吧。

网上流传一个段子，说有6家公司坚决不上市，而且过得还挺好。第一个是谁？老干妈，怎么理解老干妈这个问题？这个老干妈坚决不上市，是不是启示我们企业不上市照样可以做得很好？怎么看待老干妈的问题？不缺钱是没错，但上市跟你现在缺不缺钱、融不融资没关系，只跟你未来可以融资有关系。

老干妈现在不缺钱，只能说老干妈到现在为止，还没有创新的压力，或者说，给了它钱，它也不知道怎么创新，它就靠那个祖传秘方活了几十年。我们知道，老干妈主要是辣和咸，但是你能保证大家的胃口一直这样吗？我是湖北人，我们那里口味比较重，我们看下统计规律：越富的人，口味越淡，比如粤菜和淮阳菜口味都很淡，相比之下，四川、湖北、湖南、贵州那些比较穷的地方的人吃咸、吃辣多。我们中国的消费水平会越来越高，随着年轻化和生活水平越来越高，人们的口味会越来越淡，老干妈将来一定会有压力。它可能将来会搞一个甜的老干妈，老干妈迟早将面临创新的问题，等到它要创新的时候，它就知道用银行的钱是靠不住的。

最后，希望更多的创业者和企业家通过新三板资本市场来实现资本创新的梦想，一起让中国经济走向新常态，来实现中国人的中国梦！

详解新三板

谢庚
新三板公司总经理

新三板

　　我们管全国中小企业股份转让系统市场叫新三板。2013年1月16日建立，1月16日揭牌，到现在大概2年3个月的时间。2013年年底我们的挂牌公司是356家，2014年年底是1572家，到2015年5月12日挂牌公司数是2395家。2013年市场覆盖四个地方，北京中关村、上海张江、武汉东湖和天津滨海。2014年市场开始覆盖全国，到目前我们已经覆盖了内地所有的31个省、自治区、直辖市。2395家公司中，民营公司占了96%，科技企业占了77%（高科技企业），总体以新经济为代表。这是我们的挂牌公司数。

交易

2013年全年只有8.14亿元，2014年全年是130亿元，而2015年从年初到现在是721亿元的交易量。这主要跟2014年8月25日上线了做市商交易方式有关，目前已经有308家公司选择了做市商方式。

融资

2013年全年融资10亿元，2014年全年132亿元，2015年到昨天为止321家公司融资375次，融资总额是144亿3000万元，2015年以来的融资已经超过了2013年，这是事实。可以想象2015年全年的融资规模会比较大幅度超过2014年。市场参与的热情也是发生了很大的变化，对这个市场的预期发生了很大变化。到目前为止，我们的投资人大概是11.1万，投资者账户数。2014年年底这个数是4.8万，2013年年底是8000，也就是说2014年全年比2013年年底全年增加了4万户。而2015年以来又比2014年年底增加6万户，而6万户新增账户中合格投资人就占了5万户。从账户总量的增长看，比较多的合格投资人已经入场。除了合格投资人之外，还有不少专门投资我们市场的理财产品。半个月前，我们统计市场专门投资的理财产品已超过200只。

并购重组

2014年全年大概是"3个8"：8家公司被沪深上市公司收购而摘牌，有8家公司实施并购，有8家公司实施重大资产重组。而2015年以来，到目前，已经在操作或者申报并购重组信息披露文件的已经超过50家，在经济转型的背景下并购重组的势头已经开始启动。

讲这些数据只是为了做一个铺垫，这个市场我们可以得出一个概念，过往两年市场发展是比较快速的。市场对我们的评价是火爆的，"火爆"这个词有点过，得全面地看，相对于沪深交易所来说，我们的交易量不值一提，但应该说参与热情还是比较高的。

为什么会出现这个情况呢？我认为有以下几个原因：

第一，我们赶上了一个很好的背景。

中国的经济在经历了30多年的高速增长后，增长要素的供给发生了很大的变化，传统的增长模式不可持续，所以中国面临经济的转型和结构的调整。而这个转型和结构的主力部队就是中小微企业，中小微企业蕴含着很多的创新活力，它对于解决就业问题、解决整个的增长替代问题等都有重要的意义。而中小企业的发展所需的资金靠传统的金融体系是有问题的。因为在国际范围内，金融架构大概分为银行主导型和以金融市场主导型两大类。银行主导型是以德国和法国为代表的，而金融市场主导型是以美国、英国为代表的。这两大类特点对应的就是间接融资和直接融资体系。而我们亚洲国家总体上是银行主导型的间接融资体系，所以在直接融资体系上发展很不充分，而在资本市场体系中，我们又比较早地直接进入了竞价市场，而底层市场的发展不充分，底层市场不充分导致了中国早期天使投资、VC、PE退出通道不充分，所以整个金融架构对中小企业创新创业发展过程中的风险承受是有限制的，所以需要完善中国的金融结构来支持经济结构的调整。

正是在这样的大背景下，新设立市场——全国中小企业股权转让系统，以便和众多的中小企业、发展相对早期的中小企业来对接，这是我们赶上了这样一个大的背景。客观上说，有了这样一个市场，中小企业进入资本市场就不是很遥远。这可能是各方面预期比较好的重要原因。

第二，我们赶上了一个深化改革、完善多层次资本市场体系和证监会推进监管转型的大的背景。

什么意思呢？就是我们这个市场在服务中小企业的同时还承担着一个任务就是深化改革，就是在我们这样一个市场上，更好地探索市场化的资本市场发展构建的路径。同时为了打开我们创新发展的空间，为了增强我们的市场对众多中小企业的包容性，所以我们的市场适当地设立了比较高的投资者门槛。它的作用是锁定了风险敞口，收窄了风险敞口，同时它为市场的创新发展打开空间。这是我们的第二个大的背景，所以我们能够有条件做一些机制上的尝试。

第三，在前两个背景下，我们的制度构建最核心的特点是包容高效。

所谓包容，是因为我们的市场定位。

大家知道，我们全国中小企业股份转让系统，大家经常会探讨我们这个市场是场内还是场外。

首先，我觉得场内或场外这个概念是一个历史的物理概念，随着互联网的发展，这个概念已经逐渐被淡化掉，取而代之的是资本市场的多元化，而资本市场的多元化构建根源于实体经济的多元化，根源于企业类型的多元化、各种成长阶段、各种规模、各种业态特点、各种风险特征、企业的多元化和投资人的多元化。

其次，每一个市场的存在都有它服务的定位群体，要针对定位群体构建制度和机制，以便更好地提供服务和控制风险，所以我们市场的定位是服务创新创业成长性的中小企业，我们是针对创新创业成长性的中小企业的特点来构建制度体制。但是从制度空间、法律性质上来说，全国中小企业股份转让系统和沪深证券交易所是没有区别的，都是国务院依据《证券法》批准的全国性证券市场，都是全国性证券市场。第一，在证券市场、权益市场，交易的产品是标准化的。第二，它是全国市场不是区域市场，它的市场覆盖全国。第三，它是公开市场，不是私募市场，交易是向不特定对象的交易，面对不特定对象的交易；发行是面对不特定对象的发行，尽管发行制度是每次发行的新增股东不超过30家，但是在发行方式上是没有限制的。所以我们已有的发行案例，既有投融资双方见面谈的，也有通过证券公司在客户群里找的，更有通过现场或者网络的路演来实现的投资对接，各种方式都有，所以这是公开市场。

那么，它的公司是公众公司，我们以往对公众公司的认识经常是以200人为限，200人以上是公众公司，200人以下是非公众公司。这个概念对了一半，因为200人以上是事实上的公众公司，所以我们讲公众性，是指它的外部性，而作为挂牌公司，无论股东人数多少，由于你是面对不特定对象的发行和交易，具有对外性，所以你是公众公司。

因此，我们这里的挂牌公司是纳入证监会监管的公众公司，无论股东人数实际有多少。那么，既然是纳入证监会监管的公众公司，在我们这里的挂牌公司股东人数可以超过200人。这是我们这个市场的基本定位。

基于这样一个定位，为了更好地服务企业，我们的制度体系大体有这么几个要点：

1. 准入体系

一谈到准入就说到门槛，门槛高还是低？我想说门槛是个行政许可的概念，门槛是因为我要设一个门槛，你向我申报，我看你是否符合门槛要求，符合我准予你干，不准予你不可以干，这叫行政许可。

（1）股份公司，也就是说首先是股份制公司，否则股权没法交易，并且设立需要满两年。

（2）业务明确，可持续经营。大家注意，是业务明确，不是主营业务突出，也就是说，你可以不一定是单一主业，但你一定得说清楚你是干什么的，你生产什么东西，或者提供什么服务，你干这件事依赖怎样的资源要素，形成什么样的商业模式，怎么形成现金流，怎么形成定价，怎么形成销售，怎么形成利润，过往两年的业绩状况，只要你能说得清。可持续经营用的是一个底线概念，你要有持续的现金流，并且没有会计准则所规定的濒临破产清算的状况。

（3）公司治理机制是健全的，经营是依法合规的。

（4）股份是权属清晰的，发行和交易无违规情形。

（5）你必须找主办券商签服务协议，我们实行的是主办券商制。

这五条实际上是负面清单，我们理解为如果你没有这五条基本条件你是不能发行的。所以这五条是我们依据可识别、可把握、可举证的原则完全细化了做成一个指引挂在我们网上。

这五条是底线，那么，大家说你没有门槛，是不是什么企业都能来呢？我想说的一个概念是，没有门槛不意味着没有标准，我们的标准是市场，我们实行的是主办券商制，我们要求在这个市场做业务的主办券商要以销售为目的选择企业，以提升企业价值为目的的进行持续服务和督导，这是我们市场的一个特点，把选择权交给主办券商，主办券商怎么做到这一点的呢？我们这里提供的是一个通道业务，实际上报进来的企业没有不批的，但是如果你选择的企业不是投资人喜欢的，那么，你后面的产业链是怎么样的？在我们这个市场，是要打造一个全产业链的，既然你推荐这家企业，将来这家企业的发行、交易、并购等一切事情都要通过主办券商实现。如果你选择的不是投资人喜欢的企业，当企业需要融资的时候，你找不到投资人，也很有可能当你帮他当成市商的时候，你按照做市商的操作要求持续履行着报价义务，但是没人跟你成交，都很有可能，所以它是跟证券公司的利益和风险控制密切相关的。

所以，从这样一个情况来看，我们选择下来的企业还是有一定水平的。2014年年报刚刚披露完，所有的已经披露年报的挂牌公司2320家的平均净利润增速是24%，这个数据包括了我们的挂牌公司14%的亏损公司，所以用市场眼光选出来的企业总体质量还是不错的。

我们没有财务门槛设计，没有财务门槛要求，很好地提升了我们的包容度，也就是盈利的、亏损的公司都可以来，各种商业模式的只要你能说清楚你在干什么，你的资源要素是什么，盈利模式是什么，只要能说清楚就行，所以包容度很高。这个是准入。

进来以后，我们的审查是不作取舍的，只就信息披露文件。不会因为存在这样那样的问题决定它是否能挂牌，因为我们审查中提出的所有问题都通过披露方式解决，不因存在问题而取舍，这是我们市场很重要的特点。而且我们实行了高度公开透明的工作机制，电子化受理，网络化沟通，持续报文件，受理即披露，披露即担责。审查后形成的反馈意见也公开披露，公司的反馈意见也公开披露，这种全程披露最大的好处就是最大限度地降低信息不对称，降低因为信息不对称而造成的沟通成本。简单来说，就是全市场都知道我们在审查什么，审查过程中我们关注什么，下次做材料时需要注意什么问题。这是我们的准入。

2. 交易

我们实行的是多元交易方式。目前我们实行的是协议交易和做市商交易。协议交易，一种是一对一的协议交易，另外一种是单向报价点击成交。第二种方式叫作市商交易，我们选择传统竞争式做市商方式，两家以上券商做市。另外还有竞价交易，目前还没有上线。

三种交易方式也是为了提高市场包容度。因为目前在我们的市场上，股权分散度严重差异，最高的有4000多个股东，最少的有2个股东。因为没有IPO，股权没有分散，都是存量股份挂牌。平均股东人数55人，分散度差异非常大，分散度差异大，流动性需求差异大，因此针对各种流动性需求，设计不同交易方式。

融资并购是市场非常重要的业务。融资并购，我们的管理理念叫还权于市场，凡是公司自治的事，买者自负的事都交给市场，比如说上次募集的钱用完了没有？用得怎么样？下次怎么募集？什么时候融资？采用什么方式融资？融多少？怎么定价？卖给谁？这些都还权于市场，我们只管你干这件事融资并购该让投资人知道，所以我们只是信息披露文件的事后备案，备案时间在十天左右，融资效率较高。

3. 比较好的流动性基础

什么叫流动性基础？流动的基础是股权可以流动，所以我们在股权锁定安排上只遵循《公司法》，只关注公司控制，其他的所持股份都没有流通权限制，所以这样就为PE/VC早期投资者的退出提供便利条件。这就是我们的制度要点，这是吸引力的一方面，这是市场的基本的制度要点。每个市场都有它的特点，都有它的一套制度，要做比较，不光比较排队时长，还要比较这一套制度哪个更适合你，因为上市这件事情企业家首先需要搞明白为什么上市，通过上市解决什么问题。如果没明白，就不能很好地用好这个市场帮助成长。到目前为止，我们很多挂牌公司还没有过交易或者融资，尽管是挂牌公司，但这样会影响市场整体效率，也不利于公司自身发展。这是我想介绍的为什么我们在比较短的时间内获得这么大的发展的原因和影响因素。

4. 现在大家比较关心的重点问题

（1）市场问题。市场很年轻，现在市场主要是制度红利，内在价值挖掘还需时间，我想说其实这个市场制度的创新空间还有很大，简单来说，现在只是搭起了一个基本的制度框架，下一步深化的空间还很大。

第一，深化的就是交易机制，交易机制的实质本身是要提供一个定价环境和流动性管理，那么从定价环境这个角度来说，目前协议交易定价是有问题的，因为是One By One谈的，不是公开市场交易体制。所以协议交易定价不仅扰乱交易价格形成，比如今天谈一笔1块，明天谈一笔100块，大家说这个市场大幅波动，但是这个词不对，这是沪深交易所的概念，它没有成线哪来的波动呢？它无非就是两个单笔交易，但我们的价格是没有涨跌幅限制的，那个交易是买卖双方的真实意思，表示可能有很多价外因素，你是我的战略投资人、合作伙伴，但也不能排除存在利益输送。总之，这个形成机制还有待完善。

第二，做市股份的取得，坦率说现在做市股份的取得也是以协议价格而来的，所以也存在跟协议机制一样的问题，而且部分公司在做市股份取得后，在做市之前以较低的价格做二次分配，分配给谁也存在不公平。

第三，发行定价有很多复杂因素，但是我想说所有作为公开市场的定价，都应该要保证机会的公平和定价的公允，至少要公开披露。因为我们这个市场高度包容，情况比较复杂，但是基本原理是一样的。这是我想说的定价需要一个事实的完善。

（2）转板问题。转板问题从多层次市场建设角度来说，各层次市场都有自己的定位，或者说多元市场格局都有自己的定位，但是作为一个整体，多个市场平台是具有有机联系的，体现在两个方面：

第一，不能因为在一个市场上市而对另外一个市场挂牌构成障碍，在我这个市场上，即使股东人数超过200人也不会影响IPO，这个问题是可以解决的。

第二，就是转板问题。我这个市场上满足沪深交易所的上市条件，可以直接提出沪深交易所上市申请，这是国务院决定的原话，但我想说政策是明确的，但是目前正在解决操作中的时机问题，方案还正在做，路是可以打通的，是可以让公司做出选择的，但我想澄清两个概念：

第一个概念，转板不是跳板，很多人说你这个市场好，可以转板，所以我去你那里，为什么呢？因为IPO太严，IPO排队到你这儿可以直接上市，这就错了，你脑子里的转板实质上是跳板的概念，因为真正的转板制度不存在套利空间，所以从基本条件上来说应该和IPO是一样的，这是我要澄清的一个概念。

第二个概念，从市场定位来说，全国股转系统不是沪深交易的预备市场，定位是清楚的，我们有转板的路径但并不意味着将来沪深交易所的上市公司需要在现在的新三板上市，不是这样一个制度安排。我想澄清一下，转板机制要建立，但我们这个市场不是以沪深上市为目的，沪深证券交易所上市公司也不以在我这里挂牌为前提，这个概念要清楚。

（3）投资者适当性标准较高，是否影响市场发展？到现在有10万多账户，投资者适当性的本质是把合适的商品卖给合适的投资人，投融资对接的本质是风险匹配，我们这个市场是一个高度包容的市场，企业的差异化很大，复合增长率超过50%的有700—800家，没有盈利的大幅亏损的公司也有，还没有开始盈利的。像互联网企业、医药研发企业在临床实验阶段的企业需要专业眼光的识别，在这个市场上实行比较高的投资者适当性，有利于提高市场包容度，有利于增强市场制度和机制创新的空间。那么，不具备市场适当性要求的投资者怎么办呢？可以通过购买金融机构开发的理财产品间接投资，我刚才说了已经开发的理财产品已超过200只，这个产品可能包括专门投向中小股转系统的专项投资产品，可能也包括在多层次市场的格局下跨市场组合投资。

那么，这有什么好处呢？

第一，单一投资人信息收集能力、风险判断能力有限，用传统的PE估值法可能跟我们的市场估值法不一样，个体投资人除非你是干这个专业的，否则可能没有这个能力。

第二，个人投资人资金规模有限，很难做风险的组合，很可能把所有鸡蛋放一个筐子里。但是通过机构发行的理财产品，有专业的队伍在收集、处理信息，在判断风险，机构可以把众多资金集合做成一个规模就有组合的能力，有避险空间，所以有机构入市有利于把市场培育成机构投资人市场。今后有没有调整的可能性？仍然要看市场需求，根据实际情况出发。

目前，春节后市场短期内发生很大的增长，三个月内市场指数涨了140%，很重要的原因是供求结构失衡。因为尽管有2395家挂牌，可流通股份只有380家，在可流通股份挂牌公司中，我们挂牌公司的股权比较集中，真正实际可流通公司有限，主要矛盾不是投资人不够而是产品供给不足，如再降低投资人适当性标准将加剧市场供给需求不平衡。随着市场结构发展变化，我们再考虑调整。

（4）竞价什么时候能实行？凡是沪深交易有过的事情都要问一遍。市场流动性首先不是由制度决定，而是由流动性需求决定制度供给，制度供给打开的流通空间，是这样一个概念，流动性需求是由股权分散性确定的。所以我们沪深交易所上市的公司必须有25%的公众交易股，过去历史上叫千人千股，现在叫25%的社会公众股，我们的市场没有经过公募而是存量股上市，所以平均股东人数是55，股权高度集中。目前仅有1家是股东数超过4000的公司，如果这一家公司考虑竞价的话，那价格非得上珠穆朗玛峰。所以什么叫流动性需求？随着市场的发展，大家的增幅、发行、股权逐渐的分散化，并且达到一定股权分散度，形成规模、板块，竞价条件才比较充足。现阶段，条件仍然不具备。到目前为止，我们的制度是没有问题的，我们的技术准备也在做，但是坦率来说现阶段条件不具备。请大家正确认识。

发行方面，现在虽然比2014年有很好的改观，随着二级市场的定价和流动性功能的改善，反过来促进了投融资的对接，所以2015年发行市场又有很大改进，但是我们发行的产品选择仍然不够。接下来我们马上会推出债券和优先股，为各种融资需求的企业提供融资工具选择空间，随着市场的发展、指数的推出，我们2015年还会推进创新产品推动市场。随着价格发现和风险管理的组合工具，我们会推动产品的创新。

（5）分层问题。大家为什么讨论分层？因为2014年国际证监会组织对我国市场的评价，他们拿了两个案例去分析资本市场对中小企业的支持状况：一个是我们国家，一个是加拿大。对我们的评价是全国股转系统是高度包容的，正是这种高度包容性使得市场对中小企业发展有很大的包容性，才为它提供了高速的发展，但是这种包容的另一面会带来两个问题：①监管难度。企业很多很快，类型庞杂，监管难度大。②投资人信息收集成本高。作为一个海量市场，投资人挑选企业难度加大，所以市场分层的本质就是风险的分散管理，实践的差异化管理我们对市场分层正在研究，是从差异化服务的角度还是从风险分层的角度？差异化制度如何安排？我们正在抓紧研究，从国际范围来看，市场目前还没有成熟模式，我们也要从我们市场定位出发，找到一条适合我们自己的分层路径。这件事情可以告诉大家，2015年我们也会做。这是大家共同关心的问题。

最后，我想说说我们的主办券商。

这个市场是主办券商制，主办券商在这个市场占有很重要的主导地位，这里的券商不是通道业务，所以必须调整理念，这个市场要经历四个阶段，要经历搜寻市场：

第一个阶段，投融资双方互相找，找到以后互相谈，交易极其偶发，没有中介服务，没有市场平台，这是搜寻市场。

第二个阶段，当搜寻需求大量出现后，一个经纪人群体诞生了，他知道有人互相找，于是积累买方卖方信息，有能力拉在一起达成双方能接受的价格，这叫经纪人市场，这也是最早的证券公司，所以有过经纪人市场积累的买卖双方信息的能力，知道谁缺钱想找什么样的投资人，知道谁有钱想投资什么样的企业，各类的投融资双方的风险特征是什么，该怎么定价都比较了解。

第三个阶段，当经纪业务大量发展的时候，部分经纪人转变为做市商，保持交易连续性，而做市商市场高度发展后股权分散到一定程度后才产生竞价市场。中国证券市场从一开始建立一步就进入竞价交易市场，没有经历过经纪人市场阶段，所以坦率地说，我们的券商有一部分功能缺失，而这个功能缺失是在这个市场建设过程中需要弥补的，需要有找项目的眼光和有给企业定价的能力，找项目的眼光是什么呢？就是投资人视角找项目，你要知道哪些是有故事能演绎的，哪些是有成长空间的，如果还是以从前的眼光找稳当的，可能不会受投资人欢迎。而且，从业务组织来说，按照传统的业务条块分割，投行是投行经纪，是经纪也不太适合这个市场，这个市场是一条产业链，要着眼于把这个产业链打造完善。

第四个阶段，证监会2014年发的118号文，马上将允许基金公司子公司、期货公司子公司、PE（私募股权投资）/VC（风险投资）类非证券机构承担主办券商职能，推荐和做市，它会反过来加大市场参与的资金量、人才量，而且还能带来很多理念，这也是对下一步证监会监管的挑战和压力，但也是机会，通过市场磨合锻炼出一个更加成熟的投资银行队伍。这是下一步市场发展的重要基础。

最后我想说的是，一个市场的长治久安要有严格监管，市场实行高度包容的体系，但我只包容各种类型，不包容违法违规，因为对任何违法违规的包容、容忍都是对其他参与人的不公平，市场会丧失信心，所以最近专项启动了专项法网行动，这绝不意味着打压，而是没有倾向性地严格执法。所以我们要控制好风险，才能为市场谋得可持续的发展，进入这个市场的公司一定要熟悉市场规则，如果触犯了规则，那就要接受市场处理。

借这个机会，我给市场参与人一个忠告，你来我们热烈欢迎，全心服务，但是如果触犯法律，我们将会依法处理。这是我们共同的市场。

新三板监管的"新常态"

管清友
民生证券研究院副院长、首席宏观研究员

"大跃进"下的三大问题

作为多层次资本市场建设的桥头堡，新三板自2013年创立以来，就肩负着拓宽中小企业融资渠道、培育和孵化战略性新兴产业以及激发社会创新潜能的历史使命，尤其是在我国经济结构转型的关键时期。新三板近两年来突飞猛进的发展，也从侧面反映出中国经济的风口所在。

但在"大跃进"式发展的背后，一些隐藏的问题也渐渐显露出来，主要体现在一级市场定增、二级市场交易和信息披露三个方面。

1. 一级市场定增无锁定期乱象丛生

新三板定增没有硬性的锁定期要求，尽管有助于为中小企业提供更为便利的融资渠道，但也是造成近期新三板市场乱象的重要原因。

一是成为很多投机客参与新三板价格豪赌的重要途径。定增之所以能给出较低价格，主要是考虑公司长期发展的需要，这种拿到定增份额转手就卖的做法实际上既不利于公司长期发展，也对二级市场价格稳定造成了损害。

二是代持现象普遍对二级市场价格形成扰动。由于定增资金规模要求较大，通过机构代持曲线参与新三板定增的情况较多。先由机构参与定增拿到股份，再通过协议转让过户给自然人。问题是转让价格往往比二级市场价格低三成，一旦协议成交，股价可能大幅波动，形成异常交易。

三是成了部分机构套利避税的工具。机构定增进去亏损出来，亏损部分为机构"合理"避税开了口子。

2. 二级市场滥用交易规则价格乱窜

截至2015年5月27日，已有12家新三板挂牌公司公告称，收到证监会调查通知书，除了有3家涉嫌信息披露违法违规外，其余9家公司均涉嫌滥用交易规则破坏市场，主要分为操纵股价、内幕交易、异常交易、违规交易四个方面。

3. 信息披露违法违规雾里看花

目前，新三板信息披露存在的问题集中表现在三个方面：

一是未按时披露年报或半年报。2014年金豪制药等8家公司未按时披露2013年年报，此后，七年未发年报的ST羊业被摘牌。截至2015年4月30日，新三板有22家挂牌公司未能按照规定披露2014年年报，最终被全国股转系统暂停转让。截至5月27日，补充披露年报的公司只有8家，仍有14家挂牌公司因未披露年报而暂停转让。

二是未及时披露更新后的年报。除了未按时进行信息披露外，全国股转系统还曾发公告，指出一些公司存在在更早的2012年年报中，出现大范围修改了财务数据后未及时披露更正公告，而是在时隔近一年后才进行披露等行为。

三是信息披露违法违规甚至造假。尽管新三板对挂牌企业虚假披露零容忍，但信息披露时故意将重大信息遗漏甚至涉假仍难以杜绝。譬如，2015年5月14日现代农装因"涉嫌违法违规行为"被立案调查，这家曾吸引了金融大佬、转板预期强烈的现代农机公司，在2014年1月完成第三轮定增后短短数月，企业就从2013年上半年盈利1574万元转为2013年全年亏损6404.9万元。

"新常态"——从短期套利到价值投资

1. 监管趋严，还需对症下药

新三板快速发展引发的各种问题正越来越受到监管层的关注，监管趋严的信号不断增强。自2015年以来，监管部门向新三板频频"亮剑"，"中山帮"和中海阳的相继被查，让新三板市场刮起了"监管风暴"。

2015年5月19日，全国股转系统董事长杨晓嘉表示，新三板是一个包容性很高的市场，包容创新、包容多元、包容不成熟，但决不包容违法违规。可见，当前新三板发展已经从之前的放水养鱼阶段，逐渐向水龙头收紧阶段过渡，监管趋严应是新三板未来的一个重要影响因子。

新三板运行规则与主板区别较大，一些问题的产生与新三板自身的特点密切相关，在监管上需要对症下药。

第一，新三板挂牌企业股权过于集中，是导致滥用交易规则破坏市场的一个原因。从2014年年报来看，新三板挂牌公司仅有44家股东在200户以上，其余2303家挂牌企业平均每家股东数仅为19户，股权惜售导致流通股集中现象多有存在，类似沪深市场的"一股独大"现象，新三板流通股集中容易导致操纵市场的问题出现。

第二，协议转让的遗留问题，交易双方属于"一个愿打，一个愿挨"，有现实操作中的监管模糊地带，所以存在对倒股价、操纵股价的可能。

第三，在做市交易制度下，做市商的主要盈利本是双向报价价差带来的交易收入，但是实际中往往演变成来自存量股权升值带来的资本利得，所以其做市动机将产生一定程度的变形，更倾向于抬升股价。

2. 新三板监管"新常态"大猜想

随着总市值的不断膨胀和挂牌企业的不断增多，新三板在资本市场中的影响力与日俱增。新三板的发展是一项国家工程，是当下多层次资本市场建设的最重要一环，从监管层对新三板违法违规行为的"零容忍"可见，为促进新三板的后续发展，从宽松到严格是新三板监管未来的必然趋势。

第一，整体思路。 在简政放权、让市场发挥决定性作用的大背景下，资本市场监管转型正在推进。2013年8月，证监会发布《关于进一步加强稽查执法工作的意见》，将稽查执法明确定位为证监会的一项主要业务与核心工作。根据2015年证券期货监管工作会议部署，监管工作将"以现实问题为导向，逐步探索建立事中事后监管新机制"，同时，"健全资本市场信息披露规则体系及监管机制"。

事中监管又称持续监管，主要是确保市场主体持续符合准入条件、依法合规经营，重点在于状态维持和过程控制，包括合规性监管和风险审慎性监管，具有预防性、合作性的特征。事后监管主要是稽查执法，打击违法违规行为，通过惩戒和制裁，包括行政处罚和行政强制，维护市场秩序，清除不合格的市场参与者，或在极端情况下进行风险处置。由事前监管转向事中事后监管，对挂牌公司而言意味着"准入放宽同时维持趋严"。

信息披露是解决资本市场信息不对称、规范市场主体行为、帮助投资者决策的基本制度安排。从国外的经验来看，注册制实施的一个重点在于对信息披露的监管，监管部门不为信息披露义务人"背书"，不对信息披露作实质性判断，但要确保信息披露的齐备性、一致性和可理解性。如果信息披露丢三落四、前后矛盾、语言晦涩，影响投资者做出理性决策，监管部门就要切实履行职责，采取监管措施。

第二，四大重点方向。2015年5月15日，证监会发布《关于加强非上市公众公司监管工作的指导意见》，代表着对新三板市场的总体监管方案已经成形。

《意见》的总体思路是，以信息披露为本，以公司自治和市场约束为基础，强化对市场主体规范要求，增强自律组织权责，明确监管系统内部分工，构建职责明确、分工清晰、信息共享、协同高效的非上市公众公司监管体系，保护投资者合法权益，提升资本市场服务实体经济的能力。其基本原则是：（1）依法明确行政监管与自律监管的内容与边界，两者不得相互替代、不得缺位越位；（2）发挥市场作用，建立健全自律监管、中介督导、社会监督为一体的市场约束机制，能够通过自律、市场、公司自治解决的事项，行政力量原则上不介入；（3）建立健全事中事后监管机制，强化行政执法，坚决查处欺诈、虚假披露、内幕交易、操纵市场等违法违规行为。

通过对《意见》的分析，结合证监会监管工作的整体部署，未来针对新三板市场的监管政策应有以下几个重点：

一是信息披露要求趋严趋紧。无论实施注册制的要求，还是针对近期新三板信息披露违法违规事件，加强信息披露监管一直是监管层的工作重点。《意见》强调"非上市公众公司是信息披露第一责任人，要严格履行信息披露义务，不得有虚假记载、误导性陈述或重大遗漏，并对信息披露违法违规行为承担法律责任"，预计未来挂牌公司信息披露要求将更加严格。

二是主办券商勤勉尽责的责任约束加强。《意见》从风险控制、持续督导、信息披露三个方面对主办券商行为进行了再次强调，结合前述新三板发生的各类违法违规行为，主办券商在做市交易中承担着不可推卸的责任，和沪深市场一级市场发行并购政策相联系，预计主办券商的资质或将成为公司挂牌、股权转让、定增的一项参考指标。

三是新三板配资监管加强。《意见》要求"严格执行全国股转系统投资者适当性管理制度，加强投资者教育、保护和风险揭示"。目前，有部分主办券商存在为个人投资者提供新三板开户的过桥资金或配资的行为，增大了投资者风险，也打了政策的擦边球。结合监管层日前对沪深市场融资融券的监管方向，预计对新三板配资监管也会有所加强。

四是中小股东利益将得到强化。从当前形势来看，新三板企业股权分散势必会形成一股趋势，而在股权分散的情况下，中小股东利益将得到越来越多的重视。

监管"新常态"下的投资策略

在经历粗放式发展后，监管制度、手段和理念的跟进，已经成为新三板市场未来发展的决定性因素，也是潜在投资方向的指引。随着监管制度的日趋完善，新三板此前暴露出的短期套利将逐渐消失，从短期套利到价值投资会逐渐成为新三板的投资趋势。

另外，2015年市场预期新三板最重要的三大制度红利，是市场分层、竞价交易以及投资者门槛调整。预计市场分层是全国股转公司2015年的重点工作，2015年推出概率极大，而在违法违规行为多发时期，投资者门槛短期内或将维持现状，下调可能性较小；竞价交易受股权集中的影响，预计不会太快推出。

综上所述，预计资质上乘、成长稳定、估值较低的已做市公司将更受瞩目。

成功的法则就是追求垄断

彼得·蒂尔
《从0到1》作者

    《从0到1》是我在斯坦福大学2012年给学生上课时候的一些言论或者思想，我在斯坦福大学上课主要的目的是跟学生交流，斯坦福大学有很多很好的学生。在教书过程中，我遇到了一个很大的挑战，发现这不是一个科学，因为科学可以进行实验，可以不断地去做实验，有一些非常清晰的公式和模型可以重复。

    科学可以非常精确、精准地记录某一个实验的过程，只要有方法、公式，以后不管怎样算，最后结果都是一样的。但是做企业不一样，特别是科技企业，它只成功一次，你再去重复它的模式永远不会成功了，不管Facebook还是谷歌、Zynga或者比尔·盖茨的微软和他的操作系统，如果你只是模仿它的商业模式，只是模仿它的所谓公式，你永远不会得到同样的结果。这不是一种科学，不是一种可以复制的模式，所以这是在我们硅谷可以不断看到的。

但是在硅谷我们也看到有很多的主题，有很多我们在创业过程中总结出来的经验倒是可以给我们一些启发。这是我在斯坦福大学跟学生分享的一些东西，也是我一开始跟斯坦福大学学生进行交流时的一些主题。我希望能够通过这些问题、我们问的这些问题、一些创业的问题，来促进我们思考。

你创立一家企业，如果很多人已经在做了，你和他们之间就会有很多竞争，你不愿意进入这样一种状态；如果一个人都没有的，很多人都想过这个问题但都没有去做的，那么这可能又是一个过于理想化的空想，所以我们要去探索一种途径，看看怎么能够进入这个领域，成功地创立一家新的企业。从学术角度来讲，我们经常问这样一个问题，我们在面试的时候也经常问面试者这样一个问题，有哪些真理很少有人同意的，就是你有一个想法，但是很少有人会赞同或者认同你的想法？

这是一个很怪的问题，你仔细想想，很难回答出来。但是在这样一个世界中，天才是很少的。有很多伟大的企业，它们有勇气进入别人没有进入的领域，去开创一个大部分人不赞同或者几乎没有人赞同的观点，闯出了一片天下，这是我们的问题，也是这本书最早提出这个问题的关键。所以我想分享一下我对这个问题的理解，以及延伸出来的创业过程中我认为比较重要的问题，作为讨论的基础。

为什么成功企业需要追求垄断

在《从0到1》这本书里，有一个很大的主题就是奇点，就是独特性。任何一家伟大的公司都是非常不同的，这是与很多商业理论不一样的地方。很多商业理论或者经济学著作或者一些商业家，告诉你怎么和别人竞争，但是我希望这本书传递的主题，是希望帮助你怎么用全新的眼光看这个世界。太多的竞争、过于激烈的竞争是一种不好的状态，可能是一个很大的错误，或者是以前很多经济学的误导。就看我们能不能通过我们的努力，通过我们的视角达到不竞争的状态。

没有竞争才是最好的，这个回答就是最重要的商业战略、最重要的商业想法。我认为有两种公司，一种公司是垄断的公司，他们是世界上唯一的一群人，或者这个国家或者这个行业唯一做这件事情的人。如果你是唯一，你就拥有非常有利的地位，而且利润非常高。

另外，还有一些公司进行疯狂的竞争，这些公司非常典型的办法，就是竞争非常激烈，很难把业务发展好。我不喜欢这种业务，比如说开一家餐馆，你想进行疯狂的竞争。如果你特别喜欢竞争本身，你就应该开餐馆。这个业务在世界任何地方都非常可怕，在北京不好做，在旧金山不好做，在硅谷不好做，在世界上任何地方都不好做，因为餐馆太多，而且最终很难把各个餐馆区别开。

从另一个极端来讲，我们有一些非常成功的公司，在各个行业都有，包括信息技术行业，有一些公司特别成功，因为它们实际上建立了某种形式的垄断。在我的书里，我提出的例子是谷歌。

我们知道，在美国的背景下，谷歌在2002年就成为领先的搜索引擎，它和甲骨文和微软都不一样，过去13年间它都没有面临任何竞争，而且产生了数十亿、上百亿美元的利润，每一年都是如此，那么这是一个赚钱机器。但是这样一种垄断和竞争之间的关系，大家理解得不充分，其中部分原因是社会上对于垄断有复杂的看法，因为垄断总是以非常糟糕的形式来表现：垄断创造人为的短缺，我们有《反垄断法》，我们试图限制垄断。

即便你是一个创始人，如果你开创一家公司，或者在一家公司投资或者加入一家公司，你总是希望加入一些非常不同的公司，这些公司应该能够以实现垄断为目标，但是你不会多谈这件事情，如果你是谷歌的CEO，你不会到处对全世界说，我们有一个非常不错的垄断，我们的垄断比微软在1990年的垄断还要强大。美国政府对微软进行了反垄断调查，实际上我们比微软所得到的利润还要多。

但是实际上，作为谷歌的CEO，你根本不会这样说。你们的业务有价值的真实基础，实际上藏在人们的视线之外，人们把他的成功总结很多经验，但是和实际相距甚远，你会告诉人们很多其他事情，而不会谈垄断。这个业务战略本身是隐藏起来的，这是一个非常有趣的动态。

我看到有很多特别有天才的人，比如说现在的谷歌雇佣着三四万人，他们为谷歌工作。但是有些人离开谷歌之后，在过去10—15年间很少有人创办出非常成功的企业，这当然并不是绝对的。但是我们也看到，离开谷歌的人我们不会对他们进行投资，原因在于谷歌内部的人，他们自己都不知道为什么谷歌取得成功，他们认为这是因为谷歌有免费的按摩，有免费的寿司吃，公司的文化特别好，他们雇佣到非常聪明的人，但是他们根本不知道，谷歌获得成功的关键也就是企业战略的关键，实际上谷歌自己的员工也不清楚，因此这些人离开谷歌之后自己开创企业并没有很好地发展起企业战略来。

客观来讲，这些人都是非常勤奋非常聪明的人，但是他们仍然不能成功。这是因为他们所有的这些经验都是从谷歌来的，而重要的真相被隐藏起来，他们没有真正理解，那么他们自己办企业的时候就会被误导。

企业如何实现垄断

如何建立垄断？如何实现垄断的目标？这方面当然有很多不同的主题，在我的书里提到很多主题，但是我想提其中几点。人们在谈论企业的时候，总是要谈到去追寻那些大的市场，如果有一个大公司要找大市场，这是对的。如果你是创业公司的时候要从小开始，如果你想迅速获得垄断，你就要从小市场开始才可以。然后逐步垄断这个小市场，因为最关键的不是市场的规模大小，而是你所占市场份额的大小。所以市场份额特别关键，我们创业的时候就是1999年，推出了我们的产品。当时是支付，支付市场当然是非常巨大的，而且支付市场运转得非常良好，因此你要提供一个比其他产品更好的产品并不容易。

但是其中一小部分，比如说eBay上的竞拍，上面有成千上万的小销售商，他们需要一个新的支付方式。我们专注这个市场，我们从0到占市场份额的40%，在eBay上三个月就实现这个目标，这是一个很好的起点，我们从此继续发展。这样一个垄断告诉你，你从一个相对而言较小的市场开始，然后努力从那里开始发展、扩展起来，而不要第一天就追求特别大规模的市场。

比如Facebook最初的市场只不过是哈佛大学的12000名学生，大部分投资者都会说这个市场太小，对他们不感兴趣，你不可能靠这个市场发展企业。但是Facebook的服务从0起步，在10天之内达到市场份额的50%，这是一个很有希望的起点，然后不断地发展到其他的大学并且扩展起来，实现了一种向上的循环。

美国过去十年一个比较大的失败就是清洁能源行业，在这个行业投入了巨额资金，但是很少有公司到现在还生存下来，大部分都关门了。清洁技术有什么问题？在人们失败的时候，他们失败的原因并不是一点，他们是命中注定要失败，可能有五六个因素导致他们失败。我的书中提到大部分清洁能源公司失败的原因。

大部分清洁能源、清洁技术公司，在七个要点中，一个都没有满足。我在书里描述了七个要素，这七点他们都搞错了。其中一点就是没整明白他们应该找多大规模的市场，因为如果你去找，2005—2008年，如果你和清洁技术公司交谈，他们说我们的市场非常大，这个市场叫能源市场，市场价值有万亿美元，如果我们的市场份额百分之多少，我们就有很多利润。但事实上这个市场竞争特别激烈，每个人在巨大的海洋里只是小鱼，你也不知道你会遇到什么。

而且很有可能你活不下去。比如说有一个薄膜光伏电池的公司，你可能觉得你比其他的薄膜光伏电池的公司都好，但是你要记住还有很多其他的光伏技术、太阳能技术，还有其他可再生能源的技术，还有中国公司可以和你竞争，不仅仅是美国公司。所以这个市场非常大，竞争无处不在。仅仅市场大小本身告诉你，你就应该紧张起来了。

因此关于垄断，最初的市场要小，从中取得一些真正的优势。我一般喜欢这样的企业，它有一些技术，要比别人好得多，这样你可以获得人们的注意，你可以在各个不同的方面取得最初的突破，但是其中最关键的就是你这个技术不能只是好一点，而是要好很多。那么比如说亚马逊一开始是在美国，是图书销售，作为一个书店，可以比实体书店里的书的量多十倍，那么它可以产生一个质变。

我们以前帮助人们写支票是七到十天才能够提现，现在就可以立刻拿到现金，会快很多。因此你要比第二好的公司要好十倍才可以，就是从一些技术角度来讲。我们可以看到一些网络的效应，使用这个服务的人越多，企业的发展越容易获得垄断，一开始总是非常困难。因为人们谈论网络效应，如果有数百人加入非常好用，但是一开始不会有太多人参与进来。

因此，你如何吸引第一个人、第二个人？如何让这些人参与进来？如果有了人，网络效应就非常有用。但是一般来说，你不可能在第一天就获得这种网络效应。有时候我们还看到规模经济，规模经济也是一种类型的垄断。随着你的规模越来越大，你的产品可以更便宜，你就可以获得很大的规模经济的优势。

第四个垄断的方面我认为特别重要，虽然我个人承认我对这个要素的理解也不是很明白，就是品牌，如果你有一个品牌，如果这个品牌在人们的头脑中觉得好，他们愿意为你这个品牌付出更多的钱，比如可口可乐和百事之间的竞争，它们都是含糖的饮料，它们的制作都非常廉价，而且这两个公司都赚取大量的利润，从某种意义上来讲，这个品牌已经深深地根植于人们的头脑中。大部分人中，有的人喜欢可乐，有的人喜欢百事，很少有人喜欢这两种饮料，因此在这两个公司之间其实真正的竞争是非常少的，因为他们各自的品牌都非常强大，这个品牌是非常重要的。

另外，要获得垄断还可以有非常棒的销售策略。我们成立技术公司的时候总是把技术和销售结合起来，或者说营销结合起来。把这两者平衡好很不容易，人们要么是非常好的工程师，要么是非常好的科学家，在技术领域很出色，这些人总是觉得技术或者是科学自己就足够了，而不需要告诉别人为什么技术和科学这么好。但是因此技术和销售这两者的结合非常重要，如果你有非常出色的销售策略，你就可以做得很好。不少消费品有非常有效的病毒式营销，我们看到它的技术或许其他人复制起来很容易，但它总是没有时间来复制你的技术，因为它的营销是病毒式发展的，它在别人有机会跟上以前就迅速占领了全世界。

还有很多领域，比如说小企业非常难以销售技术，因为它没有好的广告渠道，如果你雇用销售人员，你的佣金恐怕也不用付出那么多。因此你要向消费者销售，你要使用营销、广告，如果向大公司销售还需要雇佣销售人员，但是如果向小企业进行销售，销售人员和市场活动可能都不是特别管用，如果你能想出一些聪明的营销方法，向小企业进行推销的方法可能会很有用，因为营销本身面临着很多的障碍，在美国是如此。我们知道有会计软件，这是小企业特别需要的，如果它能够让所有小企业来使用，美国有这样的软件公司，连微软都不能竞争。因此，产品和产品的营销都非常重要。

逃离大数据和云计算

有人经常问我这样的问题，有哪些地方适合投资，在哪些地方会发生新的情况。对于这些问题总是感到很难回答，因为我无法预测未来，我不是预言家，我只能跟你说五年之后可能有多少人使用手机等等，但是这种回答没办法给你非常具体的帮助。如果非得就此给出答案，我觉得人们所谈论的每一个技术主题在我的头脑里他们都夸大了，在美国人们谈到很多教育软件、医疗软件等，我认为这些主题都被夸大了。包括企业软件等也被夸大了，如果你听到大数据、云计算，你要尽可能地逃离，这多半都是骗人的，能跑多远跑多远。

为什么对此要特别谨慎？因为这些关键词和关键的主题就像在打扑克一样是在虚张声势，因为你并没有和别人不一样的企业和产品。如果你需要提到所有这些关键词，如果你说我们正在建设一个移动的平台，为云中使用大数据服务，实际上这是一个关键词的不断反复引用，这告诉我们投资人这个公司不大行。所谓的关键词，就是有一个大家非常理解的类别，这使得关键词非常好用，但是同时它也特别有误导性，在企业策略方面很有误导性。

因为你并不想在一个已经成立的，比如说第五个在线的宠物食品公司，你不想成为北京第一万家餐馆等，由于这个原因，我觉得从另一方面被低估的是那些从某种程度上能够找到一个小市场的企业，能够找到一个人们还不是充分理解的行业，或者说他们拿出的概念大家还不知道怎么描述企业的公司。

总有这么一系列企业能够实现这一点，作为投资者来说，我们最大的挑战就是要找到这些企业，很多人都用一种传统的方式描述他们企业，听上去很新，跟别人不一样，非常独特。比如说谷歌在1998年开始的时候，它自己说自己是一个搜索引擎，别人说我为什么要搜索引擎，我们已经有20个搜索引擎了，所以谷歌说它是搜索引擎可能有误导性，别人可能会认为这只不过是一个跟别的搜索一样的引擎而已。它其实是一种特殊的算法，这个技术完全不一样，所以这非常关键，有时候需要你仔细去研究，看它这个类别中是否真正使用了完全不一样的技术。2004年Facebook开始的时候，人家就说：这不就是社交网络吗？

我们已经有很多社交网络平台了，我有一个朋友，1997年的时候创立了一家公司就叫社交网络，所以社交网络在1997年已经作为一家公司的名字在这个世界出现了，所以你到2004年办一家社交网络，人家觉得没什么奇怪的。

虽然都叫社交网络，但Facebook是一个真正能把你真实的身份和你的朋友非常紧密连接在一起的社交网络，所以这是非常有价值的解决问题的方案，所以又出现了一个非常独特的子类别，而这个子类别别人从来没做过。我们作为创业投资基金要做的就是去发现这些，所以在这个过程中我们有时候会高估一些东西，有时候会低估一些，有时候低估了垄断的力量，有时候高估了一些完全没有差别的过度竞争的一些市场中的企业，而在这样一个市场中有的时候从心理上来讲，其实从自然上来讲是一种心理上的正常反应。

竞争是留给失败者的

在我的书里，我曾经引用过这样一句话："所有快乐幸福的家庭都是一样的，而不幸福的家庭是不一样的。"我把它改写了一下，改成："所有不幸福的公司都是一样的，因为它们无法摆脱同一个诅咒就是竞争，而所有幸福的公司它们都是一样的，都是与众不同的或者说都是一样的，它们都是很独特的。"曾经有一本书有一个很惊悚的题目，叫"竞争是留给失败者的"，换句话说，只有失败者才会竞争，而它的原意是一个不善于竞争的人最后会失败。

从另一个角度理解一下这个题目，我们认为失败者是内心沉迷于竞争，整天被竞争淹没，而忘记了其他更有价值的东西的那些人才是失败者，而不是那些善于竞争的人。所以在我们看高中的游泳队的时候，大家都在想我们怎么样游得更快，你整天沉迷于游泳，怎么能比别人游得快两秒、三秒甚至更快。但是往往你看不到一种更大的情况，往往看不到一些更加重要的事情。

我在加州长大，是在竞争非常激烈的环境中长大的。我记得当时念初中八年级的时候，有个同学说四年之后你肯定能上斯坦福大学，的确四年之后我上了斯坦福大学。我们在加州一谈就谈小孩念书能不能够去斯坦福大学，的确我进了斯坦福大学的法学院。当时我整天沉迷于怎么样进斯坦福大学，我从来没有问过为什么要去斯坦福大学，可能它的名声很大，大家都说你可以上斯坦福大学，因为你学得非常好，但是最后也不知道为什么去了斯坦福大学，从大学毕业之后我去了纽约的一个律师事务所，斯坦福大学毕业去纽约的律师事务所是很正常的，因为每个人都想去一个非常好的律师事务所。

当时仔细观察一下周围的人，会发现有很多不欢乐、不快乐的人在我们周围，都是那些法学院毕业的律师。后来我就离开了，人家开始给我发邮件说没想到你会主动离开律师事务所，后来聊天时说这是一个越狱的过程，终于从这样一个沉迷中解脱出来了。有的时候你太沉迷于一种竞争或者一种身份的确认，在竞争中你迷失了自己之后，你就不知道怎么样去寻找更有价值的东西，这是我们不断要去思考的一个问题，当你像发疯一样地跟别人竞争的时候，当然最后失败是不好的，但是即使你赢得了那场竞争，可能你赢得的那场竞争对于你来说也是一种诅咒。

基辛格在哈佛大学当哲学教授，他在哈佛大学哲学系的这些教授同志曾经跟基辛格讲过，你只看到外交、军事领域的战争多么残酷，其实学术界这种竞争比外交和军事这种竞争、战争要残酷得多。所以很多教授在大学里是非常有天才的，这些非常聪明的人看上去好像很成功，就像哈佛大学的很多教授，其实这种非常恶性的竞争使他们迷失了自己，使他们没有能力或者没有精力去发现更加有价值的东西，所以有的时候竞争过于激烈，往往可能使你失去更多的东西。

在硅谷有一个非常奇怪的现象，就是那些非常成功的企业的创立者在社交方面好像不太行，好像不太善于与人交往，在社交方面好像不能融入周围的人中去，这是我们向整个社会提出的问题。为什么我们这些技术上非常行的人，很多创业者有非常好的想法、非常新的一些想法，但是在融入社会的过程中，在跟周围人交流的时候以非常微妙的方式，把这些想法进行交流的时候做得很不好？为什么会出现这样一种现象？这也是我们需要考虑的一个问题。

在美国我们有商学院，大家喜欢去念MBA，这些人社交非常厉害，多才多艺，但通常没有真正的自己的想法，经常跳来跳去。没有自己想法的人到了一家企业里作为一个代理人，帮别人执行想法，他们互相之间有非常好的社交圈子，能够很好地融入，但其实他们不知道自己想要什么。哈佛大学商学院毕业的很多人，像安然这些企业的老总，现在在坐牢的，他也是哈佛大学商学院毕业的。在过去的泡沫中包括互联网的泡沫和后来引发金融危机的房地产的泡沫，这些做了非常错误决策的商学院毕业的人，我们要对这些现象提高警惕。

莎士比亚曾经讲过一句话，我们很多人愿意去模仿，就像小孩咿呀学语时模仿父母的话一样，没有模仿就没有我们这样一个社会。但是光有模仿是不够的，不管从众心理也好，最终这样一种模仿不能够给我们真正带来一个好的结果，所以有的时候，当你忙于模仿别人的时候要抽身出来看看有没有更好的方向。

我在书里提出非竞争的状态，建议不要竞争，尽可能达到非竞争的状态。作为投资者来说，我们愿意不断去寻找这样一些企业。投资者有时候也经常去竞争，有时候我也会想到自己在教学生的时候讲这些话，我也要拿它来约束我自己的行为，人总是有争强好胜心理的，但是我们在实践进行投资的时候要去看，一家企业好像看上去竞争得非常凶狠，竞争得非常厉害，但它是不是一家值得我们去投资的公司？什么是一家伟大的公司？一个没有人去投资的公司是不是一家好公司？或者以前从来没有过的想法这家公司提出来了，它是不是一个好公司？

我们很多时候需要去判断，当我们进行投资的时候，经常要问这样一个问题：这是不是一家伟大的企业？但是我强调的都是这个问题的后半部分的问题，为什么我们永远会错失很好的投资机会？以前我们错失很好的投资机会的原因是什么？撇开眼前的企业不看，它为什么伟大？

这些问题有各种各样的答案。有没有一些系统性的缺陷或者系统性的偏见，我们决定进行投资的时候经常会被误导。比如说Facebook的投资，前三年Facebook只是哈佛大学里的一个校园社交网站，学生自己玩，投资者也不知道它用的频率高不高、多不多、好不好，所以有很多很多的低估，对价值的低估。直到后来Facebook在2007年向更大的群体开放之后，向公众开放之后，我们才真正发现它的价值。

我们当时投资了50万美元，后来大家也知道变成很大的一笔投资回报。但是我们一开始低估了Facebook，这里面有一个盲点，有很多的东西我们在当时很难进行估值，很难看到它的价值，这就是问题的第二个部分。有什么样的系统性偏见，阻碍了我们发现这些伟大的企业的价值？也是同样基于这样的偏见，我们发现不了很多商业所谓的秘密。

有很多像一些替代性的所谓传统酒店业的新商业模式，LBL（法国一家专注于奢侈品、高端酒店及生活方式产业的咨询公司），还有Uber（优步全球即时用车软件），我们认为LBL应该比Uber更值钱。不管打车软件还是做家庭酒店的软件，投资者对它们进行评估的话，都会受到自己的心态和偏见左右，甚至会产生错误的投资选择。但是投资者都是很有钱的人，不愿意睡在人家的沙发上，心理都是这样的。所以投资者进行投资往往会带来一些偏见的系统性问题，有的时候和很多其他的创投投资者进行竞争，其实我们也是在竞争。

当然，如果在一个公司的项目上，我们有投资优势，也有竞争优势，但有十个其他投资者在争我们这个项目，我就退出了，因为我整天教别人要独特，不要争来争去，我自己要实现我自己的信条。我认为一个结构性的盲点，刚才讨论系统性的偏见，结构性的盲点就是作为一个投资公司都有一个流程。那么，什么叫流程？比如说我们以前曾经投资过这样的企业，以前这类企业进行得怎么样？有一个模式，因为有这个模式这次我可以再投资。因为有这样一个模式识别的流程，一般的投资基金都有一些流程或者有一些模式。但是这些模式一旦固化到一定程度，你必须要小心了。

我们以前的同事，也是特斯拉的创立者。他创立了另外一家公司

SpaceX，我们第一次踏出传统的行业，进入航天行业，在2008年。但是一开始没有成功，后来这个项目做得还不错，第三个项目会更好。他们已经投入了十亿美元，也有美国NASA的投资和合约，他们应该可以成功，这是现金流非常好的业务，因为火箭上天要先预付定金，所以整个资金现金流的状况非常好，也是资本密集型的企业。

但是开始我们要说投资这家企业，我们的合伙人不喜欢这家企业。其中有一个说，他看了这个项目给我们写邮件说我非常高兴我没有参与你们的这次投资，因为你们现在做的在火箭公司投资实在是太愚蠢了，我非常高兴我没有参与这个项目，因为这样一家企业确实好像是非常疯狂的，你了解火箭吗？恐怕对火箭什么都不知道。但是我们和其他的竞争对手竞争，这些竞争对手对火箭一无所知。他们根本不会考虑在火箭公司进行投资，因此如果我们对火箭进行研究学习，并且进行投资，我们的优势就会比别人大很多，因此如果把这一点系统性想清楚，这是非常有利的。

创新可以有多种不同的形式

最后我想提几点想法，创新可以采取不同的形式。创新当然可以有各种不同的形式，我们也要考虑一下未来十年科技的领域将会怎样？我们知道有很多不同创新方法，人们都在使用。在硅谷还有世界上其他很多地方，人们特别关注研究，不断持续发展的过程。比如说你建立一个产品，然后不断对产品进行改进实现迭代，就像一个产品的曲线图，你可以看到产品随着时间的推移逐渐改进，这个模式是人们非常熟悉并且感到舒服的。

还有两种创新方法，其中之一，如果你有一个非常好的点突破，你做一件事成功了，给人们留下非常深刻的印象。比如说花五到十年的时间，然后突然实现，给人印象很深刻的创新，这一点难以处理。因为我们特别熟悉逐步进步的创新模式，但是不少的IT都涉及这样一点，生命科学也是一个领域。

比如说生物技术，新的制药公司或者新的药品或者是新的治疗疾病的方法都可以是实现点的突破。我们做了不少的IT，但在生命科学方面投资还不多，因为这个模式大家探索得还不够。

第三个模式，我最近也在不断地思考。这方面做的工作非常少，理论上还是很有价值的，我认为这种创新涉及的既不是逐步的迭代，也不是突破，而是涉及复杂的协调。你把现有的一些碎片重新组合起来，可能你并没有创造一个新产品也没有改善现有的产品，你也没有一个大规模的突破，但是你把所有现存的一些东西拿起来，以一种方式把它们组合起来形成新的东西。这样一种复杂的协调，需要更多的资本，但是在发生之后会非常好。

比如说乔布斯拿出苹果手机的时候，我们可以说其中每个部件都不是新的，都是已经存在的东西，但是乔布斯把它们以正确的方式组合起来，产生世界上第一款从用户角度来看非常有用的智能手机。用户非常喜欢这个产品，或许它有非常复杂的供应链，比如说中国的富士康或者其他一些公司为它工作。你把不同的碎片组合起来，使苹果获得很长时间的垄断地位，因为这个模式在之前很少有人使用，更不是说试图复制这个模式。

我的朋友也说过，特斯拉也是这样。特斯拉有什么新东西？它里面的东西不是新的，它只是把电池、汽车部件所有都已经存在的东西通过复杂的协调，把这些组成部分组合起来，成为新的产品，另外包括营销网络等。突然你发现有一个全新的汽车公司，因为所有的人都在关注逐步的创新，以及偶尔的突破，大家没有特别关注复杂协调，没有把复杂协调当成创新的模式。

最后一个例子，我们在医疗IT领域投资的公司。在医疗IT领域，大部分都是逐步的创新，你要问卖给病人、医生、保险公司、医院还是政府？最容易销售的对象是患者和大夫，但是这家企业这个业务的价值不是太高，你需要做的是能卖给保险公司或者医院或者其他大的实体，你需要把这些不同方面协调起来，产生一种可以改变医疗体系的东西，大部分医疗公司非常老，非常缓慢，它们不适应新技术，你很难向保险公司进行销售。

如果有一个新的医疗IT解决方案，如果可以改变保险的本质，比如说少花10%的医疗保险、可以降低保险金，等等。所有的有趣方式使医疗卫生方面的IT（互联网技术）能够嵌入到保险产品中去，当然和外面的公司特别难以合作，我们把这些组成部分加入进来，就可以建立一个全新的保险公司，然后加上这种医疗IT的产品。

这就需要一定的资本，需要监管部门批准这个公司，但是不管怎样说，这样一个新公司难以复制，从概念来讲不可能复制，因为人们根本不相信复杂的协调也是创新的模式，我想这样一个创新模式是一个盲点，如果在这个领域做一些工作，你很有可能会非常可持续地在这个市场上保持领先，并且在未来的数年甚至几十年建立你的垄断。

另外一个有关技术和全球化的想法，我觉得如果你的公司有一个成功的发展速度，在21世纪就已涉及全球化也涉及科技的发展，我有时候想这两点是相当不同的，在我的书中我总是把全球化放在X轴上也就是复制现有存在的东西，从1到N做同样的事情，而科技我放在Z轴上，也就是从0到1，做新的事情，是纵向发展和深入的发展。

我们生活在这样一个世界里，几十年来发生了大量全球化，IT领域有一些进步，但是在其他领域进步不大。我想未来几十年可能能够出现更多创新，这样一个挑战不仅是美国或者西欧面临的挑战，而且也越来越是中国将要面临的挑战，因为我认为中国此时此刻是非常接近这样一个时点，它将走上前线，对于中国来说在未来几十年要取得进步，对于中国来说非常重要，你要做新的事情，领导全世界来做新的事情。

我问这样一个问题：为什么是IT？为什么这个领域特别成功？为什么其他领域的科技面临的挑战更多？我喜欢计算机、互联网、移动互联网，我也希望其他领域展开竞争，比如说医学，比如说治愈癌症的药物等。我也希望食品技术方面有更多进展，比如说提高农业产量，比如说我们能够拿出更清洁、更安全、更廉价的能源等。

我们是否能拿出更好的新的交通模式？对于硅谷来说，我是一个批评者，我觉得他们吸引了太多注意力。我们应该在很多更为广泛的领域有创新，其中一个挑战就是IT以外的挑战。在IT领域成功的方法就是IT企业在开始业务之后他们成为垄断的公司，如果我们开设一个IT的业务，你可以迅速获得客户，你可以迅速扩大，而且客户黏性很高，你可以获得这种垄断，那么你的边界成本可以控制，业务模式非常好。

有些人并不支持我的垄断理论，但是他们也受到IT行业的吸引，因为IT行业成功记录很好。还有很多创新的领域有挑战性，如果我们看看航空业，这是一个非常具有竞争性的行业，美国100年航空业，它总的利润没有多少，如果我们拿航空公司和谷歌相比，谷歌每年利润500亿美元，美国航空是1800亿美元，是国内的航空旅行。航空旅行当然比搜索引擎更重要，但是全球谷歌的价值是美国所有航空公司加起来的总市值的好几倍。

我想一个非常大的挑战就是在IT以外的很多行业，很多领域真正建立成功的垄断公司非常困难，如果你做一些新事情，很难有定价权，而且这个市场接受新事物非常慢。我想这就使得过去三四十年间，越来越多的聪明人，觉得应该干IT行不干别的事情。在美国，电脑游戏非常具有创造力，很多有才能的人都在电脑游戏这个行业，而不是在研究治疗癌症的药物。这是因为作为一个电脑的程序员，你可以得到品牌，可以垄断，可以有一个成功的公司。

研发新药的人很难通过这些程序获得成功，因为需要大量投资，还有各种各样的监管，面临很多很多的挑战，研究新药要复杂得多。这些是我们在未来几十年应该会面对并且解决的挑战，这不仅是美国和西欧的挑战，也是中国面临的巨大挑战，尤其随着中国步入领先国家的行列！

中国经济要靠民间加油

李迅雷
海通证券公司副总经理、海通证券首席经济学家

从前四个月的宏观数据看，中国经济下行还是非常明显，而且这种下行的特征跟以往不一样。以往经济下行是经济过热引起的周期性下行，往往受外部经济影响，如1997年的亚洲金融危机、2008年的美国次贷危机。而这一次是由于经济结构的调整，如第三产业比重上升，第二产业比重下降。这应该是中国经济长期高增长之后的一种必要的调整。因为我们毕竟经济连续高增长了30多年，这种高增长放在任何一个国家都是难以持续的。一季度的数据显示，名义GDP只有5.8%，这在历史上比较少见。我们记得前一轮的类似这样的经济下行是在2009年，那一次是美国的次贷危机导致中国出口的急剧下降，因为那时中国的外贸依存度达到70%以上，现在中国的外贸依存度已经降至42%，而且美国经济在复苏，这种情况下中国经济出现比较大幅度的回落，应当是内生性因素。2015年4月固定资产投资增速只有9.4%。

拉动经济上涨的三驾马车，投资增速下滑、消费与出口也均在下行，尤其是出口连续两个月的负增长。三驾马车都在放缓速度，二季度的GDP增速或许会跌破7%。

仅靠货币宽松和金融改革还难以保七

2015年以来唯一的亮点是商品房销量回升。商品房销量回升，接下来它的价格应该也有所回升。但是从目前来看，房地产新开工面积与房地产投资增速，仍没有出现上行。我们看到的4月房地产开发投资只增长了0.5%，投资增速一直在下降。我相信随着房地产销量的持续上行，除了一线城市的房价肯定会持续上行之外，二线城市应该也会上行。这便可以拉动一、二线城市的房地产开发投资增速的止跌回升，但时间上可能要到2015年的四季度。从长期看，房地产也难以成为支撑中国经济增长的最大支柱，因为住宅消费实际上还是跟人口结构变化有关。根据美国的数据，房地产、汽车都是属于年轻人的主要消费品。25—44岁这个年龄层的群体在房地产与汽车这两方面的消费是最大的。随着人口的老龄化，住宅的需求量就会减少。日本也出现与美国相似的情况，即人口结构变化与房地产的新开工面积增速的变化有明显的相关性。而且，每千人新开工住宅套数增速下降要领先于25—44岁年龄段人口的下降。从中国2015年的数据来看，25—44岁这个年龄段的总人数开始下降了，这就意味着住宅的刚需也会下降。中国现在人口结构中最多的是"60后"的人，即46—55岁的群体，他们已经不再是购房的主力。尽管"80后"的人要比"70后"的多，但是"90后"要比"80后"要少5400万，"00后"又比"90后"少4800万。所以，中国经济增长其实就是一个人口现象，"60后"到"70后"的那一段人口目前还是中国主要的劳动力，但这个年龄层的人今后将逐步退出劳动力市场。所以，新增劳动力的数量就会减少了，同样，消费、投资等各方面也会出现减少，这个是不可逆的。

现在我们即便放开计划生育的话，人口增长率也会继续减少，因为随着城镇化程度的提高，生育意愿会下降。这样来看，未来房地产对中国经济增长的贡献就会越来越小，这也是我一贯的观点。我认为中国以农业人口为转移特征的城镇化到了后期。2010年，中国新增1200万农民工，到2014年只增长了500万。我估计到2020年新增农民工可能就是零。另外，中国还面临着贫富差距的过大问题。如统计局提供的数据，农民工进城买房的只占农民工总数的1%，简直可以忽略不计。所以，城镇化对房地产的需求实际上是有限的，尤其是三、四线城市的需求来自哪里呢？不仅是因为贫富差距过大导致蓝领买不起房子，而且中国目前正在开始一轮大城市化的进程，即三、四线城市人口向大城市集聚，这对一、二线城市的房地产及其他行业的繁荣是有利的。但毕竟三、四线城市的房地产投资比重要占全国的50%以上，所以，今后房地产供需的结构性不平衡与总体的过剩将并存。

那么，这将给我们的经济带来什么样的不利影响呢？我们在过去15年中，拉动中国经济增长，一个靠房子，一个靠车子。现在房地产行业或许会出现回暖，但毕竟它不是一个长期可持续的现象。2013年的时候房地产销量或已经见顶了：13亿人口，13年销售了13亿平方米的房子。今后要再创新高估计就比较难了。房地产也好，汽车也好，销量增速呈现趋势性下降。这两个行业对原材料行业和其他制造业的带动作用是最大的，比如煤炭、钢铁、有色、石化、家电、家具等行业的盛衰都跟房地产、汽车两个行业的增速相关，如果这两个行业增速下降，则工业的增速必然会下降。这是长期趋势，任何政策刺激都改变不了的。

另外，我们还面临着环境的压力，如空气污染一直比较严重，当PPI（生产者物价指数）已经回落到−4%的时候，我们空气污染依然非常严重。我国环境治理的目标是PM2.5到75，这是世卫组织最宽的一个目标，实际上它的理想目标是要到15，我们现在连75都很难实现。而且，根据2014年世界银行提供的数据，中国每公顷耕地化肥的使用量从2002年的380公斤提高到2012年的650公斤，是全世界使用量最大的，我们是美国的5倍，也是世界平均水平的5倍，我们远超印度，是日本的2.5倍。尽管我们粮食单位亩产量已经是全球第一了，但这个第一不是通过农业现代化来实现的，而是通过大量使用化肥和农药来实现的，所付出的代价巨大。所以，2014年年底的中央经济工作会议上也提出警示：中国的环境承载能力已经接近上限。

在环境承载能力已经接近上限的情况下，中国仍面临重化工制造业的严重过剩问题。所以我们要推"一带一路"，"一带一路"也是国家新的战略，又以亚投行（Asian Infrastructure Investment Bank，AIIB，亚洲基础设施投资银行，简称"亚投行"）作为配合，整个套路非常好。但这又不是短期可以见效的，如往北走的话不容易，往南走会比较容易一点。往北走容易遇到专制国家，往南走则多是佛教国家。所以，如何来消化国内过剩的产能问题，短期看并无良策。

既然我们面临产能过剩、经济下行的压力，那么，如何来应对呢？首先我们看到央行在不断降准降息，通过不断降准降息来降低市场利率水平，改善货币的流动性。而且，央行认为即便是这样的交替降准降息，货币政策仍属于中性，因为2015年4月的M2增速只有10.1%，估计5月的M2增速会跌破10%，到百分之九点几。而政府确定的全年目标是12%，故需要进一步降准。我发现从2008年到现在，只要M2增速跌破《政府工作报告》确定的目标，就马上就降准，所以我估计这个月月末或下一个月初应该还有一次降准。同样，降息也是必然的，6月至少会有一次。因为CPI维持在1.5%上下的水平，GDP增速又在下滑，故降息的空间还很大，尤其还要对冲由于推进利率市场化所带来的实际利率上行的压力。为什么在利率水平还在偏高、融资难、融资贵现象挥之不去的情况下，还要大胆推动利率市场化呢？依我的理解，这与中国加入国际货币基金组织的SDR的愿望有关。利率市场化加上资本项下的自由兑换，使得人民币符合加入SDR的要求，而加入SDR则意味着人民币国际化又前进了一大步，可以让各国来买人民币资产。这应该是国家战略，政府试图通过利率和汇率改革，以提升人民币在国内和全球的市场化配置资源的能力。因为融资难、融资贵问题的根源在于资金的错配：国有企业的整体低效率与占有过多信贷资源与民营企业整体的高效率却占有过少信贷资源的现象并存。

但是，仅靠货币宽松和金融改革要达到稳增长的目标，难度很大。当经济回落的幅度接近2009年年初的时候，我们还记得2009年的时候政府为了保八，推出两年4万亿的公共投资计划。大家可能已经淡忘了2009年的货币政策，那时无论降准还是降息，力度都比现在还大。但这次迄今为止还没有推出类似4万亿的投资计划。我们通常说，货币政策如一根绳子，要让经济收紧是有用的，但要推动经济则力不从心。当然，当年的激进财政政策与当时发生的失业率上升有关，如今虽然经济下行，但仍实现充分就业。因此，要不要加大公共投资力度，与对未来经济走势的预期有关，也与稳增长的目标有关。假如"十三五"规划的经济增长年均目标确定为6.5%，则当前财政政策的力度可以不大，但如果定在7%，则目前仅靠货币政策的宽松是不够的。

财力不足：财税改革滞后带来的弊端显现

2015年一季度全国一般公共预算收入36407亿元，扣除部分政府性基金转列一般公共预算影响，同口径只增长2.4%，远低于名义GDP的增速。其中税收收入中占比最大的增值税同比只增长1.9%，扣除"营改增"转移收入影响下降0.8%。过去中国经济高速增长的时候，财政收入的增长几乎要超过GDP增速一倍，当初的官方解释是得益于税收征管的力度加强和规范化提高。

那么，如今国家税收收入增长低于GDP增速，又该如何解释呢？

我认为，这与财税改革滞后有关，因为中国税收构成中，间接税如增值税、营业税、消费税是大头。直接税占比不高，尤其是个税，仅占税收总收入的7%左右。而在诸多西方发达国家，个人所得税都是第一大税，其中2007年美国、德国、日本个人所得税收入占总税收收入的比重分别为38.1%、25.1%和19.6%，OECD国家总的个人所得税收入占总税收收入的比值为25.3%。而早在2003年的中共十六届三中全会便确定了个人所得税制的"综合与分类相结合"改革方向。2006年，这个改革方向还被写入了"十一五"规划。

尽管如此，个税体制却至今不见任何改革，但恰恰是这十多年来，中国的贫富差距被迅速扩大，中国的富人数量和财富规模仅次于美国，富人阶层的收入增速远超GDP增速，但纳税额估计不足其收入的2%。数据表明，我国中央财政收入占GDP的比重也一直比较低，大约不足发达国家的一半。所以，我认为，中国的财税改革当务之急是个税改革，而不是房产税或遗产税，后两者属于小税种。

我国现行个人所得税的税率档次过多、最高边际税率过高，是被学界与实务界广为诟病的问题之一。所得税的税率档次过多、最高边际税率过高，在我国现行分类征管模式下，不仅为纳税人避税提供了天然的制度漏洞，而且会导致纳税人正常纳税的机会成本过高而刺激纳税人通过各种避税手段逃避纳税。所以，降低个税的最高税率，名义上是减税，实际上是为了获得更多的税收收入。同时，通过综合税改革，实现向富人有效征税。如果中国的个税占比能够提高到20%，则将净增个税收入超过2万亿，这对于提高政府财力和缩小贫富差距，都是非常有利的。

其实，不仅是公共财政收入增速的下降，广义财政收入的增速同样在下降，如以土地出让金收入为主的政府性基金增速下降，如2015年一季度中国地方政府财政收入主要来源土地出让金同比大减约36%，继上季度减少近20%后加速减少，土地财政的可依赖度下降。此外，国企的利润增速也继续下降，一季度国有企业利润总额约5000亿元，同比下降8%。所以，全口径财政收入的减少，势必导致了财政支出增速的下降，最终影响到经济增速。加之国务院处置地方债的43号文发布之后，地方政府的举债能力大大削弱，这也是导致目前经济疲弱的一大重要因素。

政府财力的不足，从根源上看，与中国十几年来地方政府和国有企业不断增加债务、加杠杆有关。尽管中央政府的债务水平不高，但地方政府的债务均以每年两位数的增速提高。而国有企业的资产负债率目前也达到了65%，占GDP比重超过100%，应该是全球最高的。在面临产能过剩的窘境下，也没有明显的去杠杆举措，钢铁、煤炭、有色和石化四大行业一季度继续亏损。

从今后看，中国的重化工业化进程已经步入后期，这意味着以重化工业为主要特征的国企将面临资本回报率的下行；土地价格不断走高的神话也一定会被打破，所以，政府的财力下降也将成为常态。这种新常态是中国过去30多年来不曾遇到过的。那么，中国经济未来要继续保持中高速增长，动力来自哪里呢？

中国经济要靠民间加杠杆

这一轮经济下行过程中，国有企业实际上并没有去杠杆，倒是民营企业在去杠杆，如民营企业集中的房地产行业的投资增速已经下滑至接近于零。合理的做法应该是国有企业去杠杆，国有企业去杠杆就是国有企业改革，民营企业应该加杠杆。为什么民营企业要加杠杆呢？一是因为它们总体的债务率不高，估计走银行路径的总债务水平在20万亿左右，远低于国企的68万亿总规模。二是因为它们要从传统的竞争性行业中逐步退出，要从导致它亏损的产能过剩行业中退出，这样它们的目前杠杆率又降低了。

由于民间资本总是逐利的，且效率很高，所以，我们就不难发现，目前创业投资的浪潮一浪高过一浪。实际上就是民营资本从房地产等领域退出后，转向新兴行业。最近的证券市场火爆，尤其是新三板的上市数量突飞猛进，估计到2015年年底新三板规模可以达到5000家。这样通过股权融资来拓宽民营企业的投资渠道，应该还有很大空间。

此外，中国的居民债务水平也还是比较低的，虽然在过去六年中，居民的债务余额占GDP的比重大约从18%提高到36%，翻了一倍，但是跟发达国家居民普遍的70%—90%这个债务水平来比，中国居民的债务水平还可以有比较大的提升空间。

有人说中国当今是未富先老、国富民穷，我觉得并不确切，中国这些年来，居民收入的增长明显快于GDP增速，所以居民正在走向富裕，只是居民这块收入分布存在很大的结构性问题，就是贫富差距过大。

但总体而言，中国居民加杠杆的空间同样很大。以房地产为例。都说中国买房子的都成了房奴，实际上中国人根本没有成为房奴。美国的居民房贷余额与住宅总市值之比达到45%，而中国居民的房贷余额占住宅总市值的比重只有10%。究竟谁是房奴呢？当然是美国的购房居民更像房奴。

中国房价今后几年会不会出现大幅度回落呢？我觉得可能性不大，主要是因为居民的杠杆率太低了。所以这就是中国居民可以加杠杆的一个主要的理由。中国民营企业和中国居民就是中国民间的两股力量，他们是可以为中国经济的再增长出力的。因此，中国经济要依赖民间力量，所谓"高手在民间"啊。

早在2012年，我就发现我国居民资产是存在错配，即房地产的投资比重很高，而金融资产的投资比重很低。但确实是从2012年开始，居民开始大量购买信托产品和银行理财产品；而且，创业板是从2012年的9月开始的步入长达3年的牛市。应该说，过去6年中，中国居民加杠杆的速度在全球屈指可数，而且已经逐步从房地产等实物资产领域的加杠杆转向金融领域的加杠杆。

如今，股市上融资融券的规模已经迅速接近两万亿，尽管增速令人恐惧，但实际上中国居民储蓄就超过50万亿，这区区两万亿算什么呢？所以，将来居民加杠杆的空间还会非常大。居民之所以要加杠杆，我觉得存在三大逻辑：一是社会回报率下降，要获得更高收益只有加杠杆；二是劳动参与率下降，财产性收入比重上升；三是居民储蓄率下降，消费率上升均会导致加杠杆。

2014年年底的中央经济工作会议提出，以政府自身革命带动重要领域改革，以大众创业、万众创新形成发展的新动力。可见，民间加杠杆不仅空间大，而且非常有必要，且政府也积极支持，使之成为中国经济增长的新动力。这段时间以来，大家都会发现，周边的人离职去创业的越来越多，无论政府、国有企业，还是非国有的企业工薪阶层。除了公募基金经理转私募的热潮外，PE、VC领域也热闹异常，各类股权交易市场大扩容。而互联网、TMT、新能源、新材料和医疗卫生、教育等行业，更吸引了一大批创业者。

为何说中国步入了股权时代？我觉得可以从四个方面去理解：一是以合伙人制、分散股权、众筹等创业模式为特征的新注册企业井喷式增长，仅2014年我国新注册企业同比就增长了46%，2015年预计增速还将更高。二是中国融资结构中直接融资比重的上升，预计通过各类资本市场进行股权融资的规模，2015年将超过1.5万亿，比2014年增加近200%。三是企业间海内外的并购重组规模仍将井喷，国企可以通过整体上市、股权转让、混合所有制等模式来降低债务率，来淘汰落后产能和调整产业结构，实现产业升级；而民营企业则通过并购重组来做强做大。四是居民资产配置结构的大调整，不仅是房地产投资配比的减少，还包括银行储蓄甚至理财产品规模的减少，权益类投资配备的增加。因此，中国经济将迎来的股权时代，不仅来自需求端，即居民资产结构的调整和民营企业投资结构调整的需求，还来自供给端，即国家为谋求经济新动力而为民间投资提供的各种投资机会和投资优惠政策。

拉动经济增长的非体制性因素更具优势

中国虽然现在面临经济下行的压力，但中国经济的活力，在全球范围内进行国别比较来分析，还是非常乐观的。如果没有战争的话，中国经济体量成为全球老大应该不用十年时间。

为什么这么说呢？最有力的理由当然是勤奋。以女性劳动年龄人口的劳动参与率为例，中国为64%，尽管比过去有明显下降，但仍然是全球最高之一。相比之下，美国不到35%，巴西也不过50%左右，而印度只有27%。所以，印度的人口红利实际上要大打折扣。从周劳动时间看，国家计生委《2012中国流动人口发展报告》中披露，中国2.3亿流动人口的工作时间普遍较长，平均每周工作54.6小时，而中国人每周平均工作时间是45个小时。相比之下，美国人平均约为40小时，日本41小时，而欧洲国家则平均只有37个小时，荷兰最少。我们发现，全球除美国之外的四个制造业大国如德国、日本、韩国和中国，均有一个共同的资源缺陷，即人均耕地面积远低于全球平均水平。或许正是自然禀赋不足，才激发了居民的生存危机感和勤奋劳动的天性。

因此，这四个国家都无一例外地成为全球货物的出口贸易大国。

除了勤奋这一非体制性因素外，我发现中国还具有与体制关系不大的四大流动性优势：

第一，人口流。我们有全球最大的人口流。中国人不仅勤劳，而且还好动，目前整个人口的流动规模是全世界最大的。西方人看好印度经济的增长潜力，这当然是肯定的，但你会发现，它越是贫困的地方，越是人口密度越大。我们是人往高处走，贫困地区人口密度就比较小。比如东北三省人口不断流失，所以GDP增速也在不断下降。

第二，货物流。且不说中国国内的高铁和快递业是全世界最发达的，即便从外贸看，2014年中国出口第一、进口第二，进出口规模是全球第一。印度的出口规模在全球排名只是第19名，它的出口额只比我们深圳多一点。为什么印度无论人口流还是货物流都不行呢？或许与印度教有关，印度的印度教信徒规模仅次于伊斯兰教和基督教，因为婆罗门教不主张人口流动和物品交易。

第三，货币流。中国的M2（广义货币，即流通中的现金+支票存款+储蓄存款）总量全球第一，且增速也远高于西方国家。这也体现了中国金融市场的活跃度。同时也说明中国人不仅勤劳好动，而且喜欢从事金融活动和热衷于金融交易。我把2015年全球主要资本市场的前4个月的股票交易额进行年化，发现深交所2015年将达到7倍的换手率，远超纳斯达克的交易规模，而上交所可以达到6倍的换手率，远超纽交所的量。所以，中国的资本市场交易规模也是全球第一了。这个对提升股权融资在社会融资结构中的比重是非常有利的，对我们证券行业的发展是非常有利的。这么高的换手率表明中国的投资者有非常强烈的流动性偏好，相比德国和日本以商业银行为主导的间接融资体系，中国未来的金融体系最有可能向美国靠拢，慢慢形成以投资银行为主导的直接融资体系。

第四，信息流。尽管相比美国和欧盟，中国的信息流还没有足够大，但从发展势头看，信息流爆发式增速所形成的数据规模，有望成为中国经济社会新的一大红利。

中国经济要靠民间加油，在经济下行的过程中，投资机会反而会更多。股权时代刚刚起帆，切不可短视，应从长计议。

第五篇

跟紧国家战略布局

"一带一路"中的三个关系

徐高
光大证券首席宏观分析师

"一带一路"是"丝绸之路经济带"和"21世纪海上丝绸之路"的简称。在习近平主席首先提出这一概念之后，以"一带一路"为方向的"走出去"大战略已变成了我国开放的一个主轴。作为一个有着美好愿景的战略，"一带一路"要最终成功，需要处理好国内与国外、政府与民间、长期与短期三个关系。

国内与国外

"一带一路"已经得到了热烈反响。国内很多人都将其视为有利于我国产能输出和获取资源的新机会。但别忘了，"一带一路"是一项国际合作战略，仅凭我们国内的热情很难做好。就算我国不缺资金、技术和意愿来帮助相关国家发展经济，别人是否领这个情还不一定。所以，"一带一路"的主要阻力在国外而非国内。因此，处理好国内与国外的关系是推进"一带一路"的关键之一。

具体来说，首先，我们得同时站在国内和国外两个视角来思考"一带一路"，这样才容易发现别国的关切和顾虑。比如，我们国内高谈产能输出的时候，别国就可能担心我们产品倾销。我们热议资源获取的时候，听在别国耳里就可能变成资源掠夺。我们这边热心地想着给别人修基础设施，别人有可能担心主权受到威胁。类似这样的国内外认识偏差并不在少数，这是国内在推进"一带一路"时必须考虑到的。

其次，"一带一路"在国际上的宣传工作也非常有必要。我们需要清晰地阐述这项战略的目标和内涵，给相关国家一个明确的预期。只有明了战略的具体内容后，外方才可能真心投入其中。至于外方可能存在的顾虑，也需要有针对性的地加以解释。比如，我国的过剩生产能力很可能正好是别国所缺，双方合作是互利共赢，而非零和博弈。

最后，"一带一路"的推进需要充分尊重别国的意愿。对于这项战略，别国在认识、接受上会有一个过程。而国外政府的执行力可能也未必赶得上我国。这些都可能造成其行动的迟缓。在这种情况下，我们还是应该尊重别国的选择，而不能将我们的想法和做法强加于人。只要本着平等互利的原则做好工作，让参与"一带一路"的国家尝到甜头，不愁别国不赶着要搭这条大船。

政府与民间

毋庸讳言，"一带一路"战略体现了我国的国家意志。因此，我国政府的参与是必然的。但"一带一路"仅靠政府也远远不够。相比这一战略所勾勒的宏伟远景来说，我国政府所能提供的资金规模其实是有限的。更重要的是，如果这一战略完全变成政府行为，势必会增加外部的疑虑，给推进带来更多阻力。

所以，"一带一路"也必须吸引民间参与。这个民间既包括国内，也包括国外。而要协调好政府和民间的关系，政府需要做到"稳预期、担责任、敢放手"三点。

政府需要给民间提供稳定的预期。民间资金要参与到"一带一路"中来，自然需要赚取合理利润。事实上，持续给民间创造有吸引力的商机，是"一带一路"战略能内生性持续发展的前提。而要做到这一点，政府需要清晰地告诉民间战略的长、中、短期目标分别是什么，会在哪些领域展开，推进的方式将会如何。有了这样清晰的图景，民间自然会发掘其中的投资机会，积极参与进来。

同时，政府要担起应该承担的责任。"一带一路"的基础是通过互联互通的基础设施建设，便利相关国家与我国的人员、资源和信息流动，从而加深经济的融合。基础设施虽然有较大社会效益，但也有投资大、周期长、回报率低的特点。它的这种公益性决定了政府必须在基础设施建设中担起主要责任。就算要引入民间资金参与，其前提也必须是政府给出足够补贴，从而将项目的回报率提升到有吸引力的水平。另外，基建投资至少在短期内会产生很大债务负担。这些也理应由政府承担起来。政府如果没有承担起这些责任，而寄希望于民间，那将极大迟滞计划的推进。

最后，政府还要在该放手的时候"敢放手"。政府搭了台之后，就应该放手让民间来唱戏。互联互通做好了，资源在更大范围内怎样更优地配置，就应该交给民间、交由市场来决定。要相信，对于该生产什么、该在什么地方生产、该怎么生产这样的问题，企业家比政府官员更清楚。资源该向什么地方、向什么行业配置，市场也能给出更好的答案。事实上，只有这种囊括了我国和相关国家的大市场建立起来了，"一带一路"在经济层面的目标才算基本实现。

　　"一带一路"是一个长期战略。其中重要组成部分是基础设施的建设。这一块当然会对经济总需求有拉动作用。但不能因此将"一带一路"理解或操作为短期的刺激性政策，否则既贬低了这一战略的意义，也会损害我国国际声誉。

　　这方面，我国2008年推出的4万亿刺激计划是个前车之鉴。应该说，4万亿有力地对冲了次贷危机对我国的冲击，在稳定经济和社会方面发挥了不容抹杀的作用。但是，4万亿的快放与快收也给国内经济带来了两次大的冲击，造成了不容忽视的后遗症。

　　4万亿推出之时，财政和信贷资金投放快速放大，而建设项目也大规模上马。这确实在短期内带动了经济的复苏。但是，宽松政策也快速推高了物价和资产价格，并恶化了国内产能过剩的问题。而4万亿退出也同样迅速。2010年年初，强力的地产调控措施就开始陆续出台。货币政策也快速从扩张转向紧缩。那些在2009年受信贷支持而上马的投资项目，转眼就碰到了银行抽贷的困局。

　　正是快放与快收带来的两次冲击，让为稳增长做出了巨大贡献的4万亿承受了不少骂名。以至于后来政府再要出台任何刺激性政策，都极力要与4万亿做好切割。如果类似的情况在"一带一路"建设中发生，那将对我国的声誉带来灾难性的打击，为我国未来任何"走出去"的计划制造障碍。

　　因此，"一带一路"战略必须着眼长期，稳步推进。短期不能急，长期不能松。

建设将为历史铭记的"一带一路"

对于"一带一路"战略，观察者必然会将其与美国的"马歇尔计划"做比较，而二者也确实有一些相似之处。

在1948—1951年的三年半时间里，美国通过"马歇尔计划"向西欧国家提供了127亿美元的援助（占同期美国GDP的1.2%），帮助西欧经济完成了战后的重建。不过，这些援助在拉动西欧国家经济增长、缓解其物资瓶颈方面发挥的作用其实是次要的。"马歇尔计划"的真正意义在于帮助西欧国家完成了从战时管制经济向战后市场经济的转变，为接下来西欧的高增长打下了制度基础。1991年，美国国家经济研究局（NBER）发表了一篇总结"马歇尔计划"的文章，标题就叫"马歇尔计划：历史上最成功的结构调整计划"。

"马歇尔计划"给了我们重要启示。要把"一带一路"建成一个为历史所铭记的工程，一定不能只着眼于对国内外经济增长的拉动之上。更何况，考虑到目前我国和有关国家的GDP水平，"一带一路"的规模还赶不上当年的"马歇尔计划"，因此至少在短期内，它能给相关国家经济增长带来的直接拉动不会太大。

但"一带一路"在改善沿线国家经济结构方面大有可为。"一带一路"的推进可以缓解长期制约这些国家发展的基础设施瓶颈。而通过互联互通设施的建设，这些国家与中国以及这些国家相互之间也能加强经济融合，从而打造互利共赢的经济共同体。这些都有利于其长期经济增长潜力。如果"一带一路"能够帮助这些国家跨越"低收入陷阱"，减少贫困，并走上更快发展的道路，它就一定会被历史铭记。

在这样的愿景之下，切实处理好国内和国外、政府和民间、长期和短期这三个关系，"一带一路"战略的推进就能少一些障碍、多一些进展。

亚投行朋友圈怎么玩

胡继晔

中国政法大学法和经济学研究中心教授

　　2015年3月31日是亚洲基础设施投资银行创始会员申请截至日，已经通过多边审核程序成为亚投行意向创始成员国的国家有30个，另外包括英国、德国、法国、俄罗斯、澳大利亚、韩国、丹麦、埃及等在内的14个国家已经申请加入亚投行。在"压哨"的3月30日，美国财长雅各布·卢紧急访华，在与李克强总理会晤时表示：欢迎中国在亚洲基础设施建设方面发挥更大作用，愿在双边和多边领域加强相关合作。这充分表明美国、日本等国也在评估加入亚投行的利弊得失，不排除未来加入的可能性。

　　有人以微信的朋友圈来形容亚投行从设想到实现的历程，中国为什么要当"群主"来建立亚投行这个群呢？我们来探究亚投行这个朋友圈的密码。

已有的朋友圈中国都只是小伙伴

当今世界美国是当之无愧的老大，在经济和金融领域以美国为主的朋友圈包括世界银行、国际货币基金组织、世界贸易组织（前身是关贸总协定）。而这些组织都源于"二战"战后美国对全世界经济体系的总体安排。

1944年7月，以美国为首的盟国取得第二次世界大战的胜利已成定局，包括中国在内的44个盟国的代表在美国新罕布什尔州的小镇布雷顿森林（Bretton Wood）召开会议，协商建立一个新的国际经济、货币体系，以促进战后的世界贸易和经济繁荣。在商讨中，当时英国经济学家凯恩斯提出应采用30种有代表性的商品作为定值基础，建立国际货币单位"Bancor"。

虽然凯恩斯是当时最知名的经济学家，但其提议不符合美国的口味，"Bancor"胎死腹中，美国自身货币美元被确立为储备货币，国际金融交易以美元进行，各国将汇率维持在既定的固定水平上（被称为"固定汇率制度"，Fixed Exchange Rate Regime）。这个机制从1945年持续到1971年，被称为"布雷顿森林体系"。包括美国在内的各国中央银行在外汇市场中进行干预来维持固定汇率，美元被称作"储备货币"（Reserve Currency），其他国家持有当作国际储备的资产都是用美元计价的。甚至在1971年布雷顿森林体系瓦解后，美元仍然保持了它的储备货币地位。

布雷顿森林体系虽然在20世纪70年代瓦解，但它的另外两个"产品"世界银行（World Bank）和国际货币基金组织（IMF）一直在正常运转，前者提供中长期信贷来促进成员国经济复苏，一直由美国人担任行长；后者负责向成员国提供短期资金借贷，保障国际货币体系的稳定，按惯例由欧洲人担任主席，但美国拥有约17%的投票权，而重大事项需要85%的投票权才能决定，使得美国实际上拥有了IMF的否决权。可以看出，在这两个组织的朋友圈中，美国都是当之无愧的群主。无论当时作为创始会员的中华民国，还是后来继承了席位的中华人民共和国，在世界银行、IMF中都只能是小伙伴，无法成为群主。

亚洲开发银行创建于1966年11月，日本和美国占据前两位投票权，且均拥有一票否决权，这个朋友圈名义上日本是群主，但实际上美国仍然是群主，中国直到1986年3月才加入，在这个群里也只能是小伙伴。

改革开放的中国经济迅速发展，2010年GDP超过日本成为全球老二，越来越对自身"小伙伴"的角色不满意了。2008年美国次贷危机后，传统的7个西方工业大国G7遭受重创，不得不扩大朋友圈到G20，包括中国、印度、巴西、俄罗斯、南非等"金砖五国"成为G20的成员，在2010年G20峰会上美国也答应发达国家让渡部分IMF股份给发展中国家，但被其国会给否了，国际金融体系改革举步维艰。

为什么中国要创建亚投行这个朋友圈

中国当小伙伴这么久了，难道只是想和美国、日本争一口气创建一个新的朋友圈？错了，中国可不是如此"任性"的小孩子，创建亚投行这个朋友圈主要还是为了在"新常态"下走出去，为了国家利益。

截至2014年年底，中国人民银行的总资产33万多亿元，在全世界最多，甚至超过了美联储、欧洲央行、日本央行。资产多并不是什么好事，对应资产负债表里的负债也多。央行总资产中光外汇就占了27万多亿元，占比80%以上，折合成美元为4万多亿美元，居世界第一，相当于第二名日本的三倍多。这些外汇资产实际上并不是国家的钱，大多是企业、个人出口商品和服务所赚取的外汇，这些外汇国内不能直接花，绝大多数只能卖给央行，央行通过结汇增加了人民币发行，所以央行资产负债表里最大的负债就是29万多亿元人民币的储备货币。央行资产负债表里外汇资产和储备货币负债都如此庞大，周小川行长急白了头。

首先，这4万多亿美元外汇资产怎么使用？通过各种渠道，中国外汇近2万亿美元用于购买美国国债，这意味着中国把这部分资金借给了美国政府，支援了美国的国内投资和消费，而得到的利息却很有限，特别是近几年美国的"量化宽松"之后国债利率一路走低。我国过多的外汇储备只用于购买美国国债，自身的国家意志力得不到充分体现。而亚投行的设立可以充分利用庞大的外汇资产，让中国人民辛辛苦苦赚取的外汇来体现国家意志，自己主动掌握自己资产的命运。此外，亚投行的成立与中国"一带一路"战略相辅相成。事实上，由于"一带一路"可能隐藏着政治风险，单纯依靠双边关系难以完全解决，而多边的亚投行可以提供更宽广的政治问题解决思路。例如，一直是中国在朋友圈里的盟友缅甸，2011年9月其总统吴登盛突然宣布"尊重人民意愿"，单方面"暂停"了与中方合作的造价达36亿美元的密松大坝，中国投资损失惨重。该项目如果是亚投行投资，环境评价可能会更严格，也更透明，更多考虑当地居民的利益，同时缅甸本身也是亚投行的创始会员，能够从该项目中更多获益，密松大坝的命运完全可能改写。

其次，外汇要为国内、国际政治服务。中国一直强调自己是不结盟国家，但历史上中国一直都是东亚地区的"盟主"，"万国来朝"的盛世是历代中国人的梦想。即使新中国成立之后，毛主席也选择了"一边倒"的外交战略，只是在华约中也是位列第二的小伙伴而已，苏联才是群主。几千年的中国历史上真正"不结盟"的时间很短，主要原因就是：人类是社会性动物，很难孤立生存，国家也是如此。中国过去大笔资助盟友小伙伴，所得回报寥寥无几，以后不能这么任性了。亚投行的设立更多是互利的经济行为，平等的经济盟友才可持久。亚投行设立过程中一个关键的节点就是3月12日英国申请成为创始会员，在参与亚投行问题上英国的临时倒戈绝不是一时冲动，而是全世界外交最老辣的英国的长期算计。美国与英国的特殊盟友关系抵挡不住英国对下一个未来之星中国的"两边下注"。而中国牵头设立亚投行这个朋友圈，就不得不与圈内的其他小伙伴在基础设施投资建设方面结成经济上的盟友，大家的投资利益是一致的，否则其他人就不跟你玩了。

最后，是现实的经济利益。按照亚洲开发银行的估计，整个亚洲地区基础设施投资大概需要8万亿美元，每年需要7300亿美元左右，亚投行成立后认购股本才500亿美元，只能部分满足基础设施投资建设的胃口。亚投行可以从诸多可投资项目中选择优质项目，确保一定的投资回报率。

未来亚投行成立后，如果当泰国等亚洲国家需要修高铁时，亚投行就可以提供基础设施贷款，而不是过去中泰两国之间双边的"大米换高铁"。招投标时中国和其他国家的高铁公司都可以参与招投标，由于成本、经验优势，一旦中国公司中标后就可以把钢铁、高铁等过剩的产能输出，同时也增加我们自己的收入和就业。有了亚投行这个朋友圈，大家在群聊中群策群力，比两个国家私聊更能够规避风险。

未来亚投行朋友圈怎么玩

亚投行这个朋友圈是由中国作为群主发起筹建的，中国无疑将在其中发挥不可替代的主导作用。根据21个首批意向创始成员国于2014年10月所签署的《筹建亚投行备忘录》，亚投行将以国内生产总值（GDP）衡量的经济权重作为各国股份分配的基础。在美国及日本不加入的情况下，GDP全球第二的中国无疑将持有最多股份，因此中国可能对亚投行的经营管理拥有明显的主导权。

在美国主导国际金融秩序的布雷顿森林体系下，美国实际上拥有世界银行、IMF的否决权，甚至在次贷危机中和危机后美国都没有放弃这个权力。也正是美国当带头大哥惯了，现在中国要牵头成立亚投行，美国内心的不爽是完全正常的，否则也不会给韩国、澳大利亚、欧洲各国打招呼。而日本已经有了主导亚洲开发银行多年的经验，出于自身利益考量也对亚投行心有疑虑。现在出乎美日的意料，英国、德国、法国、意大利、韩国、澳大利亚等美国传统盟友相继表示要加入亚投行，这令美国和日本抵制亚投行的决心有所动摇。

美国作为世界老大，对老二的疑虑和遏制是本能的反应。在"冷战"期间，美国对苏联采取遏制策略直至其1991年解体。而20世纪80年代中期，日本成为全球第二大经济体后，单单一个东京的地产价值就可以买下整个美国，日本企业在全球市场上如日中天，《日本可以说不》一书的出版就是当时日本社会的真实写照。美国感到自身地位受到威胁，因此强推"广场协定"，迫使日元大幅度升值，此外还与日本多次发生贸易战，使日本经济经历了"失去的20年"。

现在，随着中国经济实力和政治影响力的快速上升，已经成为名副其实的老二，亚投行有可能成为中国改变国际金融秩序、挑战美国金融霸权的突破口。美国遏制的心态再正常不过。美国在2014年多次阻止亚投行成立未果，只能"劝说"其盟友不要加入，现在看其"劝说"行动基本宣告失败，以中国为群主的亚投行朋友圈可望2015年正式成立。

行百里者半九十。未来亚投行成立之后的朋友圈怎么玩？

第一，在维护好现有朋友圈的基础上处理好与美日的关系。

从中国自身的角度来看，发起设立亚投行绝不是为了一国独大，自己当带头大哥与美国争锋，而是希望有关国家能够通过平等协商，共同推进亚洲基础设施建设乃至经济发展。亚投行是一个国际性的金融机构，必须兼顾各成员国的利益而不仅仅是中国的利益，否则大家都不和你玩了。

中方多次强调在亚投行并不刻意寻求"一国独大"，随着更多国家的参与，中国持有的股份会被稀释。从亚投行的治理结构看，由于有理事会、董事会和管理层三层治理，在亚投行这个朋友圈里中国只是群主，很难一股独大，而是要和圈内的各位小伙伴协商解决问题。随着全球大多数重要经济体的加入，亚投行成为各成员国建立日益紧密联系的新渠道、新平台，形成事实上的经济盟友。

此时，更应当处理好对美国、日本的关系，在多双边经济对话机制以及世行、亚行等框架下加强沟通和合作，虽然它们不能成为创始会员国，但毕竟都是中国最大的贸易伙伴前三位，应当在亚投行里为美日预留恰当的位置，毕竟一团和气好做生意。

第二，亚投行应当与"一带一路"、人民币国际化结合。

"一带一路"战略的实施需要依靠亚洲国家基础设施建设的完善，特别中国与东南亚国家、中国与中亚国家的互联互通。而亚投行专门为亚洲发展中国家的基础设施建设提供建设资金，将有效推动互联互通的实现与"一带一路"战略的实施。

与此同时，人民币国际化进程也将随着"一带一路"战略的实施而加快步伐。人民币没有布雷顿森林体系创立时美元的地位，其影响力主要还在周边地区。未来亚投行鼓励使用人民币的举措将有助于扩大人民币跨境结算和货币互换的规模，从而提高人民币国际化程度。美国在世界银行、IMF当带头大哥是因为美元国际储备货币的基础，当年美国否决了凯恩斯的"Bancor"，70年来赚足了全球的铸币税，对人民币国际化肯定会横生枝节的，我们对此应当有清醒的认识。

第三，亚投行要处理好中国的外汇储备与产能两大"过剩"问题。

如前所述，中国央行的资产中80%以上是外汇储备，如何把这些外汇储备转化为向国内外的投资是一个世界性的难题，需要综合考虑安全性、收益性、流动性的要求。过去我们贯彻邓小平的"韬光养晦"策略，在世界政治经济领域不当带头大哥，外汇储备购买美国国债就可以了，安全性、流动性都可以保障，只是收益性在量化宽松之时无法保证。现在当带头大哥投资于亚投行了，相信收益性会有希望，但安全性和流动性都有待观察。从产能角度来看，2014年我国工业企业产能利用率只有70%多，大量钢铁、水泥等过剩原材料需要寻找出口，亚洲作为欠发达地区又存在大量的需求，亚投行可以在这方面发挥其主要作用。

第四，亚投行是中国在国际舞台上的试验区。

亚投行区域内外的股权比例为3：1，也决定了即使英德法等亚洲域外发达国家加入了亚投行的朋友圈，也不可能拥有太多话语权和决策权，这种架构设计决定了中国在亚投行内带头大哥的位置。在诸多国家参与的国际机构中担当带头大哥对于中国来说是首次，如何当好这个带头大哥，中国面临一系列挑战。

亚投行业务定位是基础设施建设，特点是资金金额大、建设和偿还期长，这需要亚投行比世界银行、亚洲开发银行实行更加严格规范的风险控制。亚投行还应当在治理结构、保障政策等方面充分借鉴现有多边开发银行好的经验和做法，同时避免其走过的弯路，以降低成本和提高运营效率。从融资模式来看，庞大的基础设施单靠亚投行是不现实的，必须由亚投行、项目所在国政府和当地企业三方合作、三方共同投资，形成利益共同体，方可确保项目顺利进展。这种未来的合作、融资模式一定会遇到各种阻碍。

崛起的中国和此前的韩国、新加坡、中国台湾、中国香港"四小龙"复兴了东亚儒家价值观，相对于基督教和伊斯兰教文明而言构成了经济、社会发展中的另一种模式，亚投行就是这种模式在经济金融领域的最新选项，以美国为首的国家未必会乐见中国的继续崛起及其地缘政治影响力的扩张。今天亚投行朋友圈甫定，既需要一支高水平的专业人才队伍与世界各国打交道，又需要注重对亚投行的主要投资地亚洲各地区的文化习俗、宗教传统、法律制度、金融政策进行深入了解，才能确保投资项目的成功。这一切都是极其艰巨的任务，需要中国去承担。

沪港通下一站：探索共同市场

李小加
香港交易所行政总裁

　　沪港通在顺利推出并平稳运行两个月后（注：本文初次发表于2015年1月20日），成交量开始稳步增长，南北向交易量也开始呈现更加平衡发展的趋势。与此同时，我们也在加紧优化完善沪港通机制的各项工作。我们坚信沪港通交易量未来将会迎来更加高速的增长。

　　随着深港通准备工作的全面展开，我们已开始思考后沪港通时代，香港证券市场未来发展的方向及路径。在昨天的亚洲金融论坛上，中国证监会主席肖钢提出了建立亚洲财富管理中心的宏伟设想，突出强调了中国资本市场开放对国际金融秩序有可能带来的深远影响。在今天的港交所工作坊中，也有很多朋友问我对中国资本市场开放的看法。我想提出一些初步的思考，抛砖引玉，希望能与朋友们一起探索未来发展的方向与路径。

香港应如何认识中国资本市场双向开放？中远期的路径选择是什么

任何一个大国的崛起，都离不开一个发达的资本市场，而资本市场的发展壮大又离不开"开放"二字。中国内地资本市场逐渐走向双向开放，是历史发展的必然趋势。

具体来说，双向开放无外乎"请进来"与"走出去"，即把国际的产品、价格或投资流量"请进来"，或让自己的产品、价格或投资流量"走出去"，其终极目的是使自己的市场更加国际化，使国民的财富投资配置更多元化、国际化，使中国更有效地参与和影响国际定价与标准的制定。

鉴于内地与国际市场在制度法规与交易体制上尚有重大差别，大规模的"请进来"在中短期内可能还不能完全实现；而允许国内资本大举出境也会带来重大的政策与监管忧虑，因与国际市场长期隔离而缺乏了解的国内资本也很难有迅速走出去的动力与实力。沪港通正是在这一大背景下，由中央最高层拍板宣布、由两地监管机关支持、由沪港交易所共同推出的一个历史性的创新型突破。

沪港通的本质是什么

沪港通最重要的意义在于创设了一个两地机构共同营运和监管的"共同市场"，它探索出了一种创新性开放模式，在中国资本市场的"请进来"与"走出去"还未完全到位前，让世界和中国合适的产品在一个"共同市场"汇聚，从而可以在中国的时区、中国的监管要求下，通过两地交易所和结算公司的联结，让国内的投资者、资本在"共同市场"与国际投资者、资本对接博弈，进而逐步形成中国投资资本走向世界的大潮流。

受此启发，如果我们未来把沪港通框架延伸至现货股票之外的其他产品，如股票衍生品、商品、定息及货币等各大资产类别，把国际投资者喜欢的中国产品放进"共同市场"（把国际投资者"请进来"），同时装进中国投资者需要的国际产品（中国投资者"走出去"），这样我们就可以在不改变本地制度规则与市场交易习惯的原则下，大规模地迅速扩大中国资本市场的双向开放，大幅扩大中国标准和定价的国际影响力，为中国资本市场的全面开放赢得时间与空间。同时，由于跨境资金流动全部是人民币，"共同市场"也可成为人民币国际化的加速器，可谓一举多得。这样的"共同市场"模式起步于与香港的合作，也可延伸至其他市场与地区。

"共同市场"开放模式有哪些主要特点

第一，两地监管机构共同监管，执法上密切合作。两地监管机构的监管半径得以大幅延伸，在输出自己核心价值的同时引入外部先进标准，从而可以更大限度地掌控"请进来"和"走出去"的节奏。

第二，两地交易所合作共赢，成功走出"零和"竞争循环。利益高度一致的两地交易所将齐力推进国际化，两地流量在同一撮合器上互联互通，实现价格最大发现；价格授权先行则将为后续全面互联互通赢得时间与空间。

第三，两地清算所每日交易总量本地先行结算，净额跨境结算。在保持两地现行清算结算体系完整性和独立性的基础上建立了一个既封闭又透明的风险管控架构，并实现尽量小规模的跨境资金流动。

第四，两地投资者无须改变交易习惯即可与对方市场投资者在同一平台上共同博弈。两地投资者基本依赖本地市场结构，归本地监管机构保护，可在"自己家里"和"自己的时区"按"自己的交易习惯"投资对方市场的产品。

第五，对于两地股票发行者和衍生品使用者而言，"共同市场"可使两地上市公司同时享有双方投资者创造的流动性，两地未上市公司有可能将来向对方投资者融资，两地企业可利用对方市场衍生品和商品进行风险管控，最终两地衍生品价格或流量的互联互通将有利于整体提升实体经济利用金融市场进行融资和风险管控的有效性。

第六，对于两地中介机构而言，"共同市场"有效防范了本地投资者在"走出去"的过程中与本地中介机构"脱媒"，可更好地激励本地中介机构服务于本地投资者的"国际化"，进而全面促进本地中介机构业务"国际化"进程。

综上，沪港通开创的创新型模式本质上造就了一个中国市场与香港、国际市场互联互通的"共同市场"，通过一个双向的、全方位的、封闭运行的、可扩容的、风险可控的市场开放架构，把"世界带到中国家门口"，体现了市场各方利益的高度一致性，有助于实现最大市场化程度的国际化进程，以最低的成本为最终的全面开放赢得了时间与空间。

"共同市场"的模式为后沪港通时代的发展带来什么启示

沪港通是"共同市场"的序幕，即股票1.0版本，"共同市场"的潜力肯定远不止于此。有哪些内涵能够放入"共同市场"呢？这首先取决于大家能否对"共同市场"的发展模式取得一定的共识。在一定的共识之下，我们还须在政策制定者与监管者的引导下对模式的方方面面进行详尽的可行性研究与风险评估。在下面有限的篇幅里，我想不揣冒昧，提出一些初步思考。

1. 沪港通后股票类市场的互联互通已顺理成章

上海与深圳是中国股票市场发展的"两条腿"。沪港通这条腿迈出去后，深港通这条腿的迈出已无悬念。我们需要考虑的问题仅仅是推出时间以及是否会在沪港通的基础上有所升级与丰富。

如果沪港通与深港通是中国股票市场双向开放的"两条腿"的话，股指期货通就是联动两条腿的胯与腰。股指期货的互联互通有助于满足两地投资者风险对冲的需求，这也是MSCI（摩根士丹利资本国际）考量是否将A股纳入其新兴市场指数的关键因素之一，也是内地市场掌握A股衍生品市场国际定价权的必要条件。

简单而言，股指期货通可以有快捷版和全通版两种实现形式：快捷版就是结算价授权先行，中国价格先行"走出去"，国际的价格也可以"请进来"；全通版则是类似沪港通、深港通的产品互挂、流量互通。至于采用哪种模式，可以视中国在海外市场确立股指期货定价权的全盘考虑而定。

2. 中国商品期货市场国际化刻不容缓

客观而言，如果不计时间因素以及境内外制度磨合成本，中国期货市场国际化的最优选择无疑是流量"请进来"，就地国际化。但是在当前中国资本项下尚未全面开放且法律框架、交易规则与境外尚存巨大差异的情况下，大规模的流量"请进来"可能还需要相当长的时间。

中国是世界上最大的大宗商品进口国，是最大的消费者，但却不是真正意义上的定价者。实际上，中国商品期货市场国际化已经到了刻不容缓的时刻，我们认为必须尽早考虑"走出去"迎战，让"产品走出去""价格走出去"，甚至让"资金走出去"。

到底怎么走出去？单独走还是通过合作的方式走？跟谁合作？商品领域中互利、双赢与可持续的合作模式是什么？这些问题看似容易，实际极具挑战。商品期货市场有别于股票，它的双向开放肯定需要考虑不同的因素，可能会有不同的方式和节奏。内地交易所与香港交易所的同人都已开始认真思考这一问题，希望能够尽早找出合适的开放模式与路径。我相信"共同市场"的双向开放框架将会大大拓宽我们探索的思路。

3. 定息与货币产品的开放与国际化已经摆上日程

一方面，当前中国汇率与利率市场化改革正朝着纵深方向发展，进程明显加速。另一方面，在现有制度和国内外经济金融形势下推进改革并非一蹴而就的事情，作为金融市场基础价格标杆的汇率和利率面临着"牵一发而动全身"的复杂性，对整体配套的要求比较高，改革过程中也需妥善处理各种风险。

在这样的背景下，香港离岸人民币市场这块"试验田"将更加重要。它既可屏蔽风险向内地市场的直接传导，又可为继续稳步推进人民币汇率和利率改革提供参考。我们希望能在两地监管机构的指导下，继续深化香港人民币货币和利率产品创新。与商品期货类似，定息及货币类产品的国际化思路也可以是价格授权和流量互联互通相结合。

4. 内地资本的迅速崛起与注册制改革，为一级市场的互联互通带来了新挑战和新机遇

一级市场功能是资本市场服务实体经济的最基本功能，"共同市场"是否也能延伸至一级市场呢？由于内地发行者早已成为香港市场的主要构成部分，内地资本市场改革开放的提速（特别是一级市场改革，例如注册制）将对香港股票市场的发展前景带来深远的影响。

具体而言，香港市场需要仔细分析各类企业选择不同融资市场上市的动因与制约，重新思考如何在新环境下继续保持自身的竞争力：

内地企业选择内地上市的主要动因与制约：熟悉自己的投资者和较高的历史估值，但受限于监管者对市场容量与上市节奏的严格管控。

内地企业选择香港上市的主要动因与制约：更加开放和国际化的发行上市制度与环境，以及更成熟的国际机构投资者，但苦于历史上较低的估值，全流通的限制以及缺乏大规模内地资本的有效参与。

国际跨国企业考虑来中国香港与内地融资的动因与制约：既希望吸引大量的中国内地投资者成为其股东，但其一级市场融资又无法适应内

地目前的法规与市场结构；简单在香港进行非融资的第二地上市又无法取得足够规模的、可持续的二级市场流量。

换句话说，影响香港一级市场最重要的两大因素是内地市场正在崛起的巨大流量与迅速提速的内地发行制度改革。只有正确认识和判断这两大因素，我们才能看清自身独特定位的优势与劣势，尽早开始考虑我们是否需要做出必要的调整，以找到互利、共赢而且可持续的共同发展道路。

总而言之，我认为"共同市场"可以成为中国资本市场国际化的一个新思路与新模式。我今天提出了几个我们关心的问题，但找到正确的答案则需要我们集思广益，共同探索。毫无疑问的是，拥有一国两制优势的香港正是内地打造这一共同市场的最佳初始伙伴。

那么，对于香港来说，这样的共同市场是不是我们的最佳选择呢？香港能否在不牺牲或不妥协我们自身的标准和独特核心价值的前提下参与"共同市场"的建设？我相信，充满智慧与自信的香港人心中自会有清晰的答案。

（文章来源：小加网志，发表于2015年1月20日）

新一轮科技革命，中国可能坐上头等舱

姚洋
北京大学国家发展研究院院长、经济学家

今天中国面对的恶劣的外部环境，与1970年日本面临的石油危机等糟糕背景没啥两样。那么，为何人们仍然难以消除悲观呢？

我是经济学家，所以想谈一点对当下经济的感受。有一位非常有名的老师叫宋国青，被誉为中国宏观经济预测第一人，他弟弟大概只有初中毕业，他教他弟弟学会了炒期货，他和弟弟一起炒，最后的结果，他弟弟发财了，他亏了。

为什么会发生这样的事情呢？企业家最重要的就是3%的企业家精神，这个是教不会的，很多经济学家不具备那3%的东西，即决断力、判断力，因为这个能力有利可图。经济学家往往瞻前顾后，想可能有风险，最后就失去机会了，企业家看准了投下去，就成功了。经济学家擅长的是分析，擅长的是讲一些经济表象背后的东西，我也希望做这样一件事情，分享分享自己的分析，希望对企业家有所帮助。

转型为什么这么难

刘景斓主席（北京人间远景文化教育集团董事长）也谈到过这个话题，就是我们处于一个转型的时代，进入了新常态。新常态不仅是增长速度的下降，我个人认为更重要的是结构的变化。

2001—2008年这段时间，中国的经济增长是超高速的，是人类历史上少有的。这样一种超高速的经济增长是不可能长期持续的，试想一下，中国现在已经是世界第一大出口国、第一大贸易国，如果我们的出口增长速度还超过世界的平均水平，那就一定意味着有些国家的出口在萎缩。这种事情不可能长期下去，所以我们只能期待中国的出口增长速度能维持在世界平均水平，这已经非常不错了。这是一个很大的转变。

第二个转变，以前我们是靠一些低级产品就可以打遍天下，今天不行了。看宏观数据，我们的制造业对就业的贡献也好，对GDP的占比，都在下降，而服务业的占比在上升，这是一个非常重要的转变。

制造业的市场是全球的，它的需求是来自外部，但是服务业不一样。服务业的需求是靠我们自己创造的，是内生的，所以这个转型增长就变得非常困难。这是我们今天遇到深层次困难的原因。

当然还有一些短期的原因，我个人认为是过剩，因为前一阶段我们上了很多项目，盖了很多房子，到了今天就过剩了。这有一个痛苦的调整期，这两项叠加，使得我们的经济进入了一个比较困难的时期。

外部环境恶劣，日本在20世纪70年代也实现了高增长

但是，是不是我们因此就悲观了呢？如果大家关注一下国际上的经济学家的看法，他们的声音都是比较悲观的，比如美国前财长、哈佛前校长萨默斯认为整个世界进入了一个长期低速增长的时期，他也专门写了一篇文章谈中国的经济增长，他认为在十年之内，中国的经济增长会跌到3%、4%。如果这件事情发生的话，我们的的确确要进入长期低速增长的时代。

但我觉得这个判断过于悲观了，我们还是要看一下历史。我觉得和中国可比的是日本、韩国，还有中国台湾，因为现在我们的经济所达到的这个高度和60年代末的日本、80年代的韩国和中国台湾几乎是一样的，比如都是高储蓄、高投资，教育水平都非常高；再比如我们的科研投入非常高，所以用它们来跟中国比较，把它们作为中国未来的走向，我觉得是有意义的，我们也会有很大的信心。

比如我们现在的人均收入基本是日本20世纪60年代末、70年代初的时候，日本70年代经济增长速度还是超过了7%。20世纪70年代是日本产品开始统治世界的时期，整个20世纪70年代、80年代的世界可以说是日本的时代，日本成了世界产品的主导，几乎所有新的产品都来自日本。大家可能说它赶上了好时间，实际不是。20世纪70年代和现在面临的国际环境差不多：石油危机、债务危机，到了20世纪80年代初期的时候，整个美国也陷入了非常困难的境地。但是日本经济仍然保持了高速的增长。那么，日本经济增长的源泉在哪里呢？就是创新，它是长期积累的一个爆发。

韩国的经济爆发性增长相对短一些，我的感觉本来应该是在90年代爆发，但是由于亚洲危机而推后了。今天韩国达到的高度已经是接近了日本在20世纪70—80年代的水平。韩国能做到这点是靠什么？靠创新，而且是一些战略性的创新。今天我们知道韩国的芯片，特别是三星的芯片在统治世界。但是三星从70年代末就搞芯片，投入海量资金下

去，它成功了。

这方面也可以对比一下中国台湾，中国台湾的人均收入一直比韩国高，但这几年韩国超越台湾了。我们没有听到任何中国台湾的世界性企业。但是韩国有，这和韩国重视创新是分不开的。

下一轮工业革命的苗头

展望未来，我觉得这个世界还会保持高速的增长，只不过这是一个痛苦的调整期，这个调整期可能需要十年时间。就像20世纪70年代危机之后有十年的调整期，到了90年代新经济起来了，美国进入了十几年高速增长的时期。

那么，下一轮工业革命在哪里呢？我们不知道，但是有一些苗头是非常好的。

科协的陈章良副主席曾经做了一个讲座，讲了几个新的技术，我第一次听到，可能是我孤陋寡闻。其中一个是量子通信，这个我们国家是领先的。中国科技大学有个年轻人，他以前在国外，现在回来做应用，我们国家实现了最长距离的量子通信，他们在长城脚下做了一个实验，一个量子态在没有任何载体的情况下，瞬间传送了22公里。22公里大家听上去可能太短了，但这是革命性的。我一直也搞不清楚这个量子通信究竟是怎么做的，但是如果一旦成功，这是一个革命性的东西，是对传统通信方式的重大突破。

另外，他提到了石墨烯。我们现在的电子元器件普遍采用的是硅材料，而石墨烯传导性极其好，容量极其大，不仅是电子行业会发生革命性的变化，我们的电池行业会发生革命性的变化，而且由此延伸，意味着我们就会解决电动车的电池问题。

现在电动车唯一的一个问题是电池太重，充电太慢，续航能力太低，如果石墨烯实现应用以后，这些问题都解决了。今后大众化的汽车一定是电动车。

我以前对电动车抱有怀疑态度。电动车，先用煤发电，然后储存为化学能，化学能转为机械能，实际它比我们内燃汽车的效率要高两到三倍，如果有了石墨烯，它更是插上了翅膀，电动车就会主导未来。

中国在这两方面都走在世界的前列，有可能成为一个突破性的东西。特别在石墨烯方面已经接近应用，我想前途还是光明的。

我们都说现在企业盈利难了，因为成本增加，工资水平增加了等等。工资水平一定要提高，GDP在增长，如果工资水平不提高，这个叫什么经济增长？在提高的过程中，工资的提高唯一的出路就是技术进步，中国创新有很好的基础，我们的教育水平非常高，我们国家每年有700万大学毕业生、研究生培养出来，我们只要求有10%的人参与创新已经足够了。

另外，我们的资本存量又极其多，刚才刘主席也提到，我们资产是越来越多，我们的M2现在达到130万亿，M2实际上就是我们纸面上的财富。我们的问题，是如何把这个纸面上的财富变成实际的财富，如何变呢？

一个是搞固定资产投资，但是这个现在已经开始饱和了，而且成本很高。

最好的投资是投到哪里呢？投到创新上面，投到人才上面去。这样才能把我们过去15年积累的财富变成未来的一个资产，一个有收入流的资产，现在它是睡在账面上的。在这方面，我觉得中国应该有信心。

我给大家举一个数字，我们的科技投入占GDP的比重，在"十二五"规划初期的时候，大概这个数只有1.7%，今年是我们"十二五"规划结束之年，会达到2.2%，"十三五"规划要达到什么水平呢？"十三五"我估计铁定超过2.5%，2.5%的水平就是世界发达国家的水平。

那个时候，我们的人均收入按照可比价格计算，大概也只会是发达国家的1/4左右，但是我们的科研投入已经达到发达国家的水平。说明我们在这方面的投入是非常非常多的，有人会说很多投入，特别国家的投入都浪费掉了，的确有浪费的，但是它会有收益的。

美国的科研投入也有很大的浪费，我听一些做科研的人说他们很多实验设备在美国都没用，遇到发展中国家的访问学者，他们说我们不要了，你打个包带回去吧。也有很多浪费的，但是一定会起作用。很多科学家估计在未来的五到十年间，中国有可能有人会获得诺贝尔科学奖，在物理、化学，特别是物理方面极有可能获奖。怎么出来的呢？就是因为这些年投入增加了。

还有一个好的现象，在我们科技投入里，我们的企业投入已经超过了国家的投入，这是一个非常好的现象。企业的投入是市场导向的，这是非常重要的一个改变。我去看过一个华夏幸福基业的企业，他们在做一件事情就是孵化器，他们是一个地产公司，但是做孵化器，而且真正做，做生物医药方面，投入了海量的资金进去。他们希望有10%的成功概率就行了，就可以收回成本，这都是我们国家未来的希望。

"破"的阻力

除此之外，我们说今年是改革的元年，我们很多改革措施都已经推出来了。"你看政治上这么紧，难道经济上的改革就能推进吗？"我告诉他们说，一点问题没有。市场化改革已经是势不可当，改革无非是做两件事：一件是破，一件是立。过去30多年间，中国的改革历程都是破的过程，今天还破得不够，破的阻力来自哪里呢？

我觉得来自以下三个方面：

一是思想。因为我们很多官员还没有转变观念，还没有建立一个概念，市场和社会其实可以做很多事情，市场和社会有自主能力，市场和社会可以达到非常有效的配置、有效的社会管理，他们不相信这一点。

所以我们老听说一收就死，一放就乱，他们老担心这个会乱，其实放了，一点都不会乱，我们市场会做得很好。

二是权力。为维护自己的权力，把这个权力都放给市场。我们总理很少发脾气，总理是个谦谦君子，但这次他发了脾气，说我们国务院做的决定为什么一个处长就能把它挡住？处长有权，手中有权力，有使用。我们很多规制，我们在教育界深有感触，都是这些官员自己生造出来的，根本毫无用处。比如报考研究生，以前都是各个学校自己报就完了，教育部弄了一个网站，说所有的报考研究生必须到那个网站上去注册一下，必须在网上报考。人为地加了一道成本，一点用处都没有，那是权力，要体现出我教育部有权力，把这个权力收起来，你得听我的。

三是利益集团的阻挠。有很多人在旧体制当中有很大的利益，不想变革。在这方面我觉得还是需要我们有一些强有力的领导，好在我们有习近平主席这样一个有担当、有责任、敢行动的领导，中国的改革有希望。这是在战略层面上。

具体到实施层面上，我们要怎么去搞改革呢？最好的办法还是我们以前用过的办法，就是以开放促改革。以开放促改革这是用外力的改变来促成国内的改革，在这方面我觉得有两件事值得大家关注：一个是自贸区的扩容，一个是我们和美国正在谈的双边投资保护协议。

自贸区扩容做什么事情呢？我个人觉得自贸区要做的无非两件事：一个是金融开放，一个是服务业开放。既然你对外开放，对内一定要开放，这是一个利好的消息，金融业的开放对于我们来说是一个利好消息。

我想稍微谈一下和美国的投资保护协议，投资保护协议是什么样的一个协议呢？它名义上是保护双边国家在对方国家投资的这么一个协议，美国人到我们这里来投资，我们要给予保护，中国企业到美国去投资，它要给予保护。

但是按照美国拿出来的那个模版，这个双边投资保护协议远远比这个要大得多。对中国而言，这是个关于全面改革的一个协定，我们要开放市场，要求我们开放市场，准入前国民待遇，所有的企业都必须一律对待，包括我们民营企业，他们要求外资企业和国有企业同等要求，这是一个巨大的改变。还有规制环境保护、劳工保护方面都会有新的措施出来，双边投资保护协议通过22条，每一条对中国都是革命性的。

这个协议我觉得是肯定要签的，现在谈判是相对比较顺利的。我估计明年年底之前一定要签，就像我们当年谈WTO的时候，想要在克林顿任上谈下来，但是没谈下来。这次我想奥巴马会把这个协议给签了，那就意味着我们到明年年底的时候，会有一个大的改革开放。这是破的方面，我们要用开放来促进国内的破。

"立"什么

另外，我们还要立。

中国过了这么多年，有些地方要立，立什么呢？我觉得要立产权，要建立产权。我们对民营资本的保护远远不够，我们对知识产权的保护远远不够。

我在大学里对知识产权深有感触，因为我们大学里的老师搞科研，基本上就是写论文，写完论文之后就撂在那儿不管了。因为我们现在知识产权的法律，你在实验室里做的这些成果都属于学校，学校属于财政部，北大的一草一木都属于财政部，财政部要管。在这种情况下，你不可能把知识产权转移出去。

我们知道现在还有几个案件还没有判决，大概比较显著的案件就是浙江大学的一个顾校长把自己的知识产权、自己的产品拿到自己的公司去生产，现在把他抓了起来。在这种情况下，和我们创新有关的，如何把我们的知识产权给它建立起来，建立得更灵活，使得我们真正地把产学研相结合做到位，需要我们建立更加灵活的知识产权。

在这方面，我的母校做得非常好，美国也有同样的法律，但是这个法律之外有一些灵活度。在我们那个大学，老师有了自己的科研成果，你就可以拿出去办一个企业，在企业的收益上，学校和教授有一个分配机制。这样做的结果，威斯康星州的人在下降，但是大学所在的这个城在扩张，就是因为大学知识产权成果的转化，产生了很多新兴的生物医药公司，带动了就业。

我想总结一下，世界未来十几年，我觉得会有一次科技革命，我们正处在科技革命的前夜，这一轮科技革命，中国一定能搭上这趟列车，而且可能会坐在头等舱里。中国能不能做到这一点呢？完全取决于我们的企业家。

第六篇
拥抱互联网+

互联网+如何带来"弯道超车"的机会

马化腾

腾讯公司创始人、控股董事会主席兼首席执行官

今天"互联网+"一下子成了社会业界追捧的热词，这是我两年前始料未及的。腾讯当时已在这个方向上做出了积极探索。

2013年，我和马云、马明哲在上海一起推出众安保险时，就谈到了"互联网+"的实践。几天后的"We大会"上，我再次提出"互联网+"是互联网未来发展的七个路标之一。

当时频繁提及"互联网+"，主要原因是想改变人们的一些固有看法。因为我们跟一些政府或传统行业的朋友交流时，发现他们很难理解我们做什么。大家觉得，互联网是新经济、虚拟经济，跟自己所在的领域或传统行业没太大关系，或是觉得互联网和传统行业存在冲突，是颠覆、取代、捣乱甚至对立的关系。

今天"互联网+"引发前所未有的热议，表明政府部

门和各行各业对互联网的看法已有很大改变。甚至在局部方面，"互联网+"出现了虚炒概念的情况。

万物互联的新生态

我一直认为，互联网不是万能的，但互联网将"连接一切"；不必神化"互联网+"，但"互联网+"会成长为未来的新生态。

随着移动互联网的兴起，越来越多的实体、个人、设备都连接在了一起，因此互联网已不再仅仅是虚拟经济，而是主体经济社会不可分割的一部分，每一个经济社会的细胞都需要与互联网相连，互联网与万物共生共存，这成为大趋势。

过去两年，我在各种场合提到最多的词可能就是"连接"。腾讯要做互联网的"连接器"，希望实现"连接一切"。连接，本身是互联网的基本属性。我们的QQ、微信，首先就是满足人与人的连接这个最基本的需求。现在，我们把人与服务、设备和内容源等连接起来，开始实现互联互动，虚拟与现实世界的边界已经模糊。

连接，是一切可能性的基础。未来，"互联网+"生态将构建在万物互联的基础之上。

"互联网+"生态，以互联网平台为基础，将利用信息通信技术（ICT）与各行各业的跨界融合，推动各行业优化、增长、创新、新生。在此过程中，新产品、新业务与新模式会层出不穷，彼此交融，最终呈现出一个"连接一切"（万物互联）的新生态。

"互联网+"是什么

"互联网+"与各行各业的关系，不是"减去"（替代），而是"+"上。各行各业都有很深的产业基础和专业性，互联网在很多方面不能替代。

我经常用电能来打比方。现在的互联网很像带来第二次产业革命的电能。因为互联网不仅是一种工具，更是一种能力、一种新的DNA，与各行各业结合之后，能够赋予后者新的力量和再生的能力。如果我们错失互联网的使用，就像第二次产业革命时代拒绝使用电能。

"互联网+"就像电能一样，把一种新的能力或DNA注入各行各业，使各行各业在新的环境中实现新生。比如，在互联网平台上，文学读者、影视观众、动漫爱好者、游戏玩家之间的界限变得越来越模糊。游戏、动漫、文学、影视也不再孤立发展，而是通过聚合粉丝情感的明星IP互相连接，共融共生。可以说，"互联网+"给各个传统文化娱乐领域带来了一种新生。腾讯提出"泛娱乐"战略，围绕明星IP（知识产权）打造粉丝经济，正是行业大势所趋。

"互联网+"是一种"寓大于小"的生态战略。在万物互联的新生态中，企业不再是社会经济活动的最小单位，个人才是社会经济活动的最小细胞。这使得传统企业的形态、边界正在发生变化，开放、灵活、"寓大于小"成为商业变革的趋势。

过去，企业自上而下地进行市场推广，现在则需要基于传感、数据，去感知每个用户每个瞬间的位置、需求、行为，快速理解和响应每一个细胞的需求和行为，甚至和每一个不同的人进行情感交流，产生共鸣。

未来，如果一家企业不能通过"互联网+"实现与个体用户的"细胞级连接"，就如同一个生命体的神经末端麻木，肢体脱节，必将面临生存挑战。

借用"信息熵"的概念来说，"互联网+"生态中，连接所实现的层级单位越小，熵就越低，商业活动、社会经济的耗费就越少，效率也越高，确定性越强，有序程度越高，生态体系也越有活力；反之亦然。

"互联网+"代表着以人为本、人人受益的普惠经济。局部、碎片、个体的价值和活力，在"互联网+"时代将得到前所未有的重视。万物互联和信息爆炸带来的不是人的淹没，其实恰恰是人的凸显，每个人的个性更加容易被识别，消费者更灵活地参与到个性化产品和服务中去，实现以人为本、连接到人、服务于人、人人受益。

普惠经济也是一种集约型经济、绿色经济、共享经济，它能高效对接供需资源，提升闲置资源利用率，实现节能环保。例如，"互联网+"在拼车、房屋互换、二手交易、家政服务等领域创新迭出，"滴滴专车"为代表的共享经济正在井喷式发展，这为优化利用社会闲置资源、实现绿色环保、解决现代城市难题带来了新的思路。

腾讯怎样参与"互联网+"

腾讯参与"互联网+"生态的方式，主要是开放协作、跨界融合。张小龙说"微信是一个森林，而不是一座宫殿"，我很认同。

最近两年，腾讯将自己的业务做了大量减法，聚焦在最为核心的通信社交平台、内容游戏等业务上，其他则交给合作伙伴。这是几年来我们痛苦经验得出的结论，我们会坚定地做所有创业者最好的合作伙伴。我喜欢自留"半条命"这个说法，把另外半条命给合作伙伴，这样才会形成一种生态。

腾讯的开放平台上，如今已有几百万合作伙伴、数亿用户，很难讲今天的腾讯只是腾讯自己，企业正逐渐变成无边界的开放组织。

现在包括BAT（百度、阿里巴巴、腾讯）三家在内的生态公司都往这方面努力，可谓英雄所见略同。腾讯早走一点，但只是早一点碰壁早一点改而已，我相信大家都会走向开放。不管数据开放、云平台还是提供连接，我们都想把更多的信息孤岛连接到各自的生态体系，让更多传统行业在这个体系中共生、发展，让各自生态体系里的用户获得更高的生活品质。这是良性竞争，看谁做得更好，生态体系的黏性、用户量就会更多。

经济领域之外，"互联网+"在公共服务领域的运用空间也相当广阔。例如，微信公众号平台可以聚合多项民生服务功能于一体，把政府服务大厅建在智能手机上，这将推动中国服务型政府以及"智慧城市"的建设。

4月中旬，腾讯与上海市签订战略合作协议时，有位政府官员在交流时提出，"互联网+"代表着未来，是一种全新的生活方式、生产方式，甚至是社会形态变化的一种趋势。我觉得这种说法很有道理，"互联网+"确有无限的想象空间。

起跑线上的思考

"互联网+"会成为未来经济社会的起跑线。摩尔定律与梅特卡夫定律，这两个指数型增长的效应叠加在一起会发生什么？

"互联网+"可能带来大量"弯道超车"的机会，但也可能带来被超越的风险。例如，互联网正在成为中国包容性增长的动力，对于发展相对落后的农村地区和中西部地区，"互联网+"带来了跨越式发展的可能性。

而在更广阔的国际竞争中，我们看到资源禀赋不同的各个国家，正重新聚集在"互联网+"这个起跑线上较量：发达国家希望继续抢占优势生态位，而发展中国家则企望借此实现"弯道超车"。时下大家热议的德国工业4.0和美国先进制造，都将互联网视为一个重要的基础和创新引擎。

回头看我们国家，工信部这个机构设置里，为什么把工业和信息产业放在一起管理？战略意义其实也早已明确。

在2015年全国"两会"上，我再次提了"互联网+"的建议。很庆幸，李克强总理在政府工作报告中首倡"互联网+"，正式提出"制定'互联网+'行动计划"。对于在互联网行业一线工作十几年的人来说，这无疑是一个很大的振奋。

今天，在"互联网+"的起跑线面前，不但我们互联网行业从业者，而且各行各业乃至整个国家，都需要把握难得的机遇窗口，做出至关重要的反应。

互联网是一种本能

徐小平
真格基金创始人、新东方联合创始人

"互联网是一种本能"

如果你问我：传统企业如何向互联网转型，如何做互联网加法？我的答案是：不要"+互联网"，而要被"互联网+"。

传统企业要向互联网转型是非常艰难的，但如果他们能够开放心态，大胆并大方地起用互联网人才，让人才在决策和股权上成为企业转型的主导力量，让自己的传统业务被这些人"加"进来，就能大大增加转型的成功率。

曾经有一个传统企业的老板告诉我，他花了三年的时间"搞懂了互联网"，现在开始领导自己的企业向互联网转型。尽管当时已经有投资人确定投资他，我也婉谢了这个机会。因为在我看来，他就是典型的刚愎自用的传统企业主。互联网是竞争最激烈的行业，如果不是互联网"原住民","外来者"很难在这个世界里竞争、生存并胜出。

所以,这些传统企业家应该做的是找到真正的互联网"原住民",让他们(互联网)来"加"你和你的企业,而不用你和你的企业去"加"他们。也就是说,让他们作为主体来领导你的转型,而非你作为主体去主导向互联网转型。

"谁是互联网原住民?"

互联网是一种思维方式和生活方式,甚至是一种基因与本能。我不能定义什么是互联网基因。但是就个人的投资经验而言,我认为学历和工作经验会起到重要作用。如果他们大学专业是互联网、计算机相关,或者在互联网企业里已经有3—5年的工作经验,并且干得很成功,这样的人可以说是"互联网人才"。经过近20年的积累,中国已经拥有非常多的互联网人才,BAT里就有成千上万。

我曾经投资过一个从传统企业走出来的人,他从事纺织材料贸易,希望用互联网颠覆中间三、四层的产业链。这位创业者本人对纺织贸易了如指掌,而他的联合创始人则是从腾讯出来的,在我们生平第一次见面时,我当场就投了他。虽然投完后,那位之前在腾讯的同志马上就撤了,但是这位创业者还是坚持重新找到一个互联网行业出身的人,现在他们在网上做得还挺不错。

所以,在转型时刻,传统企业家必须发挥他们识人、用人和留人的能力。

互联网时代,想用传统企业的"雇员心态",给这群人高工资,让这些互联网"原住民"留在你的地盘,是绝对不可能的。既然你想要往互联网转型,那么就必须要有互联网时代相应配套的激励体制,最直接的,就是给予他们股份。

至于要给他们多少股份合适，答案并不是"多"或者"少"，而是"足够"，因为不同的人、不同的产业，拥有和需求资源是不一样的。你需要给这群人足够的股份，让他们觉得这是自己的事儿，让他们去拼命；让他们觉得不是在为你打工，而是在替自己干活；让他们觉得这不是你的企业，而是他们自己的企业。

"内部创业需要不断调整"

"内部创业"——我们所说的"裂变式转型"——也是一种类似的方法途径。把事情交给自己手下的人，让他在现有的基础资源上单干，从内部突围出一条路来。"内部创业"的关键问题在于：一旦突围成功，极有可能革了"老命"。这时候，内部创业和企业之间的关系必然会产生变化。

张小龙应该就是一个内部创业的成功案例。我不知道腾讯内部的机制是怎样的，但我知道某一著名的互联网企业内部曾经创业成功后就开始膨胀，想要脱离原有的企业，这其实是必然的。

传统企业的老板需要明白：为什么这些人会选择拿少量股份进行内部创业？就是因为他们需要你的资源，或者说你的资源与之匹配，否则他们就像雷军一样自己跑出去创业了。因此，对于传统企业而言，如果决定要转型，如果你的资源刚好可以匹配给内部创业的人，那就尽可能地把适合的资源给他，让他留下来为了你的企业转型努力。

传统企业的老板可能认为自己已经给了内部创业团队充沛的资源和支持，然而，一旦内部创业的规模扩大后，必然想要且需要吸收更多，所以，随着内部创业规模不断地扩大，进行转型的企业主必须具备不断调整内部组织和利益结构的魄力。说白了，也就是随着"内部创业"取得的成绩越来越多，作为老大，你就需要不断上调其股份。

这时候，可能很多传统企业主就想说："我要换人。"但是在互联网背景下，想要换人几乎是不可能的。除非你的企业本就是一个人才济济的互联网企业，可对于传统企业而言，这正是最大的问题所在。

"我的意见仅供参考，不做指导"

因此，对于传统企业的老板，我最想分享的一个经验是：不要不懂装懂，也绝对不要自以为是。

当我做投资人把钱给创业者的时候，我并不认为我懂他们做的事儿。不过我懂人，我懂什么是优秀的人。我常常会有这样一种想法："这个牛×的创业者，他需要一点钱一点资源，那正好我就可以给他一些钱，拿他一些股份，来沾他的一点光。"作为团队的一员，我会将我对创业的理解、商业的普适性经验贡献给他们，但是我绝对不会告诉我投资的人，你所做的事情不对，或者指导对方你应该怎么做、不应该怎么做——领导人始终是那个核心创业者。

大部分渴望转型的传统企业家和我一样，既不懂互联网技术，也没有"互联网思维"。传统企业向互联网转型就像汽车向飞机的跨维转型，你汽车开得很好，但是你不能觉得你就会开飞机。传统企业做得好、证明了自己成功的企业家，不能认为自己什么都能做，别人都不如你。

我认为这在互联网时代尤其重要。这是因为，坦率而言，传统企业家的思维是跟不上节奏的。所以我们这一代人的意见，只能供参考，不能做指导。

"要为我是傻瓜而自豪"

乔布斯有一句非常有名也非常给力的话："Stay Hungry，Stay Foolish（求知若渴，虚心若愚）。"这句话说起来非常强大，所以我想再说一遍："Stay hungry，Stay Foolish."大部分传统企业家在互联网带来的焦虑面前，都以自己为转型感到如饥似渴而自豪，却很少有人以勇于把自己当成傻瓜而得意。互联网需要这样的基因——自黑、自贬、自嘲，让自己归零，重新降落到Ground Zero（原点）上，因为互联网发展得实在太过迅速，真正诠释了"Tomorrow is Another Day（明天又是新的一天）"。

以在线教育为例：如果线下教育是以"年"为单位计算的话，线上教育的发展是以"月"作为计算单位的。互联网创业经常讲一个词"先发优势"，意思是：在互联网领域，半年甚至三个月的领先，常常决定鹿死谁手。这在传统产业包括传统教育领域是不可想象的。

未来一定会出现在线教育的BAT——三五个巨头垄断整个中国教育市场。新东方在不在里面没有人知道。但公众可以看到甚至感受到，新东方面对在线教育时的压力和努力。至少就目前几个比较领先的在线教育平台而言，新东方并不在里面。但新东方随时可以收购这些公司，假如新东方有这个意愿并且这些公司愿意被收购的话。

在互联网发展如此迅猛的背景前提下，传统企业要转型，一定要Stay Foolish（保持虚心若愚）——你要承认自己什么都不懂，然后通过合理、有效的激励机制，内部创业也好，创二代也好，或者找来的互联网专家也好，让他们领导你的企业去转型，去做互联网时代的东西。

其实任何一个成功的人，不论是小成还是大成，他的成功都有其成功的基因，也就是他的核心竞争力，这是你必须找到并可以始终牢牢握在手中的。就我个人而言，我总是能和学生打成一片，进行一种"无年龄差别的交流"——我可以为他们出国、归国提供建议，我可以用投资的方式鼓励他们创业。尽管一生中经历数次"转型"，我身上一直延续、积累、加强的核心竞争力，就是和年轻人交流的能力。但是，我永远不能领导他们去做什么。

　　我想，在这场知识和信息的暴风雨中，我们这一代人，还是安安安静做一个傻瓜吧，把需要转型的工作，交给那个"知道鹿晗就举手"，并为了你的企业拼命的人。

"互联网+"时代：互联网与金融相向而行

董俊峰

中国银行网络金融部副总经理

　　最近，"互联网+"成为全社会及产业界的热词。之前看过雷·库兹韦尔的《奇点临近》，这书本来是讲人工智能如何从量变到质变，最终会在一个临界点超越生物智慧。之所以想起这本书，是觉得互联网金融喧嚣了这三年，也开始从概念到实践，从点状创新到规模爆发，有了一个实质性的发展。而中国经济目前正面临三期叠加的阵痛，政府部门和实体经济都在寻找新的增长点，"互联网+"能不能成为传统产业（包括金融业）转型升级的引擎？笔者提出了相关问题，其实很多问题也并没有想出答案来，希望借此陋文向诸君请教。

"互联网+"的通俗本质是建立更大范围的高效连接

为什么会有"互联网+"的概念？什么是互联网的本质？大家可能想到耳熟能详的开放、平等、交互、协同、跨界、自生长、奇点爆发，这些毫无疑问是大家总结出的互联网的特质。小米的雷军在谈到"互联网制造+营销"的精髓时，又提炼出"七字诀"：专注、极致、口碑、快。多年的互联网观察和实务操作体会告诉我，"建立更大范围的高效连接"，其实是互联网最通俗的物理底层和逻辑意义上的本质。

说了那么多互联网的好处，其实，互联网最大的贡献是通过点与点的连接，最大程度消除信息的不对称，而这些连接着的点不再是孤立的，而这些点本身就成为互联网络中的节点。

来看看通信的简史。人类历史上，为解决人与人之间的沟通联结问题，发生了很多次通信工具的迭代。从面对面报信（马拉松的起源可以佐证）、信件（鸿雁传书），到电报、电话，再到后来的短信、E-mail、微博、微信，信息的传递发生着革命性的变化，就是从孤立的点对点，到了网络上的点对网络上的点相连接，乘数效应积聚，产生了乘法大于加法的几何级数增长（睡莲快速覆盖池塘水面的效应）。

物与物的联结，靠交通工具。从人力车到牛车，从马车到火车，从汽车到飞机再到火箭、飞船。但你会发现，从20世纪中叶到现在，交通工具及技术实际上没有革命性的变化，而信息业则随着互联网的诞生而突飞猛进，一日千里。

信息，有其虚拟性和适合数字化传播的特质，而计算、存储和软件应用为代表的信息科技有一个摩尔定律。计算能力如此快速提升，而通信技术从模拟到数字，从有线到无线，尤其是当移动通信技术诞生之后，从2G到3G再到4G，数据传输的带宽不断线性增长，同步满足着信息日益爆炸的网络基础设施需要。

今天的IT和通信技术，从基础设施层面满足了互联网建立更大范围高效连接的特性发挥，这是"互联网+"的物理基础。试想，如果在一没有宽带网络，二没有无线基站覆盖的山间村落，你如何和村民谈"互联网+"呢？

互联网时代的要素禀赋发生了什么变化

经济学上，把推动生产力发展关键要素的数量和密度称作"要素禀赋"，如劳动力、土地和资本。现代的社会化规模大生产，要满足工业社会的工具化需要，必须有劳动能力的产业工人、有从事大规模生产的能源（电能）、有生产的物理承载物（土地和厂房）、有直接融资和间接融资支持扩大再生产。传统市场经济理论支持供求平衡，当供给不断增加而有效需求萎缩时，就会出现生产过剩、社会资源浪费、经济运行效率下降。

互联网时代的社会生产要素禀赋又增加了一维，即信息的快速传播与协同共享以及信息的高效加工利用（大数据）。工业社会基本上是两维的度量，时间与空间。时间的维度，是指生产效率（制造资源聚焦在生产地）与流通效率（快速到达消费地）；而空间的维度，是指从生产到市场流通环节再到终端消费的物理位移。到了信息时代，时间和空间的度量依然存在，但是在时间的序时传递和空间的有序移动之间，互联网和移动通信做到了时间和空间上的穿插和非有序排列组合。就像热力物理学上的"熵"定律一样，看似无序、跨界以及跨越时间和空间的信息流动，带来了信息传递、物流、供应链的大规模效率提升和成本下降，同时大大提升消费者的"情怀"体验。这就是我所思考的"互联网+"时代具有爆炸威力的新要素禀赋。

从目前的观察看，目前的三维空间，到了未来会不会成为四维？人和人的实时联结问题，被互联网解决掉了（人和人之间可以跨越空间沟通）；而人和物的联结，看似被电子商务和智能供应链部分解决了（物流和供应链管理，部分解决了人和物的联结，但还做不到实时）；而物与物之间的联结，需要物联网来解决（所有物质都被打上数字标签，通过传感器和识别系统来进行数字化管理）。

人、时间、空间之外，多了一个可识别、可实时互联通信、可自由穿梭在旧三维空间的数字流，建构成为新的生产要素禀赋。

互联网金融是"互联网+金融"还是"金融+互联网"

互联网金融的本质是什么？到底互联网是本体，还是金融是本体？这个讨论从2013年开始，争论到今天也没有停止过，但争论的双方似乎并没有在一个平台上用一个语境体系交流，公说公有理，婆说婆有理，像是在凌空喊话，隔山打牛。

BAT做金融，是从互联网出发，所以他们会称自己是"互联网+金融"，是长尾在颠覆传统金融的垄断。传统银行、证券、保险和基金业做金融，从金融出发，因此在思维方式上往往被叫作"金融+互联网"，是传统金融嫁接互联网，虽自称"金融为本"，但似乎至今未秀出强健肌肉。那么在这个从庙堂到草根都在对"互联网+"充满期待的大变革时代，这两种出发原点不同的金融创新，到底是相向而行呢，还是渐行渐远？目前的理解，趋势应该是前者，两个群体都在向中间地带也即理想状态的"生态金融"迈进（详见拙文《生态金融：构筑互联网时代金融新常态》），并将最终交汇为一种新的金融要素禀赋。如果非要比较两个群体的差异，我只能说说各自的优势了。

哪些服务是"互联网+金融"的先天优势

一是互联网消费体验，体现趣味性、互动性、利益性，这要看"90后"的价值取向。二是已经构筑各自领域的流量入口，形成人群的聚集和口碑效应。三是在互联网入口搭载低门槛金融服务，强调便利性甚于强调安全性。基于上述三个优势，"互联网+金融"一般提供适合标准化的、高频、小额、Peer-2-Peer互动的支付与理财服务，体现为高频度和高黏度的互联网消费导向特征。

哪些服务是"金融+互联网"的后发优势

一是结构化金融服务的高技术门槛，需要人才和技术积累，如金融市场业务。二是有强资本杠杆约束，如网络融资、供应链融资。三是有长时间信用积累和行业洞察，如金融机构业务和托管、交易银行业务。所以，"金融+互联网"的优势，会在网络融资以及需要复杂组合、集成的结构化金融服务，如金融市场、财富管理和大资产管理业务。

传统银行的互联网金融还在路上。我们能看到工行e-ICBC的品牌发布、建行的善融商务、中行的中银易商（4—6—4战略），还能感受到市场关注着平安的陆金所、招商的小企业e家、民生和兴业的直销银行，但无论是客户规模还是服务模式，都还没有达到奇点效应。

互联网金融：中国的实践与规制

经过长达两年的飞速发展，互联网金融创造了很多世界第一。在客户规模、交易规模、渗透力、话语权方面讲出了很多成功故事。同时，随着客户规模的积聚和社会影响力的增加，系统性和区域性金融风险也引起了监管层的重视。

从2014年下半年开始，中国人民银行牵头一行三会，草拟"促进互联网金融健康发展的若干指导意见"，明确互联网金融监管的原则、架构和规制策略。2015年开始，随着P2P机构风险事件的高发，银监会也在酝酿关于P2P投融资管理的监管底线，针对资本充足、风控安全和信息披露将给出新规。

如何降低互联网金融的风险

如前所述，互联网金融在中国已经走过了布道的阶段，已经不再是草根和萌芽。随着客户群的积累和交易规模的放大，系统性和区域性的金融风险防范已经摆上了监管层的议事日程。除了管理层关心的这些全局性的风险之外，从实操层面，无论"互联网+金融"还是"金融+互联网"，都必须清醒地认识到，我们所面临的风险环境开始变得复杂起来。这里面包括外部欺诈带来的声誉风险、逆向选择带来的信用风险、合作伙伴的关联交易风险、跨境业务的反洗钱风险、互联网支付和理财业务的合规风险、交易限额参数等管理端的操作风险，需要引起足够的重视和给予充分的投入。

企业级客户的互联网金融服务，引爆点在哪里

我们进入了一个"场景为王"的时代，客户在哪里，流量就在哪里，需求就在那里。在这个相对供给过剩的时代，渠道的多元化使客户的迁移成本变低，能追随到客户的刚需，就是找到了流量入口。消费者业务如此，企业级客户的市场亦概莫能外。但比较起来，消费者业务和企业级客户的业务在需求上存在较大差异，两者对体验、效率、成本和风险的组合逻辑，有着极鲜明的差异化倾向。企业级客户更关注后三者，而消费者更关注前三者。

企业在"互联网+"时代的需求是什么？我的理解，一是追求产业转型升级，实现全网、全渠道产品营销一体化，关注需求管理（从供应链到需求链，开始考虑按需定制，即C2B）；二是寻找新的市场增长点，寻找场景、客户中没有被完全满足的利基市场；三是如何提升管理效率（从ERP（企业资源计划）到电商平台，如何融入智能供应链，并从供应链里得到更多物流和进销存数据）；四是如何激励员工内部创业和创新驱动，推动以人为本的企业文化变革。从农业社会到工业社会，社会化大生产催生了企业，而当工业社会过渡到信息社会，今天的企业法人将和当年的农民一样，面临3000年未有之大变局，必须穷则思变。

当前的市场情绪和金融需求旺盛点

在经济下行期，企业间接融资需求会下降，而直接融资和理财需求会上升。股票市场的财富效应，使自然人的投资理财偏好从固定收益市场转向资本市场。民间资本的积累、传统行业产能过剩和内外有效需求低迷，让私人部门和企业部门投资驱动力上升，PE、股权众筹和新三

板市场升温。存款保险制度甫立，银行理财的刚性兑付有望打破。在这种市场情绪下，投融资撮合平台的市场很大，资产管理的需求和市场很大，对互联网金融降低成本、提高效率和提升体验的需求很大。这些都是传统金融机构和新兴互联网金融从业者需要认真考虑的热点问题。

大数据vs社会征信的互联网+

大数据，有人戏谑说就像家长谈"孩子的青春期性教育"，大家都说自己在做，但谁也不知道彼此具体在怎么做。谁也没说出个除了概念外可落地的道道来。谈"互联网+金融"，就不能不谈到社会征信，不能不谈到大数据征信，谈到大数据的完整性、真实性和可靠性。

我一直在想，哪些数据可以构成大数据？这里面应该包括但不限于：一是央行的征信系统数据；二是银行客户数据、账户交易数据、信用卡数据、网银数据、手机银行数据；三是证券、基金、期货的投资理财数据（但目前银行仍是最大的金融产品分销渠道商）；四是海关和跨境电商平台的贸易数据（跨境电商平台如阿里巴巴、贸易服务平台如一达通）；五是物流企业的数据（目前是分散的，看起来菜鸟网络未来要做整合和集成）；六是供应链的上下游数据（核心企业如海尔和华为、供应链服务平台如怡亚通）；七是社交媒体信息：微博、微信、QQ，还有各种小众的个性化社交平台。最关键的是这些信息如何共享？由谁去主导？目前还在讨论中。

"互联网+"的时代已经来了，不管是褒是贬，不论是真是假，互联网就在那里。关键是如何行动，如何抓住机遇，迎接挑战，少谈些理念，多一些实践（哪怕是试错）。

第七篇

放眼全球机会

"一带一路"需要加上非洲

林毅夫

北京大学国家研究院名誉院长、著名经济学家

　　"一带一路"是习近平主席提出的新的倡议。对于这个倡议，抓手是什么？抓手是以基础建设为主，建立亚洲基础设施投资银行和设立丝路基金，当我们提出亚洲基础设施投资银行和丝路基金的时候，国内外的报纸经常把它称为"新马歇尔计划"，这和原来的马歇尔计划确实不同，原来是在"二战"后美国利用它过剩的产能，跟黄金储备最多，又是储备货币发行国的优势，帮助欧洲国家从战后废墟上复苏。

　　我们现在提出的亚洲基础设施投资银行、丝路基金或者是"一带一路"的倡议确实跟它不一样，可是为什么有的人还把它称为"新马歇尔计划"，我觉得倒是有一定的道理。而且在2008年国际金融危机爆发以后，2009年我在世界银行首席经济学家高级副行长的位置上就曾提出。因为2008年这场国际金融危机在发达国家同时发生，一般国家发生金融经济危机必然代表这个国家

有一些结构性的问题存在，应该进行结构性的改革才能真正从危机中复苏。

结构性的改革在发达国家目前的阶段来讲，它的内容包含了什么？它的工资太高了，必须降低；它的福利太多了，必须减少；它的金融机构杠杆率太高，风险承受能力太低；发达国家政府的财政赤字也偏高，在这种状况下发达国家的竞争力是低的，风险承担能力是低的，政府维持经济稳定能力也是低的。

这些问题如果不改革的话，发达国家很难从这次国际金融经济危机中真正复苏，这是我在2009年年初做的判断，如果不采取措施，这场危机可能会长期持续下去。但是如果要进行结构性改革，让这些发达国家真正能够恢复经济的正常竞争力必须怎么做呢？

我们知道前面讲的这些内容如果推行，减少福利，减少工资，减少金融机构的杠杆，减少政府的赤字，都会压低消费需求，压低发达国家的投资需求，在推行结构性改革的时候，发达国家经济增长速度会下滑，失业率会提高。但是大家很清楚，发达国家在2008年的这场危机发生以后，它的经济增长速度触底，甚至是负增长，失业率达到历史最高水平。

要推行这些真正帮助它长期恢复经济正常发展的结构性改革，政治上推行不了，因为失业率很高的情况下，如果采取这些措施进一步推高失业率，长期来说是好的，但是马上会引来社会上的各种动荡不安，就会推行不下去。当然一个国家出现金融危机，需要结构性改革，这不是第一次。

帮助发展中国家进行基础设施建设

一般金融危机是发生在发展中国家，经济增长速度下滑，失业率也增加，必须到国际货币基金组织去申请援助，国际货币基金组织通常会开出三个药方。第一，要求这些发生危机的国家必须进行结构性改革，提高经济的素质、经济的竞争力，当然这会增加失业。第二，国际货币基金组织建议货币大量贬值，增加产品出口竞争力，用出口市场创造的需求增加来对冲国内因为结构性改革的收缩，用货币贬值来创造国内结构改革的空间。第三，给这些国家一笔短期的援助，让它们渡过当前的难关，因为这两个政策的推行总是需要一段时间的。但是国际货币基金组织传统的三把斧头在2008年的这场国际金融危机中是用不了的。

我们来看看发生危机的这些国家，像希腊、西班牙、葡萄牙、意大利并没有自己的货币，它们没有办法让货币贬值，通过增强出口竞争力来创造内部的结构改革的空间。当然欧元可以整体贬值，但是欧元整体贬值碰到的问题是美国也出现了危机，美国也需要结构性改革，美国也有很高的失业率，日本也有同样的问题，因为这次危机是在发达国家同时发生的。

在这种状况下，如果欧元想贬值，给南欧国家创造结构改革的空间，它的出口增加，拿走的是美国的市场，拿走的是日本的市场，日本、美国的失业率会进一步增加，这种状况当然美国、日本不干，就会采取一些竞争性的贬值来对冲欧元的贬值。

在同样的情形下，如果美国想用美元贬值的方式的话，欧元、日元也会贬值，这是我在2009年年初判断的状况。实际上，从2009年以后发达国家之间实际上出现的就是这种情形，一个国家率先以宽松的货币政策贬值，接着其他国家也用同样的宽松货币政策对冲竞争性贬值。

我们怎么帮助发达国家以及全世界走出这种国际金融经济危机？跟货币贬值一样可以给发达国家创造结构性改革的空间，也就是增加它的出口？我在2009年的时候提出一个全球复兴计划，主要内容是针对发达国家，而且更重要的是对发展中国家的基础设施的大量投资。

这些基础设施的大量投资在短期内，不仅会创造进行基础投资国的投资需求、经济增长、就业，而且从各种研究发现，发展中国家的基础设施的投资中，每100美元的投资会创造70美元的进口，其中有一半来自发达国家。如果全球共同的基础设施的投资计划，投在发展中国家，那么就可以像货币贬值那样给发达国家创造结构改革的空间。

这样的投资对发展中国家和对发达国家都是有利的，只要投资是消除经济增长瓶颈的基础设施投资，这种投资在短期会创造就业，会创造需求，在长期会提高经济增长率。经济增长率提高以后，政府的税收会增加，税收增加了以后，政府就可以把现在的投资的债还掉，所以表面上看起来跟凯恩斯主义的措施是一样的，但是实际上跟挖一个洞、补一个洞的凯恩斯主义是不一样的。当时我把它称为超越凯恩斯主义的基础设施投资。

除中国以外的发展中国家基础建设差

我们曾经到美国访问，从波士顿到纽约的火车，300公里走了3个多小时，从纽约到华盛顿，300公里的火车同样走了3个多小时。如果是在中国走这样的高速铁路的话，1个小时就到了。发达国家有这样的机会，但相对来讲，发达国家的基础设施还是比较完善的，放眼世界上的发展中国家，除了中国之外，每个发展中国家不管在拉丁美洲、南亚，还是在非洲，基础设施都非常差，都是增长的瓶颈。

如果我们在那个地方投资，有利于发展中国家的发展，也有利于发达国家走出这场国际金融危机。发达国家的这次危机是20世纪30年代的经济大萧条以后最严重的一次，要帮助发达国家创造结构改革的空间，小打小闹不行，必须有全球的共同努力。

所以，在2009年我当时的倡议是，发生危机的发达国家都是储备货币国，他们如果走不出去失业率高的困境，要花大量钱进行失业救济，政府的财政赤字不断增加，到最后就要印钞票来还债。与其将来印钞票还债，为什么不利用现在储备货币的特殊地位来支持发展中国家的基础设施，以及自己国家的基础设施？

同时，储备货币比较多的，像中国，像石油输出国，过去它的储备一般是买美国政府的债券，或者是发达国家的金融市场投资。现在美国的债券利率那么低，金融市场风险那么大，看样子不管石油输出国还是中国，外汇储备都还会继续增加。在这种状况下比较好的用法是什么？还是投入到这种全球复苏的基础设施的投资。

传统的主权基金，还有发达国家的各种退休基金，过去一向是投资在政府债券上，但是现在政府债券回报率非常低，而且长期下去货币会贬值，风险特别大，投入到基础设施去，变成稳定的回报的投资机会。这样做起来的话，如果足够大的话真的可以得到双赢；帮助发达国家走出2008年的国际金融经济危机，而且帮助发展中国家消除增长的瓶颈，得到一个更快速发展的机会。

中国具备率先来做"一带一路"的条件

我在2009年提出这个概念以后，开始的时候接受的人非常少，但是后来越来越多的人接受。首先是2010年在首尔举行的20国集团峰会上，《首尔发展共识》的第一项，就是帮助发展中国家基础设施的建设，但是在2010年峰会的时候，当时发达国家认为马上会走出危机了，所以那个共识没有得到具体的资金投入。

在莫斯科的20国峰会也强调基础设施的重要性，2014年在澳大利亚开的峰会也认为这个很重要。这次我很高兴，看到中国率先来做"一带一路"，以互联互通，经贸合作，以基础设施作为切入点。这是我们率先走出的一步，这一步对发展中国家当然是好的，发展中国家普遍面临的增长瓶颈是基础设施，如果我们能够通过"一带一路"的倡议，亚洲基础设施投资银行和丝路基金，结合现有的国际发展项目、亚洲开发银行、世界银行等，对发展中国家的基础设施增加投资，并且撬动像主权基金、退休基金等，必然有利于发展中国家的发展。

发展中国家的投资和快速的发展能够给发达国家创造出口市场，给它们的结构改革创造空间，所以有利于发展中国家也有利于国际经济的稳定复苏和发展。

当然，这也有利于中国。在基础设施上，我们是比较有优势的，而且在基础设施所需要的钢铁、水泥这些原材料上，我们的产能利用率是低的，如果在国际上有这些基础设施的投资，利用我们的工程建设上的比较优势，利用我们的产能，对我们是有利的。

我们有4万亿元的外汇储备，我想未来的贸易盈余还是会继续增加的，资本账户也可能有盈余，在这种状况下更好的做法，还是把这些钱用在支持发展中国家的基础设施投资上，回报会比较高，而且有利于国际的发展。

除了利用我们现有的比较优势，以及多余的产能，还有利于开放市场，如果发展中国家克服了增长瓶颈发展起来，市场就会扩大，我们现在面临的是发达国家经济发展相对疲软的情况，如果发展中国家在这个倡议下能发展快一点，那么我们的市场就有增长点，并且"一带一路"沿线的国家有很多是资源非常丰富的国家，这样的投资也有利于保障我们在新常态下所需要的资源的来源。毫无疑问，这是双赢的。我们可以创造友好的合作关系，有利于营造更好的外交环境。

产业转移给发展中国家创造发展机会

我觉得这是一个非常好的倡议，如果说从我们跟其他发展中国家的合作关系来看，我们还有一个非常重要的优势，就是巨大的劳动力密集型加工产业由于国内的工资上涨，比较优势逐渐在消失，这个产业要转移出去。

这个产业要转移出去会创造其他发展中国家难得的窗口机遇期。放眼历史，从工业革命以后，所有发展成功的国家除了少数几个石油输出国，都是从劳动力密集型的产业开始的。

工业革命在英国发生的时候，率先在纺织业发生；19世纪的欧洲和北美刚刚从农业社会进入大工业社会的时候，也是从这些劳动力密集型的产业开始的。今天到欧洲去访问，不管是荷兰、比利时、法国还是意大利、瑞士、瑞典，19世纪和20世纪初期他们国家的产业基本上都是纺织业、制鞋业等劳动密集型产业。到美国去问的话，同样是劳动力密集型的产业。少数几个赶上发达国家的地区，像日本、"亚洲四小龙"（韩国、新加坡、中国香港、中国台湾），也是以劳动密集型产业为主。我们20世纪80年代以后也是以劳动力密集型产业为主。

任何国家都会经历这个阶段。而少数几个追赶成功的发展中国家，基本上都是承接收入水平比自己高的国家，当劳动密集型产业往外转移的时候把它接过来，英国是率先进行工业革命的国家，在18世纪中叶发展劳动力密集型产业，19世纪随着工资上涨逐渐往西欧、北美转移，在西欧、北美开始进行它们的工业化、现代化。

"二战"以后，日本抓住美国产业转移的窗口机遇期实现了它的快速增长，20世纪60年代的"亚洲四小龙"，抓住日本产业转型的窗口机遇期，实现工业化、现代化，我们在20世纪80年代抓住"亚洲四小龙"产业转移的机遇期实现了改革开放以后的快速增长，变成世界工厂，变成世界最大出口国、世界最大贸易国。这是历史规律。

非洲有能力承接中国的产业转移

经过35年的发展，中国从全世界最贫穷的国家之一变成中等偏上收入国家，而且我们展望未来十年还会继续增长。在这种状况下，我们改革开放以后充满生命力，充满活力的劳动力密集型产业会逐渐失去比较优势，就会转移出去，会给收入比我们低的国家创造窗口机遇期。

但是，这次跟过去有很大的不同。20世纪60年代，日本开始把产业往外转移的时候，日本制造业雇佣的人是970万人，20世纪80年代韩国劳动力密集型产业开始往外转移的时候，制造业雇佣的人是230万人，中国台湾大概150万人，中国香港差不多100万人，新加坡50万人，这次我们国内制造业是多少人呢？按照第三次工业普查，前几个星期公布的数字，我们整个制造业雇佣的人数是1.24亿人，是日本的12倍，是"亚洲四小龙"全部加起来的22倍，因此有大量的劳动力密集型产业往外转移。

我们要转移的产业这么多，打个比方，如果一个地方、一个国家人口规模太小的话，开始的时候工资水平比我们低一点，但是只要我们一转移，就像水缸里面的水往水盆里流，水就满了，当我们的劳动力密集型产业开始转移以后，像越南、柬埔寨的工资上涨甚至比我们还快，工资差距马上就变小了，比如说在2010年时中国制鞋业的工资与越南相比，越南大概是我们的1/4，现在越南的工资已经是我们的一半，而这几年不仅在越南，在柬埔寨，甚至孟加拉都这样。

世界上哪个地方可以承接这么大的劳动力密集型产业转移？看来看去只有非洲，非洲有10亿人口，情形非常像中国20世纪80年代，大量的剩余劳动力在农村，大部分是年轻人，没有就业，它的工资水平只有我们的1/10—1/5。当然你会说非洲那么远，基础设施那么差，它有办法承接中国的劳动力密集型产业吗？

但是，我们看看20世纪80年代，不就是像现在形容非洲那样形容中国的吗？其实关键是政策的配套，如果非洲的国家懂得像20世纪80年代的中国那样积极的招商引资、一把手工程，给我们转移的企业创造有利的环境，即使基础设施很差，我们转移的企业也可以马上发展得很好。2012年，东莞的一家企业华坚在埃塞俄比亚总理亲自招商的状况下转移过去，一年就成功了，一年就雇佣了2000多人，一年使埃塞俄比亚的制鞋出口增加了一倍多。

所以，我们可以利用劳动力密集型的转移，作为我们新的发展合作的方式，这种发展合作的方式跟基础设施互联互通的"一带一路"是互补的，"一带一路"是以基础设施互联互通为主，以产业转移为辅。在非洲这个地方，我们可以以产业转移为主，基础设施建设为辅。这就像车子的两个轮子一样，对我们的对外发展合作上是两个支撑点。如果这个能落实的话，对国际发展会有很大的意义。

发达国家对发展中国家的援助

"二战"以后，每个国家都希望自己的国家现代化，发达国家设立了多边的、双边的发展援助机构，但是实际上并没有真正帮助发展中国家发展起来，世界上绝大多数发展中国家现在还是在中等收入陷阱或低收入陷阱，原因是发展中国家发展必须从农业进入劳动力密集型产业。发达国家在第二次世界大战以前就已经走完那个阶段了，它没有产业可以转移给发展中国家帮他造血，发展中国家发展起来必须改善基础设施，但是基础设施建设不是发达国家的比较优势，它也是20世纪以前都已经建的，它的能力都已经消失了。

在这样的状况下，它的发展合作就只能发展援助，给发展中国家钱，给钱以后还要附带很多发达国家的理念和发达国家的标准。比如说会强调一些发达国家看起来非常重要的东西，像教育、健康等，但是这些东西都不造血，所以意愿非常好，效果非常差。

我们现在"一带一路"以互联互通的基础设施为主，如果说我们还有一个非洲战略以产业转移为主，这些都是造血的。这样的发展合作能实现习近平主席在2013年博鳌论坛上讲的"百花齐放春满园"。我想这是"一带一路"的战略意义。

第二个是发展理念，到现在为止，发达国家给那么多钱，还有那么多机构，为什么发展不起来呢？因为它们以发展中国家的理念作为发展援助的内容。我们新的对外合作的倡议实际上是根据中国的发展经验，中国什么经验呢？要致富，先修路，所以我们帮他们修路。你要发展起来，发展的产业必须有比较优势，在市场上有竞争优势，我们现在准备转移给它，而且要创造有利的环境，我们的招商引资、一把手工程，在中国有效，在非洲也有效，这样可以带来新的发展理念。

中国企业面临的挑战

对于中国来说，如果真要落实，有很多挑战。

第一，我们走出去的企业没有准备，因为这个状况对我们来讲，发生得太快了，像我们改革开放初期，1978年的时候，我们人均收入连非洲国家平均数的1/3都不到，所以我们当时大量是从外国吸引投资，吸引援助，"走出去"战略只不过是2001年才开始提出的，中国的企业一直处于国内这种扭曲的经营环境下，但是到国外去，文化环境不一样，法治环境不一样，各种政商关系条件也不一样。在这种状况下，我们走出去的这些产业和企业失败的比成功的多。

比如2012年，华坚在埃塞俄比亚成功了，突然间改变了国际上的投资者对非洲可以作为现代制造业基地的看法，也改变了国际买家可以在非洲下单的看法。埃塞俄比亚2013年自己设立了第一个工业园区一期22

个厂房，三个月不到全部都租出去了，谁租的呢？土耳其、韩国、孟加拉的成衣业、制鞋业，我们中国企业怎么自己不去呢？原因是没有准备。

大部分的企业知道在国内工资成本不断上升，国外逐渐发展，订单不断流失，却总是不敢迈出去，这需要克服，需要在"一带一路"以及非洲战略上提供一些帮助，比如说抱团出海，帮助接收国设立工业园区等。

第二，新的发展援助，过去我们都是接收国，现在我们必须是新的理念的倡导国和资金的提供国。但是我们现在的对外合作部门政出多门，有商务部、财政部、外交部，还有农业部，都有一笔对外援助的基金，非常分散，不能集中使用。

当然，我们还有进出口行、开发行，他们都在做，但是很分散，形不成合力，我们有必要借鉴发达国家的经验，成立一个统一、协调对外合作关系的对外发展合作部，把这些优势资源组合起来，利用我们有比较优势的基础设施，利用我们的资金外汇储备，利用我们对外援助的窗口，利用我们的产业即将转移带来全世界发展中国家实现工业化、现代化的机遇，我们既可以改变国际发展的格局，而且可以真正实现"百花齐放春满园"的国际发展环境。

西藏站在环喜马拉雅经济合作带风口

邵宇
东方证券首席经济学家

环喜马拉雅经济合作带一旦建设成功，对于中国而言，西藏和云南将从一个群山包围中的内陆省份变成对外开放的前沿。未来，中国有望通过西藏、云南等地向南亚和东南亚出口商品和资本，加快对外投资，淘汰落后产能，同时进口发展过程中所需的资源，保障国内能源安全。整个环喜马拉雅经济合作带将受益于中国东南沿海经济发展的辐射。

从本质上讲，环喜马拉雅经济合作带是"一带一路"战略的西部出口。西藏将成为环喜马拉雅经济合作带中的战略桥头堡，迎来前所未有的发展机遇。

地缘经济格局的变化将对亚洲乃至整个世界地缘政治格局产生重大影响，环喜马拉雅地缘经济整合将推动一个跨区域地缘政治格局的诞生。如果南亚和东亚经济接轨，这也就意味着东亚和南亚的地缘结构统一的开始，结果是亚洲陆缘政治的整合。通过环喜马拉雅经济带的合作，平衡陆缘政治与海缘政治的力量为中国突破海上封锁打开空间。

2015年3月16日，证监会在京召开支持西藏资本市场发展座谈会。中国证监会主席、西藏自治区党委书记均参加了会议。会议指出，要支持西藏企业通过多层次股权市场发展壮大；继续实施企业首发上市优先审核政策，全面落实西藏企业到"新三板"挂牌"即报即审"、减免挂牌初费和年费政策，进一步加大"新三板"市场对西藏的支持力度。此外，要发挥期货市场支持西藏经济发展的作用。

我们理解，应该在"一带一路"的背景下去思考这一事件。"一带一路"被认为是中国对外开放新战略的重要部分。实际上，"一带一路"是在全球化4.0的大背景下，依靠投资、贸易和货币，重新参与全球化经济政治活动。对内，淘汰落后产能，促进产业经济转型；对外，增加新的需求，扩展海外影响力，助推人民币国际化。

目前，已有近60个国家表态支持中国的"一带一路"战略构想，"一带一路"同时也获得了东盟、欧盟、阿盟等多个国际组织的支持。另外，中国已与哈萨克斯坦、卡塔尔等多个国家签署合作备忘录。改革开放30多年来，中国经济一直以东南沿海为重心，东部沿海集中了大量的要素资源，而大部分资源却集中在西部地区。"海上丝绸之路"以沿海地区为主，"新丝绸之路"经济带则将以中西部地区为主，"一带一路"战略必然会促进中国产业转移和中国东中西部地区的经济平衡发展。

环喜马拉雅经济合作带——南亚大通道

在2015年西藏自治区的政府工作报告中明确提出了扩大对内对外开放举措，2015年将加快建设南亚大通道，对接"一带一路"和孟中印缅经济走廊，推动环喜马拉雅经济合作带建设。

在西部地区中，西藏是一个地域辽阔、地貌壮观、资源丰富的重要地区。地理上，北面与新疆、青海相邻；东面和东南面同云南、四川接壤；南部与西部自东而西与缅甸、印度、不丹、尼泊尔等国以及克什米尔地区毗邻，国境线长3842公里，不仅是"走出去"的重要地区，也是连接国内其他地区的重要枢纽，西藏毫无疑问是推进"一带一路"战略的西部桥头堡。

狭义的环喜马拉雅经济合作带是以樟木、吉隆、普兰口岸为窗口，以拉萨、日喀则等城市为腹地支撑，面向尼泊尔、印度、不丹、孟加拉国等，发展边境贸易、国际旅游、藏药产业以及特色农牧业、文化产业等。广义的环喜马拉雅经济合作带则是从喜马拉雅经济区域扩展至孟中缅印为核心的南亚和东南亚地区。

2013年5月，李克强总理访印期间，为推动中印两个大市场更紧密连接，两国共同倡议建设经济合作区域。中印在联合声明特别提出，两国共同倡议建设中印缅孟经济走廊，并将成立联合工作组，加强该地区互联互通。很显然，环喜马拉雅经济合作带的辐射作用将带动南亚、东南亚、东亚三大经济板块联合发展。环喜马拉雅经济合作带，能够通过四国延伸带动亚洲经济最重要的三块区域的联动发展。

在这个经济带中，孟中印缅四国是核心国家，地域幅员辽阔，人口众多，总面积达1340万平方公里，人口更是接近28亿，资源能源富集，经济互补性强，发展潜力巨大。

印度是金砖国家之一，也是南亚最大的国家。人口超过12亿，自然资源丰富。铝土储量和煤产量均占世界第五位，云母出口量占世界出口量的60%。此外，印度的文化遗产和旅游资源也极为绚丽丰富。软件业是印度的支柱产业，然而印度虽然也是世界上发展最快的国家之一，但工业基础较为薄弱，农业方面还不能基本自给。

孟加拉国是世界上最不发达的国家之一，人口超过1亿，经济基础薄弱，国民经济主要依靠农业。不过，孟加拉国拥有丰富的天然气、石灰石、煤、褐煤、硅石、硅土、高岭土等自然资源。截至2014年，已公布的天然气储量为3113.9亿立方米，煤储量7.5亿吨。旅游资源也非常丰富。

　　缅甸是东南亚国家联盟成员国之一，但其西北与印度和孟加拉国为邻，东北靠中国，东南接泰国与老挝，地理位置十分关键。缅甸的经济主要依赖农业，从事农业的人口超过60%。但工业基础薄弱，发展缓慢，缅甸对改善其基础设施建设具有较强需求。

有望催生一个超越东亚、南亚次区域概念界线的亚洲经济区

　　近年来，中国同印度、孟加拉国和缅甸之间的贸易总额增长迅速。2014年环喜马拉雅地区主要国家的进出口总额增速达25.8%。从中国进口数据来看，随着合作的加深，中国从环喜马拉雅经济区域进口的增速在提升，2014年进口增速超过60%，远超平均水平，显示出未来中国深入环喜马拉雅经济合作带的区域发展潜力和经济前景。

　　投资领域也是经济合作的重要内容。中国将有助于提高环喜马拉雅经济合作带主要国家的基础设施建设。近五年来，中国对外投资平均增速保持在15.6%的水平上。可以预见，2015年这个水平将进一步提高。但中国与孟印等南亚国家的投资合作却停滞不前，近些年中国对孟印缅三地区的投资比重不超过中国对外投资的2%，这与贸易合作有很大反差。一方面与地理环境有关，中国缺乏通往南亚的大通道。另一方面也与中国缺乏对外投资的顶层设计有关。

　　然而，"一带一路"战略的推进将加快中国企业走出去，加快经济合作，无疑将为整个环喜马拉雅经济合作带的各个国家提供充裕的投资资本，不仅有助于中国消耗过剩产能，而且有助于加快主要国家的基础设施建设，打通中国南亚大通道。

　　除贸易和投资领域的合作前景外，货币合作也是值得关注的领域。中国能够通过亚洲基础设施投资银行、金砖国家开发银行以及专门的丝

路基金为国内的企业和国外吸引获得资金的国家提供金融支持，不仅为"一带一路"喜马拉雅经济合作战略提供资金支持，而且能扩大人民币的影响力，助推人民币国际化。

各国国民经济体系基本是以海港为中心的海洋经济，当沿海经济发展相对饱和时，各国都期望经济能够由海洋向内陆延伸，通过沿海地区不断向内陆辐射，改善内陆经济，同时完成产业转移。环喜马拉雅经济合作带一旦建设成功，将意味着印度东北部各邦拥有一个更加便捷、高效的出海口。缅甸和孟加拉国在经贸交往也会获得实利。各国之间的要素流动性更为便利，也就是说，这一经济合作带将使各国的国内经济结构，在海洋经济与内陆经济之间、在中心地区与边疆地区之间更加平衡。

对于中国而言，西藏和云南从一个群山包围中的内陆省份变成对外开放的前沿，未来，中国有望通过西藏、云南等地向南亚和东南亚出口商品和资本，加快对外投资，淘汰落后产能，同时进口发展过程中所需的资源，保障国内能源安全。在此期间，环喜马拉雅经济合作带的基础设施建设将完善升级，西部的高铁、公路更是有望对接其他国家，整个环喜马拉雅经济合作带将受益于中国东南沿海经济发展的辐射。

总体上，环喜马拉雅经济合作带首先能够为各国的经济发展提供新的需求，改变相关国家的经济布局，促进地区经济一体化进程。从地理位置来看，环喜马拉雅经济合作带是连接亚洲各区域的重要枢纽，既有广袤的经济腹地，又有良好的港口设施。北可上东北亚，东可连中南半岛，西可通巴基斯坦、伊朗和中东国家。环喜马拉雅经济合作带的推进将为更广阔的经济一体化进程提供样板和推动力量，甚至有望催生出一个超越东亚、南亚次区域概念界线的亚洲经济区。如何实现经济合作带的联动发展则需要国家层面自上而下的战略规划。核心问题是如何发挥各国比较优势，实现各地区的互惠互利。

或将推动跨区域地缘政治格局的形成

从地缘政治角度来看，地缘经济格局的变化将对亚洲乃至整个世界地缘政治格局产生重大影响，环喜马拉雅地缘经济整合将推动一个跨区域地缘政治格局的诞生。环喜马拉雅经济合作带中，中印关系非常重要。日益密切的经济相互依赖关系，将在中印之间创造出一种新的地缘政治环境，这将对双方的战略和政策选择构成约束与影响。中印既是邻国，又是大国，相互为外交重点，两国在经济发展上具有互补性，相互发展的意愿都非常强烈，经济融合将使未来的中印关系拥有更加坚实的基础。除中印关系外，中国同缅甸等其他国的政治分歧也会因为区域经济的融合或消除或缓和。地缘政治的稳定将推动区域经济合作，也为中国走出去战略迎来良好的稳定环境。

亚洲海缘政治格局和陆缘政治格局之间将更加平衡。在亚洲的政治格局中，海缘政治最为明显，美国通过海缘政治形成岛链。如果南亚和东亚经济接轨，这也就意味着东亚和南亚的地缘结构的统一的开始，结果是亚洲陆缘政治的整合。亚洲海洋力量与陆地力量之间的格局将更加平衡。

从全球格局角度来看，将提升亚洲的整体地位与影响。进入近现代历史以来，亚洲各地区之间是以分裂状态出现的，是全球格局、亚洲格局之下的次区域地缘格局。随着超越东亚和南亚界线的亚洲经济区的出现，地缘政治意义上的亚洲也将出现，将会在很大程度上提高亚洲整体和亚洲国家的国际地位。

西藏发展潜力巨大

再看西藏本身的发展条件。其经济总量排在全国最后一名，2014年GDP名义值为921亿元。西藏人均GDP排在全国倒数第三，为2.6万元。西藏主要以有色、矿物制品、水电、食品、制药等几大产业为支柱。其产业发展上有诸多限制，西藏经济落后有一定客观因素，然而西藏的发展潜力却是巨大的。

西藏已经成为国内最重要的铜矿开发和盐湖资源综合利用基地。在铜矿开发领域，2015年西藏铜矿年生产能力将超过30万吨，产能国内占比将达到22%。在盐湖开发领域2015年西藏碳酸锂年生产能力将超过5万吨，产能占到全国38%。西藏的铜矿主要分布在西藏东部的玉龙成矿带、西藏中南部的冈底斯成矿带。另外，西藏班-怒成矿带也具有极好的成矿远景。其中，玉龙成矿带长约400公里，现已探明超大型铜矿1处、大型3处、中型2处。除铜以外，还共生有铁，伴生有钼、金、银、钨、铼、硫等多种有用组分。矿带中的玉龙铜矿，其单矿床储量居全国第一位。冈底斯成矿带长1000余公里，1处具超大型规模，3处具大型规模，另有几处具中型规模，是我国近几年铜矿勘查最具远景的铜矿成矿带。

西藏是全球内陆盐湖带的重要组成部分，目前在西藏境内已发现盐湖490个，总面积6000多平方公里。西藏的部分矿区的资源量大、品位高，为全球罕见。西藏基步查嘎湖、噶尔昆沙湖等以硼、镁、锂、钾、铯为主成矿元素的矿点，不仅具备中、大型矿床的远景规模，而且还发现具有工业价值的矿体存在。

在水资源方面，最新调查显示，西藏自治区江河水量位居全国第一，水利资源理论蕴藏量位居第二，仅次于四川省。地区水量达4482亿立方米，占全国总水量的30%，人均占有量和亩均占有量都居全国首位。西藏水利资源理论蕴藏量达2亿千瓦，理论年发电量约18000.15亿千瓦／时，技术可开发量116000兆瓦，其中蕴藏量在10兆瓦以上的河流就达340多条。在众多河流中，以雅鲁藏布江、怒江、澜沧江、金沙江水利资源最为丰富，其技术可开发量占到西藏全区的85.6%，可开发梯级电站规模多在1000兆瓦以上，个别甚至可以建设10000兆瓦级的巨型电站，是全国乃至世界少有的水利资源"富矿"。

由于特殊的自然和地理条件，西藏的水量和水利资源蕴藏量在地域分布上不均衡，其中藏东南地区的江河水量占全区的54.8%，水利资源蕴藏量占到总量的70%。截至目前，全区开发水电站400余座，年发电量约430亿千瓦／时，只占技术可开发量的6.99%，开发率仅为全国平均水平的一半，水利资源开发前景非常可观。

还有就是特色藏药与丰富的旅游资源。藏药是在广泛吸收、融合了中医药学、印度医药学和大食医药学等理论的基础上，通过长期实践所形成的独特的医药体系，迄今已有上千年的历史，是我国较为完整、较有影响的民族药之一。现代藏药应用的地域，除西藏自治区以外，还包括青海、四川、云南、甘肃等省所属的一些藏族自治州和自治县。青藏高原是藏药的主要产地，据有关单位的调查，藏药资源有2436种，其中植物类2172种、动物类214种、矿物类50种。

有史以来，藏区就是我国药用植物的一大宝库。据初步统计，野生药用植物资源有千种以上，其中冬虫夏草、贝母、三七、天麻、灵芝等为畅销国内外的名贵药材；海南粗榧、红豆杉、鬼臼、八角莲、软紫草、纤细雀梅藤、野百合等为一类有开发潜力的抗癌药用植物。此外，还有传统中药砂仁、钩藤、秦艽、丹皮、木瓜、重楼、麻黄、桃仁、黄连、柴胡、当归、黄芪、龙胆、党参、乌头、大黄、三颗针、雪莲花、五味子等各类药材。

藏医药的独特魅力在于，所用药物大多采自高海拔、大温差、强日光、没污染的高原地带，其有效成分和生物活性大大高于其他同类药物，不会产生医源性和药源性疾病。青藏高原共有2000多种植物、159种动物和80余种矿物可以入药，这是世界上任何其他民族医药都难以比拟的，被称为"千年奇葩、神奇疗效"。最后就是它的旅游资源，西藏旅游市场是唯一仍处于成长初期的旅游市场，也是国内发展最快的旅游市场。

西藏是推进"一带一路"战略的西部桥头堡

显然,从本质上来讲,环喜马拉雅经济合作带是"一带一路"战略的西部出口,而"一带一路"战略是推进环喜马拉雅经济合作带联动发展的重要举措,对中国、南亚各个国家都有深远影响。其中,西藏恰恰是"一带一路"战略对接环喜马拉雅经济合作带的关键所在。西藏将成为环喜马拉雅经济合作带中的战略桥头堡。

西藏自治区的《政府工作报告》明确提出扩大对内对外开放举措,2015年将加快建设南亚大通道,对接"一带一路"和孟中印缅经济走廊,推动环喜马拉雅经济合作带建设。西藏是一个地域辽阔、地貌壮观、资源丰富的重要地区,不仅是走出去的重要出口,也是连接国内其他地区的重要枢纽。此次会议重点支持西藏发展,这也意味着中央确立了西藏作为推进"一带一路"战略的西部桥头堡,将为西藏发展迎来前所未有的机遇。

这次证监会的座谈会表明金融先行原则,重点是通过资本市场支持西藏企业发展,依靠资本市场规避大宗商品价格波动风险,鼓励和支持资源类企业发展。因此,西藏上市公司将直接受益于资本市场的重点支持。更多的项目建设也将获得资金支持。除资本市场支持企业融资外,未来财政政策将重点扶植西藏建设,PPP模式(公私合作模式)将在西藏推进应用。西藏的基础设施必然得到进一步改善,交运、电力和水利等直接受益。与此同时,西藏的旅游资源将被进一步有效开发。

刚刚出炉的2015年中国政府工作报告指出,2015年会纪念西藏自治区成立50周年和新疆维吾尔自治区成立60周年。因此我们预期,可能很快就会有相关的重大政策礼包出台,来支持这个区域的可持续发展和进一步扩大开放。

中国普通人正在迎来海外投资暴富的机会

赵筱赟
商业见地网独家撰稿人

虽然第一个吃螃蟹的人将面临位置风险，但也面临更大的暴富机会。

中国改革开放30多年，经济高速发展，政府、企业和富裕阶层积累了大量的资本资产。

在过去高投入、高消耗、偏重数量扩张的发展方式已经难以为继的大背景下，产业资本走向海外日渐成为中国人的共识和必然选择。

对于投资者来说，海外投资的确是一个大的市场。不过假如不是做实业，比如干工程、建机场和港口，对外贸易进出口的话，还有哪些适合普通人对海外进行投资呢？

在2015年的全国"两会"政府工作报告中，李克强总理明确指出，"加快实施走出去战略"，"稳步实现人民币资本项目可兑换"，"开展个人投资者境外投资试点"，既为中国资本和产业的海外投资，也为个人的海外投资指明了方向，打开了中国个人海外投资的政策之门。

招商证券首席宏观分析师谢亚轩认为，这一方面与监管层近年来所倡导的"藏汇于民"的思路相吻合，缓解外汇储备压力，促进国际收支平衡。另一方面也是要给个人投资者更多的投资渠道，满足居民多元化投资的意愿，促进居民个人财富的快速增长。

"我国资本项目开放是一个渐进的过程，过去几年进展比较大的是对企业和金融机构的开放，最后一个是对个人的开放。个人境外投资的进一步放开，是资本项目开放的一个重要成果和体现。"民生银行首席研究员温彬如是说。

此外，值得注意的是，政府工作报告提出，中国要"稳步实现人民币资本项目可兑换"。

对外经贸大学金融学院院长丁志杰表示，"稳步"的表述和此前十八届三中全会提出的"加快实现人民币资本项目可兑换"有所不同。

他认为，这更多是针对当前国内外复杂的金融形势下对资本账户开放更为灵活的变化，开放的方向是不变的。

回顾过去几年，随着我国人民币国际化进程的稳步推进，个人境外投资逐步放宽已经有了一些实质性的进展。

2013年5月，国务院提出"建立个人投资者境外投资制度"。《国务院关于进一步促进资本市场健康发展的若干意见》提出："稳步开放境外个人直接投资境内资本市场，有序推进境内个人直接投资境外资本市场。"

2014年8月，发改委相关负责人表示，目前正在加快制定和出台《境外投资条例》及其实施细则，允许个人投资者开展境外投资。

2014年11月14日，《中国人民银行关于人民币合格境内机构投资者境外证券投资有关事项的通知》发布。这意味着酝酿已久的RQDII（人民币合格境内机构投资者）机制终于正式推出，境内的合格机构投资者可采用人民币的形式投资境外的人民币资本市场。

如果说"一带一路"战略的制定，为企业与资本指明了方向和路径，那么，开展个人投资者境外投资试点，则为中国个人赴海外投资开启了政策和机遇之门。

上海加置集团创始合伙人徐瑞洋称，翻开世界现代经济史，随着大国经济的崛起和资本的积累，个人投资者积极走向海外投资，最终形成一股潮流和力量，已然成为一种规律。

20世纪初美国崛起后，掀起了美国个人资本全球投资的浪潮，迄今为止，美国仍是欧洲最大的海外投资国。石油、美元带来的暴富，使全球投资市场四处可见阿拉伯富豪们的身影。

东亚新兴国家的崛起，也伴随着个人海外投资的加速。邻国日本在海外个人投资方面则体现得更为突出。日元升值后，日本的经济重心被迫向海外转移，反映在从GDP（国内生产总值）向GNP（国民生产总值）的转型上。

据中国商务部研究院的统计，目前日本的GDP在日本经济总量中占比不足40%，其海外经济的规模相当于国内经济的1.58倍，其中个人投资者的比例和贡献十分惊人。

比如，在美国夏威夷，日本人的投资无处不在，很多银行、企业、宾馆、饭店、商场和住宅，均为日本人所有，传言日本人控制了夏威夷经济似乎有些夸张，但统计资料显示，日本的确是夏威夷最大的海外投资来源国。

因此，在当前人民币逐步国际化和政府鼓励个人海外投资的大背景下，个人走出国门，走向海外，境外投资，全球配置资产，成为顺应时代潮流的必然选择。

徐瑞洋认为，随着美元即将进入加息通道，美元对其他国家尤其是新兴国家的货币将进一步走强，在个人家庭资产中，适当配置海外资产和强势货币，是确保家庭财富在全球经济的大变局中减少风险的明智之举。

过去的楼市"黄金十年"期间，国内房地产市场投资回报率较高，但2014年以来房价步入下行通道，收益率也持续走低。

中国国家统计局发布2015年3月70个大中城市住宅销售价格变动情况数据显示，与上月相比，70个大中城市中，二手住宅价格下降的城市有48个，上涨的城市有12个，持平的城市有10个。在环比价格变动中，最高涨幅为0.9%，最低为下降0.7%。

与2014年同月相比，在70个大中城市中，二手住宅价格下降的城市有69个，仅深圳一城同比上涨。3月，在同比价格变动中，最高涨幅为0.4%，最低为下降13.5%。

这也意味着，在过去一年中入市的多数投资者不仅没赚到钱反而亏了。相比之下，收益较为稳定的海外房产日益成为投资者的新选择。

"海外的一些投资项目收益确实高于中国。"宜信财富高级副总裁刘峰介绍说，以房地产项目为例，宜信财富近期推介了一个名为"澳大利亚108项目"，该项目位于澳大利亚墨尔本市中心附近，公寓价格比北京同等地段要便宜，并且投资回报也比较高。

"我们测算过它的投资回报率，租金的回报起码可以达到4%—6%之间，我相信北京、上海的房地产投资应该没有这么高。"

据世邦魏理仕发布的《2014年亚洲境外房地产投资数据》显示，2014年，来自中国内地的房地产投资者在境外的投资额实现同比增长25%，达到了101亿美元。

优选金融集团总裁张虎成在谈到资产配置时认为："人民币是长眼睛的，只去安全的地方。为什么从中国平安、中国人寿、万科集团、万达集团这些大型机构到潘石屹、李嘉诚这些商业巨擘都纷纷在海外购置不动产？因为这已经成为发展趋势之一。"

同时，人民币国际化加速了中国人海外投资的热潮，洛杉矶的学区房、墨尔本的别墅、伦敦东区的公寓，不动产成为越来越多中国人海外投资的首选。

优选金融投资总监张淑霞表示，与其他海外投资途径相比，房地产投资门槛和风险相对较低，对于投资者也没有专业要求。

"从国内的投资状况来看，中国家庭财富中，人民币资产有近80%

的比例属于房地产，投资者对房地产投资的热情和需求旺盛，有真实的房子存在对于投资者来说有心理保障，未来海外房产投资更适合国内大多数选择海外投资的人。"

对于个人投资者而言，进行海外不动产投资，主要分为"三步走"——确定目的、选择国家、寻找律师。

目前，大多数国内高净值人群进行海外投资的主要目的仍然是移民和子女教育。

前几年在海外兴起"生子潮"的人，目前已经成为海外购房的新生力量，这类人群一般属于高净值投资者，海外购房多是以移民和孩子教育为主要目的，以自住为主，对生活质量追求较高，一般都会选择相对舒适的大户型，同时为了孩子教育，"学区房"更容易受到追捧。

海外房产虽然是很好的资产配置途径，但并不适用于追求投资收益的人，而是适合那些非风险偏好、对未来经济担忧以及需要资产多元化配置的投资者。

在选择国家时，社会的稳定和法制的健全是实现房产投资收益率最主要的保证。

美国作为多年来投资者海外置业的第一选择，有其明显特征。一方面，与欧洲相比，美国物价较低，平均房价不高，因此具有较大的升值空间，外来人口众多更容易融入。另一方面，美国对于建筑监管严格，所以房屋质量上乘，房屋具有永久使用权。

对于投资者而言，租金收益率较高，租赁市场需求量大，而且美国房屋销售市场健全，房屋转售率较高，适合移民自住以及出租的投资者。但由于美国每个州的法律和税务不同，增加了外国投资者的购房难度。

英国可投资的城市基本上只有伦敦，但有些投资者反映伦敦天气没有那么好，并且跟美国人相比，外国人更难融入，同时物价相对较贵，生活成本较高。

但英国本身法律较为健全，对海外投资者优惠措施丰厚，教育资源丰富，金融比较发达，且英镑相对坚挺，更有利于高净值投资者进行保值配置以及子女教育投入。

值得注意的是，业内人士建议除英国伦敦外，投资者应慎重选择投资欧洲其他国家的房产。因为欧洲经济受制于社会福利制度和劳工法，又面临来自中国等新兴市场快速崛起带来的挑战，短期内很难走出衰退。

另据宜信公司发布的《2014中国大众富裕阶层财富白皮书》显示，大众富裕阶层人数在2014年底达到1400万人，近3年平均每年增长近200万人。

该人群增长快速，财富也在快速积累，但这样的人群在国内金融体系下，给他们提供专业的金融服务非常有限，这部分人有着巨大的海外投资理财需求。

此时，中国个人财富"走出去"的关键节点也已来临：2014年年底，沪港通正式开闸；2015年，深港通有望开闸；2015年的《政府工作报告》中提到，加快建设人民币跨境支付系统，完善人民币全球清算服务体系，开展个人投资者境外投资试点。

在个人资产全球资产配置的大趋势下，未来向全球"进化"已成为很多财富管理人士的共识，银行、财富管理机构等有海外投资渠道的各方都在为此厉兵秣马。

2015年1月6日，交通银行资产管理香港分中心成立，以法人主体的身份开展业务，将其打造成交行全球资产管理平台，更好推动交行财富管理服务向境外延伸。

据不完全统计，目前至少有中行、交行、招行、平安和兴业等银行已经在私人银行领域推出了面向高端客户的全球资产配置服务。

刘峰表示，随着中国经济进入新常态，大众富裕阶层理财者的投资方法、习惯也都发生了新的变化。中国企业连番海外上市，引发了VC投资的热潮；全球经济的复苏，以及全球化视野的提升，理财者"出海"的热情升温；资本市场改革的加快，再度引发对资本市场的关注；互联网金融迎来大发展的一年，理财者对互联网金融的接受度大幅度提升。

刘峰说："目前，国内大众富裕阶层的财富快速增长、投资需求强劲，但是投资渠道有限，产品选择较少。因此，宜信财富在2015年新常态背景下将采用'1+3带多策略'，丰富投资渠道，更好地服务客户。'1'指广受欢迎的P2P类固定收益理财，'3'指股权类、资本市场类和海外类三大资产配置，'多'则包括为客户提供的多样化、定制化的产品和服务。"

与此同时，财富管理机构嘉丰瑞德理财师认为，总的来看，海外投资，不可避免有汇率问题，不过好的信息是，在美元、欧元、人民币三大货币中，欧元、人民币都出现了走低的现象。人民币汇率走低，欧元汇率到了12年来的新低，而美元则是处于一个上升的通道中，较为坚挺。

因此，对于中国的投资者来说，此时进行海外投资，可以说最佳的时机到了。财富管理机构嘉丰瑞德理财师认为，海外投资可以有以下几种类型：

首先是海外市场上的保险。保险是国内很多家庭都配置的产品。不过，相对来说，国内保险的性价比却没有海外保险高。比如健康险，同样的费率，香港的健康险可承保的疾病种类多达91种，而国内保险的承保只有60多种。

此外，有投资功能的养老保险，香港的养老保险普遍有更高的现金价值，也就是说，一定年限后，保单作"抵押"或变现出来的价值也较国内的保险要高。

对于配置海外保险，可能唯一的缺点是投资者必须得去香港当地签约，但保险的理赔范围是不受影响的。

其次是海外市场上的基金。你想投资于国内的那些高科技公司吗？比如三巨头BAT。不过，它们却不是在国内股市发行，而是在美国上市或香港股市上市。

此外，还有一大批的科技型公司、行业顶尖的公司也都在海外上市。想投资于这些，则可以通过投资于海外基金的方式，获得分享这些顶级企业的收益。

不过，嘉丰瑞德理财师也提醒投资者，投资海外基金，也要考虑汇率转换的成本和风险的问题。

最后是留学相关的投资。目前，留学也是国人家庭常见的投资，不过是一个"教育投资"。对于普通金融投资来说，海外的房地产是一个投资的热点。

现今，有不少的机构都通过在海外购置不动产，进而出租。而收租者，有些就是他们的孩子，留学的学生。很多留学生自己也在房子里居住，省去了租房的费用。

目前来看，此业务近来已经非常红火，投资者不妨做这方面的参考。

以上即目前操作较为成熟、投资收益较为可观，也较大众化的海外投资方式。

而从资产配置的角度，外汇市场、股票市场、房地产市场等资产类别都有不同的投资机会，投资者可以根据风险偏好和流动性需求进行不同配置。

刘峰认为，近期美元持续强势，而欧元、澳元持续贬值，同时澳大利亚、英国和美国的房产投资机会值得关注。

嘉丰瑞德理财师建议，对于高净值资产人群而言，可通过专业的财富管理机构了解到最新的投资机会，或取得相应的投资协助。所以，建议中国普通投资者不妨在2015年把握好这些投资机会。

由此看来，虽然第一个吃螃蟹的人将面临位置风险，但也面临更大的暴富机会。